2025년 23회 대비

나눔의집 사회복지사1급

강의로 쌓는 기본개념

2과목 | 사회복지실천

3영역

사회복지실천론

사회복지교육연구센터 편저

사회복지 전문출판 나눔의집

CONTENTS

2024년 제22회
사회복지사1급 국가자격시험 결과

22회 필기시험의 합격률은 지난 21회 40.70%보다 10%가량 떨어진 29.98%로 나타났다. 많은 수험생들이 3교시 과목을 어려워하는데, 이번 22회 시험의 3교시는 순간적으로 답을 찾기에 곤란할 만한 문제들이 더러 포진되어 있었고 그 결과가 합격률에 고르란히 나타난 듯하다. 이번 시험에서 정답논란이 있었던 사회복지정책론 19번 문제는 최종적으로 '전항 정답' 처리되었다.

제22회 사회복지사1급 응시현황 및 결과

※이는 필기시험 결과이다.

1회~22회 사회복지사1급 국가시험 합격률 추이

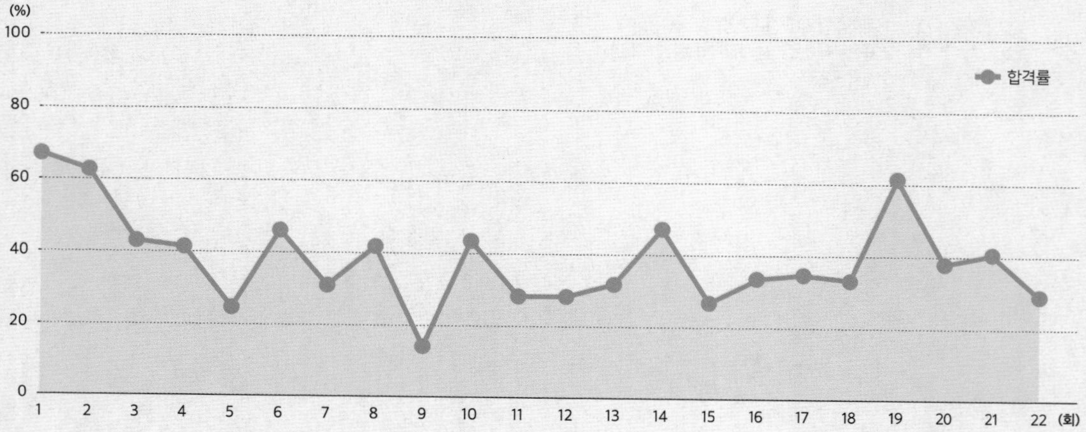

22회 기출 분석 및 23회 합격 대책

22회 기출 분석

우리나라 사회복지 역사에서 외원단체 활동이 미친 영향을 살펴보는 문제, 1929년 밀포드 회의에서 결정된 공통요소를 확인하는 문제, 2023년 개정된 윤리강령의 윤리기준 영역을 확인하는 문제 등이 당황스럽게 느껴졌을 것 같다. 그 밖에는 답을 찾기 쉬운 문제들이 대다수였다.

23회 합격 대책

<사회복지실천론>에서도 주요 역사, 윤리강령, 통합적 접근, 사례관리, 관계론, 면접 기술 및 개입 기술 등 암기할 사항들이 꽤 있다. 그럼에도 다른 영역들에 비해 쉽고 흥미롭게 공부할 수 있는 영역이다. 이 영역을 충실히 학습하면 <사회복지실천기술론>을 조금은 쉽게 학습할 수 있기 때문에 꼼꼼히 학습하여 점수를 확보하기 바란다.

22회 출제 문항수 및 키워드

장	22회	키워드
1	1	사회복지실천의 이념 중 사회진화론
2	4	윤리적 쟁점 중 자기결정권, 인권의 특징, 윤리적 의사결정의 우선순위, 한국사회복지사 윤리강령 중 클라이언트에 대한 윤리기준
3	3	1929년 밀포드 회의의 공통요소, 기능주의의 특징, 외원단체 활동의 의의
4	1	사회복지 실천현장 분류
5	4	통합적 접근의 특징, 4체계 모델의 사례 적용, 강점관점의 특징, 임파워먼트 모델의 특징
6	2	사례관리의 원칙, 사례관리자의 역할
7	4	전문적 원조관계의 특징, 원조관계의 요소 중 헌신과 의무, 원조관계 형성의 장애요인, 비스텍의 관계형성 원칙 중 수용의 특징
8	2	경청의 특징, 면접의 유형
9	1	사례에서 나타난 정보의 출처
10	1	사정의 특성
11	1	계획수립단계에서의 과업
12	1	모델링 기술
13	0	-

합격을 잡는 학습방법

아임패스와 함께하는 단계별 합격전략

나눔의집의 모든 교재는 강의가 함께한다. 혼자 공부하느라 머리 싸매지 말고, 아임패스를 통해 제공되는 강의와 함께 기본개념을 이해하고 암기하고 문제풀이 요령을 습득해보자. 또한 아임패스를 통해 선배 합격자들의 합격수기, 학습자료, 과목별 질문 등을 제공하고 있으니 23회 합격을 위해 충분히 활용해보자.

기본개념 학습 과정

1 단계

강의로 쌓는 기본개념

어떤 유형의, 어떤 난이도의 문제가 출제되더라도 답을 찾기 위해서는 기본적인 개념이 탄탄하게 잡혀있어야 한다. 기본개념서를 통해 2급 취득 후 잊어버리고 있던 개념들을 되살리고, 몰랐던 개념들과 애매했던 개념들을 정확하게 잡아보자. 한 번 봐서는 다 알 수 없고 다 기억할 수도 없지만 이제 1단계, 즉 이제 시작이다. '이렇게 공부해서 될까?'라는 의심 말고 '시작이 반이다'라는 마음으로 자신을 다독여보자.

기본개념 완성을 위한 학습자료

기본개념 강의, 기본쌓기 문제, O X 퀴즈, 기출문제, 정오표, 묻고답하기, 지식창고, 보충자료 등을 아임패스를 통해 만나실 수 있습니다.

실전대비 과정

4 단계

강의로 완성하는 FINAL 모의고사(3회분)

그동안의 학습을 마무리하면서 합격에 대한 확신을 가져보자. 답안카드를 포함하고 있으므로 시험시간에 맞춰 풀어보기 바란다.

강의로 잡는 회차별 기출문제집

학습자가 자체적으로 모의고사처럼 시험시간에 맞춰 풀어볼 것을 추천한다.

※이 내용은 합격수기 게시판에 올라온 선배 합격자들의 학습방법을 바탕으로 재구성한 것입니다.

기출문제 번호 보는 법

22 - 01 - 25

기출회차 영역 문제번호

'기출회차-영역-문제번호'의 순으로 기출문제의 번호 표기를 제시하여 어느 책에서든 쉽게 해당 문제를 찾아볼 수 있도록 하였다.

기출문제 풀이 과정

2 단계

강의로 복습하는 기출회독

한 번을 복습하더라도 제대로 된 복습이 되어야 한다는 고민으로 만들어진 책이다. 기출 키워드마다 다음 3단계 과정으로 학습해나간다. 기출회독의 반복훈련을 통해 내 것이 아닌 것 같던 개념들이 내 것이 되어감을 느낄 수 있을 것이다.

1. 기출분석을 통한 이론요약
2. 다양한 유형의 기출문제
3. 정답을 찾아내는 훈련 퀴즈

강의로 잡는 장별 기출문제집

기본개념서의 목차에 따라 편집하여 해당 장의 기출문제를 바로 풀어볼 수 있다.

요약정리 과정

3 단계

강의로 끝내는 핵심요약집

8영역을 공부하다 보면 먼저 공부했던 영역은 잊어버리기 일쑤인데, 요약노트를 정리해두면 어디서 어떤 내용을 공부했는지를 쉽게 찾아볼 수 있다.

예상문제 풀이 과정

강의로 풀이하는 합격예상문제집

내 것이 된 기본개념들로 문제의 답을 찾아보는 시간이다. 합격을 위한 필수문제부터 응용문제까지 다양한 문제를 수록하여 정답을 찾는 응용력을 키울 수 있다.

강의로 쌓는 기본개념 활용맵

★ QR코드를 활용하세요!

스마트폰의 카메라, 네이버의 '스마트렌즈', 카카오톡의 '코드스캔' 기능으로 QR코드를 찍으면 관련 동영상 강의를 바로 볼 수 있습니다.

★ 장별 학습내용 안내

본격적인 학습에 앞서 각 장에서 어떤 내용을 다루고 있는지를 전체적으로 확인해볼 수 있도록 마련하였다.

한눈에 쏙

각 장에서 학습하게 될 내용들을 안내함과 동시에 그동안의 출제율을 반영하여 중요도 및 23회 출제 부분을 표시하였다.

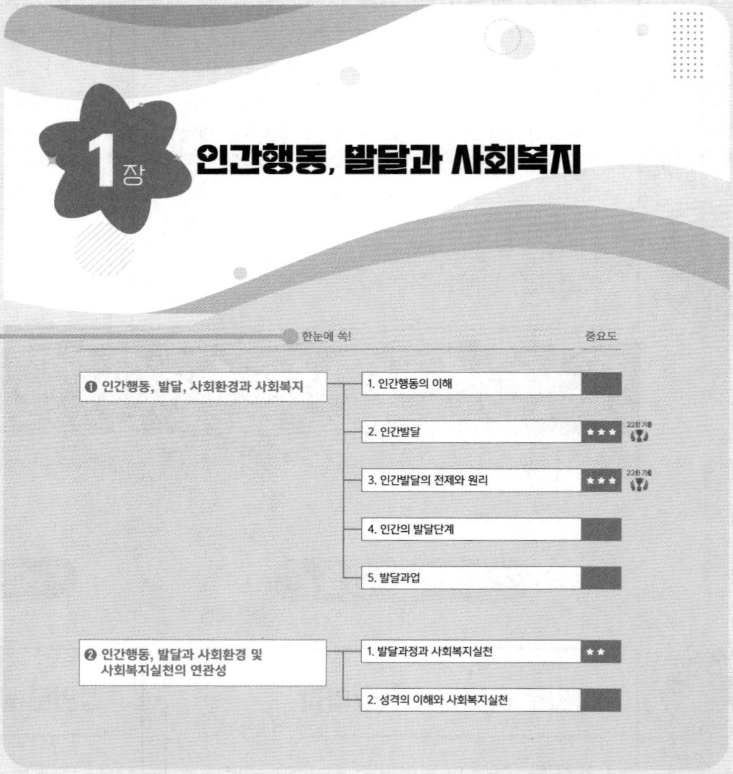

★ 장별 기출경향 안내

18회 시험부터 22회 시험까지 최근 5개년의 기출문제를 분석하여 관련 정보를 안내하였다.

기출 포인트

최근 5개년 출제 분포와 함께 시험 경향을 안내하여 어떤 점에 유의하면서 학습해야 하는지를 안내하였다.

핵심 키워드

최근 10개년의 기출문제를 분석하여 핵심 키워드를 선정하였다. 나눔의집의 학습전략 2단계 기출회독 시리즈는 각 영역별로 핵심 키워드에 따라 복습하도록 구성되어 있다.

아임패스와 함께

기본개념 강의를 비롯해 아임패스에서 제공하는 다양한 학습자료들을 보다 편리하게 이용할 수 있도록 각 장마다 QR코드로 안내하고 있다.

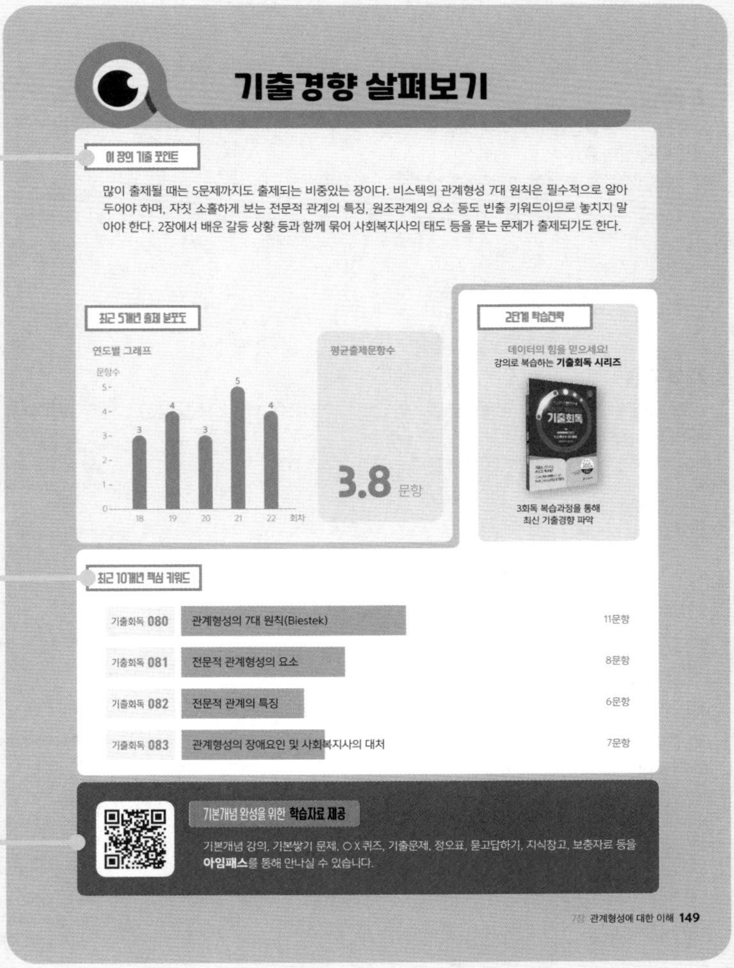
기출경향 살펴보기

이 장의 기출 포인트

많이 출제될 때는 5문제까지도 출제되는 비중있는 장이다. 비스텍의 관계형성 7대 원칙은 필수적으로 알아두어야 하며, 자칫 소홀하게 보는 전문적 관계의 특징, 원조관계의 요소 등도 빈출 키워드이므로 놓치지 말아야 한다. 2장에서 배운 갈등 상황 등과 함께 묶어 사회복지사의 태도 등을 묻는 문제가 출제되기도 한다.

최근 5개년 출제 분포도

평균출제문항수

3.8 문항

2단계 학습전략

데이터의 힘을 믿으세요!
강의로 복습하는 **기출회독 시리즈**

3회독 복습과정을 통해
최신 기출경향 파악

최근 10개년 핵심 키워드

기출회독 080	관계형성의 7대 원칙(Biestek)	11문항
기출회독 081	전문적 관계형성의 요소	8문항
기출회독 082	전문적 관계의 특징	6문항
기출회독 083	관계형성의 장애요인 및 사회복지사의 대처	7문항

기본개념 완성을 위한 **학습자료 제공**

기본개념 강의, 기본쌓기 문제, O X 퀴즈, 기출문제, 정오표, 묻고답하기, 지식창고, 보충자료 등을 **아임패스**를 통해 만나실 수 있습니다.

7장 관계형성에 대한 이해 149

★ 본문에서 짚어주는 기출경향 및 중요도

공부하는 내용이 많다 보니 어느 부분이 중요한지, 어떤 내용이 출제되는지를 파악하는 것은 매우 중요하다. 좀 더 효율적으로 학습할 수 있도록 본문에 기출과 관련된 사항들을 안내하였다.

기출회차

1회부터 지금까지 얼마나 자주 출제된 내용인지를 알 수 있도록 출제된 회차를 표시하였다.

1 인간행동, 발달, 사회환경과 사회복지

기출회차				
1	2	3	4	5
6	7	8	9	10
11	12	13	14	15
16	17	18	19	20
21	22			

강의로 복습하는 기출회독 세트

Keyword 001, 003

중요도

그동안의 기출경향을 파악하여 학습의 포인트를 짚어주었다.

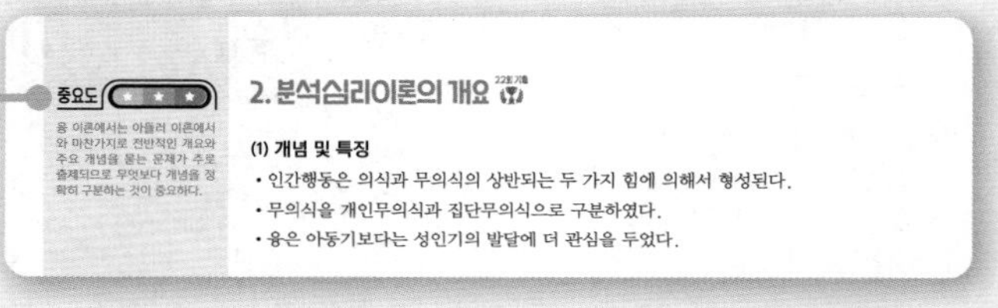
중요도 ★★★

융 이론에서는 아들러 이론에서와 마찬가지로 전반적인 개요와 주요 개념을 묻는 문제가 주로 출제되므로 무엇보다 개념을 정확히 구분하는 것이 중요하다.

2. 분석심리이론의 개요 22회기출

(1) 개념 및 특징

- 인간행동은 의식과 무의식의 상반되는 두 가지 힘에 의해서 형성된다.
- 무의식을 개인무의식과 집단무의식으로 구분하였다.
- 융은 아동기보다는 성인기의 발달에 더 관심을 두었다.

22회 기출

22회 시험에 출제된 부분은 별도로 표시하였다.

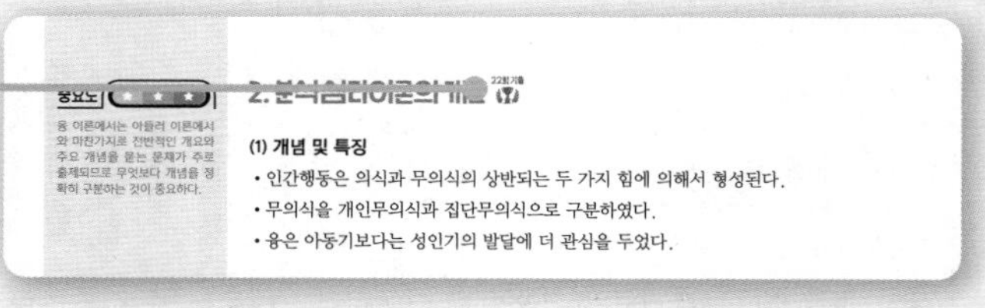
중요도 ★★★

융 이론에서는 아들러 이론에서와 마찬가지로 전반적인 개요와 주요 개념을 묻는 문제가 주로 출제되므로 무엇보다 개념을 정확히 구분하는 것이 중요하다.

2. 분석심리이론의 개요 22회기출

(1) 개념 및 특징

- 인간행동은 의식과 무의식의 상반되는 두 가지 힘에 의해서 형성된다.
- 무의식을 개인무의식과 집단무의식으로 구분하였다.
- 융은 아동기보다는 성인기의 발달에 더 관심을 두었다.

꼭!

꼭! 봐야 할 내용을 놓치지 않게 한 번 더 강조하였다.

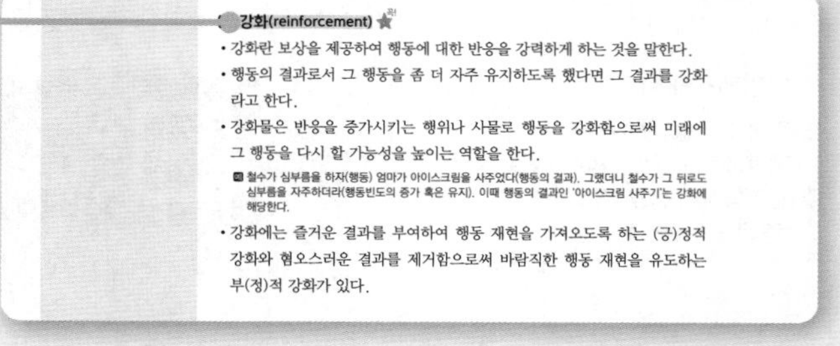
강화(reinforcement) 꼭!

- 강화란 보상을 제공하여 행동에 대한 반응을 강력하게 하는 것을 말한다.
- 행동의 결과로서 그 행동을 좀 더 자주 유지하도록 했다면 그 결과를 강화라고 한다.
- 강화물은 반응을 증가시키는 행위나 사물로 행동을 강화함으로써 미래에 그 행동을 다시 할 가능성을 높이는 역할을 한다.
  - 예 철수가 심부름을 하자(행동) 엄마가 아이스크림을 사주었다(행동의 결과). 그랬더니 철수가 그 뒤로도 심부름을 자주하더라(행동빈도의 증가 혹은 유지). 이때 행동의 결과인 '아이스크림 사주기'는 강화에 해당한다.
- 강화에는 즐거운 결과를 부여하여 행동 재현을 가져오도록 하는 (긍)정적 강화와 혐오스러운 결과를 제거함으로써 바람직한 행동 재현을 유도하는 부(정)적 강화가 있다.

★ 더 쉬운 개념 이해를 위한 구성

간단한 개념정리, 함께 봐두면 도움이 될 만한 내용, 쉽게 헷갈릴 수 있는 내용들에 대해 안내하였다.

잠깐

용어의 정의나 개념 등을 간략히 설명하였다.

> 잠깐!
>
> 융의 자아와 자기 개념의 차이
> - 자아: 일상적 · 경험적인 나, 의식세계의 중심
> - 자기: 본래적 · 선험적인 나, 의식과 무의식을 모두 포괄하는 인격과 정신의 중심
>
> ② 자기(self)
> - 자아가 의식된 나라면, 자기는 의식과 무의식의 세계를 모두 포괄하는 진정한 나를 의미하며 통합성을 추구하는 원형이다.
> - 집단무의식 내에 존재하는 타고난 핵심 원형으로서 모든 의식과 무의식의 주인이며, 모든 콤플렉스와 원형을 끌어들여, 성격을 조화시키고 통일시키

합격자의 한마디

선배 합격자들이 공부하면서 헷갈렸던 내용들이나 암기하는 요령 등에 대해 짚어주었다.

> 합격자의 한마디
>
> 중개자와 중재자.
> 헷갈리지 마세요~
> 중개자는 클라이언트를 자원이나 서비스와 연결시키는 역할이며, 중재자는 체계 사이의 갈등이나 의견 차이를 조정하는 역할입니다.
>
> (2) 중재자(mediator) ★
> - 양자 간의 논쟁에 개입하여 타협, 차이점 조정 혹은 상호 만족스러운 합의점을 도출해내는 역할이다.
> - 미시, 중범위, 거시체계 사이의 논쟁이나 갈등을 해결한다. 견해가 다른 양자 간의 의사소통을 향상하고 타협하도록 돕는 역할로, 중립을 유지하며 논쟁에서 어느 한쪽 편도 들지 않는다.
> - 중재자는 자신의 위치를 분명히 하고, 의사를 잘못 전달하는지 인식하며, 관련 당사자가 입장을 명확히 밝히도록 도와준다.

한걸음 더

본문에서 미처 다루지 못했지만 한번쯤 살펴볼 만한 내용을 담았다.

> 한걸음 더 개입수준에 따른 사회복지사의 역할
>
> 마일리 등(Miley et al.)이 제시한 개입수준에 따른 역할 구분이다. 사회복지사1급 시험 초창기에 한 번 출제된 적이 있으나 이후로는 출제되지 않고 있다.
>
> 간혹 옹호가 미시 차원인지 거시 차원인지에 대한 질문을 받는데, 우리가 공부하는 옹호는 개인이나 가족 외에 집단, 지역사회 차원에서도 이루어지기 때문에 미시 차원에서만 이루어진다고 말할 수는 없다. 다만, 옹호자의 역할을 미시 차원이라고 보는 문제나 설명이 있다면 이 학자의 구분에 따른 것이라고 생각하면 된다.

개입수준	대상	역할
미시 차원	개인, 가족 등	조력자, 중개자, 옹호자, 교사
중범위 차원	조직, 집단	촉진자, 중재자, 훈련가
거시 차원	지역사회 또는 전체 사회	계획가, 행동가, 현장개입가
전문가 차원	동료 및 전문가집단	동료, 촉매자, 연구자/학자

QR코드로 보는 보충자료

시험에 출제되지는 않았지만 이전 수험생들이 궁금해 했던 내용이나 이해를 도울 수 있는 추가 자료를 따로 담았다. 홈페이지 아임패스 [impass.co.kr]를 통해 확인해볼 수 있다.

> 보충자료
> 파슨즈의 4가지 기능적 요건
>
> (3) 사회체계의 구조와 기능
> - 파슨즈(Parsons)에 의하면 모든 사회체계는 다음 두 축을 중심으로 구조적으로 분화되며 안정상태를 유지한다.
>   - 수직적 축: 외적(외부환경) 차원 – 내적(체계 내부)차원
>   - 수평적 축: 도구(수단) 차원 – 완성(목적) 차원
> - 파슨즈는 이 두 축으로 사회체계가 안정상태를 유지하기 위해 성공적으로 해결해야 할 기능을 적응, 목표달성, 통합, 형태유지의 4가지로 제시했다.

사회복지사1급의 모든 것

사회복지사1급의 모든 것
4,840문항 모든 기출을 분석해 찾은 데이터 기반 학습법

1998년부터 27년 동안 사회복지 분야의 책을 전문적으로 출판해온 나눔의집은 2002년부터 사회복지사1급 국가시험 대비 수험서를 출간하기 시작하여 현재 22번째 개정판을 출간하였습니다.

2012년부터는 매년 가채점 데이터를 축적하여 최근 13년간 출제된 2,680문항에 대한 21,947명의 마킹률 데이터를 보유하고 있습니다.

이를 바탕으로 분석한 출제율 96.5%의 핵심키워드 250개와 마킹률 데이터를 통해 수험생에게 필요한 자세한 내용 분석을 제공할 수 있게 되었습니다.

나눔의집 사회복지사1급 수험서는 종이에 인쇄된 단순한 책이 아닙니다.
나눔의집을 만나는 순간, 당신의 합격을 위한 최고의 전략을 만나게 될 것입니다.

강의로 쌓는 기본개념 **사회복지실천론**

5년간 데이터로 찾아낸 합격비책

여기에서 **82.4%**(21문항) 출제

순위	장	장명	출제문항수	평균문항수	22회 기출	체크
1	5장	사회복지실천의 주요 관점 및 이론	20	4.0		
2	7장	관계형성에 대한 이해	19	3.8		
3	2장	사회복지실천의 가치와 윤리	14	2.8		
4	6장	사례관리	14	2.8		
5	3장	사회복지실천의 역사적 발달과정	11	2.2		
6	8장	면접의 방법과 기술	11	2.2		
7	9장	접수 및 자료수집 과정	8	1.6		
8	4장	사회복지실천현장에 대한 이해	6	1.2		

강의로 복습하는 기출회독 **사회복지실천론**

10년간 데이터로 찾아낸 핵심키워드

여기에서 **83.2%**(21문항) 출제

순위	장	기출회독 빈출키워드 No.		출제문항수	22회 기출	체크
1	5장	071	강점관점 및 역량강화모델	15	🏆	✓
2	6장	077	사례관리의 등장배경 및 주요 특징	15	🏆	✓
3	3장	066	서구 사회복지실천의 역사	14	🏆	✓
4	8장	084	다양한 면접 기술 및 유의할 점	14	🏆	✓
5	4장	068	실천현장의 분류	12	🏆	✓
6	7장	080	관계형성의 7대 원칙(Biestek)	11	🏆	✓
7	12장	092	다양한 개입기법	10	🏆	✓
8	2장	062	한국사회복지사 윤리강령	8	🏆	✓
9	5장	070	통합적 접근의 등장배경 및 특징	8	🏆	✓
10	5장	072	4체계모델 및 6체계모델	8	🏆	✓
11	7장	081	전문적 관계형성의 요소	8	🏆	✓
12	10장	088	사정도구	8	🏆	✓
13	13장	094	종결단계에서 사회복지사의 과업	8		✓
14	6장	078	사례관리의 과정	7		✓
15	7장	083	관계형성의 장애요인 및 사회복지사의 대처	7	🏆	✓
16	9장	086	접수단계의 주요 과업	7		✓
17	2장	065	사회복지실천의 가치 기반	6	🏆	✓
18	6장	079	사례관리자의 역할	6	🏆	✓
19	7장	082	전문적 관계의 특징	6	🏆	✓
20	9장	087	자료수집	6	🏆	✓
21	2장	063	사회복지실천현장에서의 갈등	5	🏆	✓
22	3장	067	우리나라 사회복지실천의 역사	5	🏆	✓
23	8장	085	면접의 특징 및 유형	5	🏆	✓
24	11장	091	계획수립의 과정 및 과업	5	🏆	✓
25	1장	061	사회복지실천의 이념과 철학적 배경	4	🏆	✓

사회복지사1급 국가시험 안내문

※ 다음은 2024년 1월 13일 시행된 22회 시험에 대한 공고 내용이다. 시험공고는 시험일로부터 대략 3개월 전에 발표되고 있다.

시험방법

시험과목수	문제수	배점	총점	문제형식
3과목(8영역)	200	1점 / 1문제	200점	객관식 5지 선택형

시험과목 및 시험시간

구분	시험과목		입실시간	시험시간
1교시	사회복지기초(50문항)	· 인간행동과 사회환경(25문항) · 사회복지조사론(25문항)	09:00	09:30-10:20 (50분)
휴식시간 10:20 ~ 10:40 (20분)				
2교시	사회복지실천(75문항)	· 사회복지실천론(25문항) · 사회복지실천기술론(25문항) · 지역사회복지론(25문항)	10:40	10:50-12:05 (75분)
휴식시간 12:05 ~ 12:25 (20분)				
3교시	사회복지정책과 제도(75문항)	· 사회복지정책론(25문항) · 사회복지행정론(25문항) · 사회복지법제론(25문항)	12:25	12:35-13:50 (75분)

※ 이는 일반수험자 기준이며, 장애인수험자 등 응시편의 제공 대상자는 1.5의 시간을 연장함
※ 시험관련 법령 등을 적용하여 정답을 구하여야 하는 문제는 시험 시행일 현재 시행 중인 법령을 기준으로 출제함

합격(예정)자 결정기준(사회복지사업법에 의거)

- 시험의 합격결정에 있어서는 매 과목 4할 이상, 전 과목 총점의 6할 이상을 득점한 자를 합격예정자로 결정
- 사회복지사1급 국가시험 합격예정자는 한국사회복지사협회에서 응시자격 서류심사를 실시하며, 응시자격서류를 정해진 기한 내에 제출하지 않거나 심사결과 부적격자인 경우에는 최종불합격 처리함
- 최종합격자 발표 후라도 제출된 서류 등의 기재사항이 사실과 다르거나 응시자격 부적격 사유가 발견될 때에는 합격을 취소함

※ 시험관련 정보는 한국산업인력공단 사회복지사1급 홈페이지(http://www.q-net.or.kr/site/welfare)와 한국사회복지사협회 홈페이지(http://www.welfare.net)에서 확인할 수 있다.

사회복지사1급 국가시험 응시자격

대학원 졸업자

고등교육법에 따른 대학원에서 사회복지학 또는 사회사업학을 전공하고 석사학위 또는 박사학위를 취득한 자(시험 시행년도 2월 28일까지 학위를 취득한 자 포함). 다만, 대학에서 사회복지학 또는 사회사업학을 전공하지 아니하고 동 석사학위를 취득한 자는 보건복지부령이 정하는 사회복지학 전공교과목과 사회복지관련 교과목 중 사회복지현장실습을 포함한(2004. 7. 31 이후 입학생부터 해당) 필수과목 6과목 이상(대학에서 이수한 교과목을 포함하되, 대학원에서 4과목 이상을 이수하여야 한다), 선택과목 2과목 이상을 각각 이수하여야 한다.

대학교 졸업자

① 고등교육법에 따른 대학에서 보건복지부령이 정하는 사회복지학 전공교과목과 사회복지관련 교과목을 이수하고 학사학위를 취득한 자(시험 시행년도 2월 28일까지 학사학위를 취득한 자 포함)
② 법령에서 고등교육법에 따른 대학을 졸업한 자와 동등 이상의 학력이 있다고 인정하는 자로서 보건복지부령으로 정하는 사회복지학 전공교과목과 사회복지관련 교과목을 이수한 자(시험 시행년도 2월 28일까지 동등학력 취득자 포함)

외국대학(원) 졸업자

외국의 대학 또는 대학원(단, 보건복지부장관이 인정한 대학 또는 대학원)에서 사회복지학 또는 사회사업학을 전공하고 학사학위 이상을 취득한 자로서 대학원 졸업자와 대학교 졸업자의 자격과 동등하다고 보건복지부장관이 인정하는 자

전문대학 졸업자

① 고등교육법에 의한 전문대학에서 보건복지부령이 정하는 사회복지학 전공교과목과 사회복지관련 교과목을 이수하고 졸업한 자로서 (시험 시행년도 2월 28일을 기준으로) 1년 이상 사회복지사업의 실무경험이 있는 자
② 법령에서 고등교육법에 따른 전문대학을 졸업한 자와 동등 이상의 학력이 있다고 인정하는 자로서 보건복지부령이 정하는 사회복지학 전공교과목과 사회복지관련 교과목을 이수한 자로서 (시험 시행년도 2월 28일을 기준으로) 1년 이상 사회복지사업의 실무경험이 있는 자

사회복지사 양성교육과정 수료자

① 고등교육법에 따른 대학을 졸업하거나 이와 동등 이상의 학력이 있는 자로서 보건복지부장관이 지정하는 교육훈련기관에서 12주 이상의 사회복지사업에 관한 교육훈련을 이수한 자로서 (시험 시행년도 2월 28일을 기준으로) 1년 이상 사회복지사업의 실무경험이 있는 자
② 사회복지사 3급 자격증 소지자로서 (시험 시행년도 2월 28일을 기준으로) 3년 이상 사회복지사업의 실무경험이 있는 자

※ 다음 각 호의 어느 하나에 해당하는 자는 사회복지사가 될 수 없음.
가. 피성년후견인
나. 금고이상의 형의 선고를 받고 그 집행이 끝나지 아니하였거나 그 집행을 받지 아니하기로 확정되지 아니한 자
다. 법원의 판결에 따라 자격이 상실되거나 정지된 자
라. 마약 · 대마 또는 향정신성의약품의 중독자
마. 정신건강복지법에 따른 정신질환자(다만, 전문의가 사회복지사로 적합하다고 인정하는 사람은 예외)

※ 응시자격에 대한 자세한 사항은 한국산업인력공단 HRD고객센터(1644-8000), 한국사회복지사협회(02-786-0845)로 문의

일러두기

- 이 책은 한국사회복지교육협의회의 『사회복지 교과목 지침서 2022』를 바탕으로 하면서도 시험의 출제경향, 대학교재의 공통사항, 학습의 편의성 등을 고려하여 구성하였다.
- <사회복지법제론>을 비롯해 수험서에서 다루고 있는 법률은 2024년 3월 초 현재 시행 중인 규정을 따랐다. 이후 추가적인 개정사항이 있을 시 주요 사항을 정리하여 아임패스 내 '학습자료'를 통해 게시할 예정이다.
- 이 책에서 발생할 수 있는 오류사항에 대해서는 아임패스 내 '정오표' 게시판을 통해 정정할 예정이다.
- 학습 중 헷갈리거나 궁금한 내용이 있을 때에는 아임패스 내 '과목별 질문' 게시판을 이용할 수 있다.

기본개념 마스터 하기

아임패스는 사회복지사1급 나눔의집에서 운영하는 학습지원 사이트로 강의수강 및 수험서 안내 등이 제공됩니다.

I'MPASS 기본개념 마스터하기

I'MPASS 사회복지실천론

교과목 목표

- 실천의 개념과 목적을 이해한다.
- 실천현장을 이해한다.
- 가치와 윤리에 대해 이해한다.
- 사회적 약자에 대한 옹호를 이해한다.
- 사회복지전문직으로서의 정체성을 이해한다.
- 실천의 관점 및 통합적 접근에 대해 이해한다.
- 실천과정에 대해 이해한다.

1장 사회복지실천의 개념 및 정의

한눈에 쏙!		중요도
❶ 사회복지실천의 개념 등	1. 사회복지실천의 정의	
	2. 사회복지실천의 목적	
	3. 사회복지실천의 기능	
	4. 사회복지실천의 이념과 철학적 배경	★ 22회 기출
❷ 사회복지실천 기반	1. 학문으로서의 사회복지	
	2. 사회복지실천방법의 분류	★★
	3. 사회복지실천의 전문적 기반	★
❸ 사회복지 전문직의 정체성	1. 사회복지 전문직의 정체성 논란	★★
	2. 사회복지 전문직의 정체성 논의와 과제	

기출경향 살펴보기

이 장의 기출 포인트

플렉스너의 비판과 그린우드의 전문직 속성은 단독으로 출제되기도 하지만 3장에서 공부할 역사 문제에서도 함께 출제되기도 한다. 미시/중시/거시 실천분류는 문제에 제시되는 사례에 따라 정답률 편차가 크게 나타나므로 개념을 잘 잡아두어야 한다. 사회복지실천의 이념과 철학적 배경은 사회복지실천에 어떤 영향을 주었는지를 정리해두어야 한다.

최근 5개년 출제 분포도

연도별 그래프

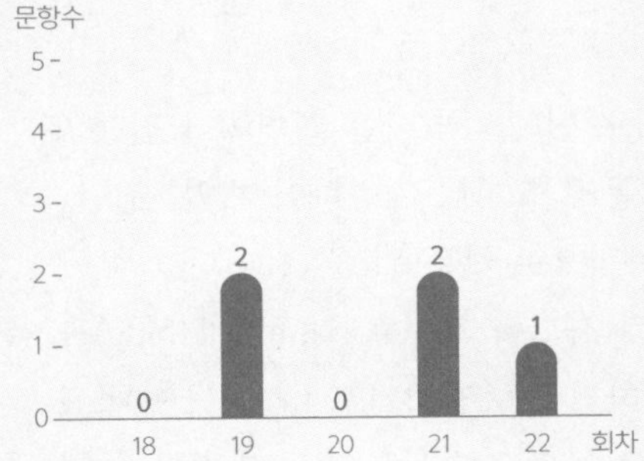

평균출제문항수

1.0 문항

2단계 학습전략

데이터의 힘을 믿으세요!
강의로 복습하는 **기출회독 시리즈**

3회독 복습과정을 통해
최신 기출경향 파악

최근 10개년 핵심 키워드

기출회독 **058**	사회복지 전문직의 정체성 논란	4문항
기출회독 **059**	사회복지실천방법의 분류	4문항
기출회독 **060**	사회복지실천의 목적 및 기능	2문항
기출회독 **061**	사회복지실천의 이념과 철학적 배경	4문항

기본개념 완성을 위한 **학습자료 제공**

기본개념 강의, 기본쌓기 문제, O X 퀴즈, 기출문제, 정오표, 묻고답하기, 지식창고, 보충자료 등을 **아임패스**를 통해 만나실 수 있습니다.

1 사회복지실천의 개념 등

기출회차				
1	2	3	4	5
6	7	8	9	10
11	12	13	14	15
16	17	18	19	20
21	22			

강의로 복습하는 기출회독 시리즈

Keyword 060, 061

합격자의 한마디

사회복지실천의 정의 및 목적을 모두 암기할 필요는 없어요. 다만, 시대 상황에 따라 변화해오고 있으며 '인간의 삶의 질 향상'이라는 궁극적이고 본질적인 목적은 변하지 않는다는 점은 기억해둡시다.

잠깐!

사회복지실천이란 단어는 1970년대 이후부터 사용되었으며, 그 전에는 개별사회사업이 주로 사용되었다. 보통 사회복지가 사회사업보다 더 포괄적인 의미라고 하는데 사실상 구분 없이 사용되며, 사회복지라는 말이 주로 쓰인다.

1. 사회복지실천의 정의

① 메리 리치몬드(Mary Richmond, 1922)

개별사회사업은 개개인 그리고 개인과 사회환경 사이에서 의식적인 조정을 통해 개개인의 인격발달을 이루어 가는 과정이다.

② 미국사회복지사협회(NASW)

- 1958년 정의: 인간과 사회환경의 부조화로 인해 나타나는 개인이나 집단의 문제를 해결하거나 최소화하며, 이러한 문제를 미리 예방하여 개인, 집단, 지역사회의 잠재력을 최대화하는 것을 목적으로 하는 원조활동이다.
- 1973년 정의: 개인, 집단 또는 지역사회가 사회적 기능(social functioning)을 향상시킬 수 있는 자신들의 능력을 회복하거나 증진시키고, 자신들의 목표달성을 위한 사회조건을 스스로 만들어 갈 수 있도록 돕는 전문적 활동이다.

③ 핀커스와 미나한(Pincus & Minahan, 1973)

사회복지실천은 사람과 사회환경에 존재하는 체계들 사이의 연결과 상호관계이다.

④ 미국사회복지교육협의회(CSWE)

- 1994년 정의: 삶의 질을 향상시키고 빈곤과 억압을 감소시키기 위해 공적인 영역과 사적인 영역으로부터 권한을 위임받아 다양한 분야에서 사회적 서비스를 제공하는 전문직이다.
- 2001년 정의: 사회복지실천은 서비스의 가치, 사회적 정의 및 경제적 정의, 인권과 인간의 존엄성, 인간관계의 중요성, 실천에서의 통합성과 유능성을 기초로 한다.

2. 사회복지실천의 목적

사회복지실천의 목적은 사회구성원 대다수가 동의하는 내용으로 구성되어야 하며, 세부적인 목적은 사회나 문화, 시대적 분위기와 기대 등을 반영하기 때문에 달라질 수 있다. 다만, 사회복지실천의 궁극적 목적인 '인간의 삶의 질 향상'은 시대나 사회가 변해도 달라지지 않는다.

① 미국사회복지사협회(NASW, 1981)

사회복지실천의 목적은 모든 개인의 삶의 질 향상을 위해 개인과 환경 간에 상호호혜적 상호작용을 촉진하고 유지시키는 것이다.

② 핀커스와 미나한(Pincus & Minahan, 1973)

사회복지실천의 목적을 다음의 네 가지로 제시하였다. 이는 사회복지실천을 개인의 심리치료에 초점을 맞춘 미시적 개입에서 전체 체계를 보는 거시적 개입으로 확장시켰다는 의의가 있다.

- 개인의 문제해결 및 대처 능력 향상
- 개인을 자원, 서비스, 기회를 제공해주는 체계와 연결
- 그 체계들이 효과적이고 인도적으로 운영되도록 촉진
- 사회정책의 개발과 발전에 기여

③ 미국사회복지교육협의회(CSWE, 2001)

1994년 사회복지실천의 목적을 네 가지 항목으로 정리하였고, 2001년에는 이를 다음과 같이 구체화하였다.

- 개인, 가족, 집단, 조직, 지역사회가 목적을 달성하고 고통을 완화시키며, 자원을 활용할 수 있도록 도움으로써 이들의 사회기능을 촉진, 회복, 유지, 향상시키는 것이다.
- 인간의 기본적인 욕구를 충족시키고 인간이 갖고 있는 잠재력 및 가능성을 개발할 수 있도록 돕기 위해 필요한 사회정책, 서비스, 자원, 프로그램을 계획, 공식화, 시행하는 것이다.
- 곤궁에 처한 집단에게 힘을 실어주고(empowerment), 사회적 · 경제적 정의를 실현하기 위해 조직 · 행정적 옹호와 사회 · 정치적 운동을 통해 정책, 서비스, 자원, 프로그램을 추구하는 것이다.
- 이러한 목적과 관련된 모든 전문적인 지식과 기술을 개발하고 시험하는 것이다.

④ **재스트로(Zastrow, 2013)**

- 사람들의 문제해결 능력, 대처 능력, 발달 능력을 향상시킨다.
- 사람들과 자원, 서비스, 기회 등의 제공 체계를 연결한다.
- 자원 및 서비스를 제공하는 체계를 효과적이고 인본주의적으로 운영한다.
- 사회정책을 개발하고 향상시킨다.
- 인간과 지역사회의 안녕을 촉구한다.

3. 사회복지실천의 기능[1)]

(1) 헵워스와 라슨(Hepworth & Larsen)

① **사회적 기능 향상**

- 취약한 개인에게 역기능이 발생하기 전 서비스를 제공하여 예방한다.
- 신체적, 정신적으로 기능이 손상된 클라이언트의 재활 및 복귀를 돕는다.
- 약물남용, 사회부적응, 학대 등의 생활 문제에 관한 치료적 기능을 한다.

② **개인의 역기능 치료**

클라이언트의 역기능은 환경에 의해서만 발생하는 것은 아니며, 가능한 자원을 적절히 사용하지 못함으로써 발생할 수 있기 때문에 사회적 고립감, 자신감 결여 등에 있어 문제해결 능력 및 대처 능력을 습득하도록 도와야 한다.

③ **사회정의 향상**

사회에서 보장하는 자원과 권리 등에서 소외되지 않도록 클라이언트의 권리를 찾아주어야 한다. 이를 위해 사회복지사는 옹호자로서의 역할을 수행하기도 하며, 사회운동조직과 함께 사회행동에 참여하기도 한다.

잠깐!

사회적 정의(social justice)

- 사회의 모든 구성원이 기본적 권리, 보호, 기회, 의무, 사회적 혜택을 갖는 이상적 조건이나 상태
- 정의의 반대인 '불의'는 인간의 권리가 침해되고, 일부 구성원에 대해 편견적 태도를 보일 때 나타남

(2) 미국사회복지사협회(NASW)

- 사람들의 역량을 확대하고, 문제해결 능력 및 대처 능력 향상을 지원한다.
- 사람들의 자원 획득을 지원한다.
- 조직이 사람들에게 반응하도록 한다.
- 개인과 환경 내 다른 사람들과의 상호작용을 촉진한다.
- 조직과 제도 간의 상호관계에 영향을 미친다.
- 사회정책 및 환경정책에 영향을 미친다.

(3) 핀거스와 미나한(Pincus & Minahan)

- 개인의 문제해결과 대처 능력을 향상시켜 효과적으로 이용할 수 있도록 돕는다.
- 개인과 자원체계 간의 기본 연결을 성립시킨다.
- 사람들과 사회자원체계 간의 상호작용을 촉진시키고 관계를 수정하여 새로운 관계를 형성한다.
- 자원체계 내의 개인들 사이의 상호작용을 촉진시키며 관계를 수정하거나 형성한다.
- 사회정책의 개발과 수정에 기여한다.
- 물질자원을 분배한다.
- 사회통제의 개입역할을 한다.

4. 사회복지실천의 이념과 철학적 배경 22회 기출

중요도 ★

이념적 배경도 이따금씩 출제되고 있다. 간단하게 이념적 배경에 해당하는 것을 묻기도 하지만, 각각의 이념이 어떤 의미를 가지며, 사회복지실천에 어떤 영향을 미쳤는지를 파악하는 문제도 출제된 바 있다.

사회복지실천의 이념은 매우 다양하다. 사회복지실천은 사회통제적 성격을 띠기도 하고 한편으로는 사회변화를 목적으로 하기 때문에 이념적 배경이 서로 대립되기도 한다. 사회복지실천이 표면적으로는 인도주의와 이타주의의 이념에서 비롯된 것으로 보이지만 기본적으로는 사회진화론의 영향을 많이 받았다. 그러나 시대에 따라 약간씩 다른 이념과 철학의 영향을 받기도 했다. 사회복지실천에 영향을 미친 이념과 철학적 배경들을 살펴보면 다음과 같다.

(1) 상부상조/상호부조의 정신

- 사회복지 발생 이전에 있어 왔던 빈곤문제에 대처하는 가장 원초적인 제도이다.
- 호혜성의 원리에 입각한 것으로 우리나라의 역사에서는 두레, 품앗이 등으로 나타났다.

(2) 자선, 사랑 등의 종교적 윤리

① 종교적 윤리의 전통

- 대부분의 종교에서 자선을 강조해 왔지만, 서구사회에서 자선은 기독교의 실천에, 박애는 그리스-로마 전통에 뿌리를 둔다.
- 기독교에서는 빈민과 무능력자를 돌보는 의무가 강조되어 왔고, 특히 교회와 수도원을 중심으로 한 구빈활동의 역사가 매우 오래되었으며 중요시되

어 왔다.

- 사회복지실천이 전문화되기 이전의 사회복지적 활동은 종교적 윤리를 토대로 남을 돕거나 베푸는 형태로 이루어졌다. 그리고 자선, 사랑 등의 종교적 윤리는 사회복지실천활동의 이념 혹은 철학적 배경이 된다.

② 자선

- 비이기적이고 직접적인 도움의 행위이다.
- 기독교에서 신성하게 생각하는 '자비롭게 베푸는 행위'를 말한다.
- 빈민 등 욕구가 있는 자가 당면한 욕구에 대응해서 무엇인가를 주고 베푸는 행위를 말한다.

(3) 인도주의와 박애사상

- 인도주의란 모든 인간은 인간이라는 점에서 동등한 자격을 갖추고 있다고 생각하며, 인류의 공존을 꾀하고 복지를 실현시키려는 사상이다.
- 박애사상은 인간의 인격과 인간성을 존중하고, 평등사상에 입각하여 인종, 종교, 습관, 국적 등을 초월한 인간애를 말한다.
- 자선조직협회(COS)에서 실시한 우애방문원 활동의 기본 철학이었다. 우애방문원들은 기독교 사상을 실천하려는 중산층 이상의 부녀자들을 중심으로 구성되었는데, 이들은 빈민들을 대상으로 박애사상에 따라 인도주의적 원조활동을 실시하였다.

(4) 사회진화론 꼭!

- 사회적합계층은 살아남고, 사회부적합계층은 자연스럽게 소멸된다는 이념이다.
- 부자들은 우월하고 빈민들은 열등하기 때문에 가난하게 살 수밖에 없다고 보았는데, 즉 생태계의 적자생존의 자연법칙이 사회에도 적용된다는 것이다.
- 사회진화론은 사회복지실천의 사회통제적 측면에서 나타나는데, 사회통제를 주 목적으로 한 실천 사례로 자선조직협회의 활동을 꼽을 수 있다. 자선조직협회는 원조에 대한 수혜자격을 조사 · 평가하고, 등급을 매김으로써 빈민을 통제하였다.

잠깐!

적자생존(適者生存, survival of the fittest)

생존경쟁의 원리에 대한 개념을 간단히 함축한 말로서 환경에 가장 잘 적응하는 생물이나 집단이 살아남는다는 의미이다. 다윈(Darwin)의 진화론에 대한 원리로 유명하지만, 영국의 철학자이자 경제학자인 스펜서(Spencer)가 1864년 처음으로 사용하였다.

(5) 민주주의 꼭!

- 사회진화론과 달리 모든 인간은 평등하다는 것을 인정한다. 따라서 클라이언트도 대우받을 권리가 있음을 표방한다.
- 주는 자와 받는 자의 평등한 권리를 인정하여 클라이언트에 대한 시혜를 결

정함에 있어 클라이언트가 적극 참여해야 한다는 사회적 움직임이 나타나게 되었다. 이러한 민주주의 사상은 훗날 클라이언트의 자기결정권에 영향을 미쳤으며, 빈곤층의 가치를 인정한 인보관운동의 이념으로서 사회개혁 활동으로 이어졌다.

(6) 개인주의 꼭!

- 개인주의는 인간중심적 가치관을 바탕으로 개인의 존재와 가치를 중요시하며, 국가의 간섭을 거부한다. 집단을 위한 개인의 희생에 반대하며, 반전운동, 표현의 자유, 소수자 보호 등의 사상적 토대가 되기도 했다.
- 개인의 자유와 권리를 강조하고 개성을 인정하기 때문에 사회복지실천에 있어 '개별화의 원칙', '자기결정의 원칙'에 기여한 측면이 있지만, 한편으로는 빈곤문제에 대해 개인의 책임이 있다고 보기 때문에 '최소한 수혜자격의 원칙', '열등처우의 원칙' 등으로 이어지기도 했다.

(7) 다양화

- 인종, 계층, 성별, 문화, 이념 등을 하나의 기준이나 관점에서만 보는 것이 아니라 여러 가지 상대적인 관점에서 바라보고 인정하는 것이다.
- 다양화에 대한 인식이 확산되면서 사회복지실천에서도 다양한 계층에 대한 수용, 다양한 문제 및 접근방식을 수용하게 되었다.

합격자의 한마디

사회진화론이나 개인주의는 언뜻 보면 사회복지랑 거리가 멀어 보이지만, 둘 다 사회복지실천의 이념적 배경이라는 점 기억해둡시다!

2 사회복지실천 기반

기출회차				
1	2	3	4	5
6	7	8	9	10
11	12	13	14	15
16	17	18	19	20
21	22			

강의로 복습하는 기출회독 시리즈

Keyword 059

1. 학문으로서의 사회복지

(1) 체계적 이론

- 사회복지학은 인간의 욕구를 충족시키기 위해 과학적인 지식과 기술을 사용하며 체계적인 이론을 바탕으로 하기 때문에 자선이나 박애와는 다르다.
- 사회복지학은 인접 사회과학의 이론과 지식을 바탕으로 하여 출발했지만 독자적인 이론적 체계와 지식을 축적해오고 있다.

(2) 사회복지학과 인접 학문

① 사회학

사회학은 사회문제의 원인과 결과를 과학적인 방법을 통해 규명하는 것에 초점을 두는 반면, 사회복지학은 사회문제나 개인의 문제를 해결하는 구체적인 방법을 개발하여 적용하는 데 초점을 둔다는 차이가 있다.

② 심리학

심리학이 개인에게 영향을 미칠 수 있는 다양한 요인들을 밝히는 데 주력하여 심리치료서비스를 제공한다면, 사회복지학은 클라이언트의 심리정서적 문제를 해결하기 위한 상담서비스 이외에 사회적, 경제적 서비스를 제공한다는 점에서 차이가 있다.

③ 정신의학

정신의학은 개인의 질병에 대한 치료를 강조하지만, 사회복지학은 개인, 가족, 사회의 기능 향상을 강조한다는 차이가 있다.

④ 정치학

정치학은 사회복지정책을 제시한다는 측면에서 사회복지실천과 연관성을 갖는다. 또한 복지정책에 대한 정부의 역할, 행정조직, 전달체계 등의 개선 및 발전에 필요한 지식을 제공하는 데 기여한다.

⑤ 경제학

경제학은 생활수준의 측정과 결정, 조세와 사회복지서비스 및 정책과의 관계, 임금과 시장체계, 노동문제 등에 관해 필요한 지식과 이론적 기반을 제공한다는 측면에서 사회복지와 관련을 갖는다.

⑥ 문화인류학

고고학적 · 민족지학적 · 언어학적 · 사회적 · 심리학적 자료를 기반으로 하여 인간문화를 연구하고 분석방법을 연구한다.

(3) 사회복지학의 응용학문적 특성

- 사회복지학은 응용학문의 성격이 강하기 때문에 사회학, 심리학, 정신의학 등 위에 언급된 학문 외에도 다양한 학문들과 밀접한 관계를 맺고 있다.
- 어떤 학문의 어떤 이론이라도 인간의 사회적 기능을 높이는 목적에 직접 적용될 수 있는 것이면 사회복지의 지식기반으로 적용할 수 있다.

2. 사회복지실천방법의 분류

중요도 ★★

최근 출제빈도는 줄어든 편이지만, 클라이언트체계 수준에 따라 미시, 중범위, 거시 수준을 구분할 수 있어야 한다. 또한, 간접실천과 직접실천의 구분도 사례와 연결시킬 수 있어야 한다.

(1) 사회복지사가 관여하는 클라이언트체계의 크기 또는 규모에 따른 분류 ★꼭!

① 미시(micro) 수준의 사회복지실천

- 개인의 가장 친밀한 상호작용 과정에 개입하는 실천활동으로서 개인, 부부, 가족을 포함하는 다양한 클라이언트체계를 대상으로 한다.
- 주로 사회복지사는 클라이언트와 일대일로 접촉하면서 직접서비스를 전달하지만 일대일 접촉에만 제한되지는 않는다.
- 미시적 수준에서의 활동은 일반적으로 클라이언트를 직접 만나서 이루어지기 때문에 직접실천에 해당하는 경우가 많다.

② 중범위 혹은 중간(mezzo) 수준의 사회복지실천

- 미시 수준과 거시 수준의 중간 수준에서 활동하는 것을 말한다.
- 중범위 수준은 개인이나 가족생활보다는 덜 밀접하게 관련된 대인관계, 조직과 기관의 대표들 사이보다는 더 의미 있는 관계, 자조집단이나 치료집단의 구성원을 포함한 관계, 학교나 직장, 이웃에서의 동료 간의 관계이다.

- 중범위 수준의 상황은 '개인과 그 개인에게 가장 가깝고 중요한 사람들의 만남이 이루어지는 접점'이다.
- 중범위 수준의 개입에는 클라이언트에게 직접적 영향을 미치는 가족, 또래 집단, 학급과 같은 체계를 변화시키는 것, 자조집단이나 치료집단의 조직 및 운영을 통한 사회복지실천이 해당된다.

③ 거시(macro) 수준의 사회복지실천

- 거시 수준의 사회복지실천은 클라이언트의 삶에 영향을 미치는 지역사회나 전체 사회, 혹은 국가의 복지체계를 대상으로 하는 사회복지실천활동이다.
- 주로 국가나 사회의 정책개발 · 정책대안을 발굴하고 제시하는 활동, 제안된 법안에 대한 분석 및 증언 등의 활동, 기관이나 조직의 행정체계 및 프로그램과 관련된 대안 제시, 지역사회자원의 개발, 취약한 집단을 옹호하는 활동, 다양한 집단 간의 교섭과 타협, 의사결정에 소비자가 참여할 수 있도록 격려, 클라이언트에게 직접적으로 영향을 줄 수 있는 법안 제정이나 제도 마련 촉구, 법률 개정 및 제도 개선 등과 관련된 다양한 업무를 계획하고 수행한다.
- 거시 수준의 실천은 클라이언트를 직접 만나기보다는 특정 대상의 클라이언트를 염두에 두고 클라이언트와 멀리 떨어진 상태에서 간접적인 사회복지서비스 지원 형태로 이루어지기 때문에 간접실천이라고 할 수 있다.

(2) 클라이언트의 접촉 유무에 따른 분류 ★꼭!

① 직접실천(direct practice)

- 클라이언트를 직접 변화시킴으로써 클라이언트의 문제해결을 도모하는 실천방식이다. 주로 개인, 집단, 가족을 대상으로 클라이언트를 직접 대면하여 개입하는 미시적 실천을 말하지만, 지역사회의 집단이나 단체들에 제공하는 거시적 방법들의 측면을 포함하기도 한다.
- 인간이 환경과 원활한 상호작용을 할 수 있는 능력인 사회적 기능을 향상시키는 것을 주요 목표로 한다.

  예 상담, 교육, 정보제공, 가족치료, 집단 프로그램 운영, 장애아동 양육을 위한 부모상담 등

② 간접실천(indirect practice)

- 지역사회를 중심으로 클라이언트를 둘러싼 환경체계에 개입하여 사회적 지지체계나 자원들을 발굴 또는 연계하는 방법을 활용하거나, 서비스를 제공하는 제도나 기구, 정책 등에 초점을 두는 실천방법이다.

- 클라이언트를 직접 변화시키기보다는 클라이언트를 둘러싼 환경을 변화시켜서 클라이언트의 문제를 해결한다.
- 지역사회조직, 사회복지정책이나 사회복지행정이 간접실천이라는 이름으로 사회복지실천에 포함된다.

예 아동학대 예방을 위한 홍보 활동, 학교폭력 예방을 위한 자원봉사자 모집, 희귀질환 아동을 위한 모금활동

예 서비스나 자원 연결, 클라이언트 옹호, 공청회 개최, 홍보활동, 프로그램 개발, 모금운동, 예산 확보 운동, 자원봉사자 확보, 캠페인, 의뢰 등

합격자의 한마디

옹호는 사회복지사의 개입으로 클라이언트의 문제가 직접 해결되는 것이 아니라, 구청과 같이 집행권을 갖는 제3자의 변화에 따라 해결되는 것이기 때문에 간접실천입니다. 다만, 이러한 제3자의 변화를 유도하는 과정에 사회복지사가 직접적이고 적극적으로 클라이언트의 입장을 대변하며 활약한다는 것이죠!

3. 사회복지실천의 전문적 기반

중요도 ★

과학성과 예술성은 실천론이든 실천기술론이든 간헐적으로 출제되는 내용이다.

(1) 사회복지실천의 과학적 기반(과학성)

① 의미

- 사회복지실천에서의 과학적 기반 혹은 과학성은 효과적인 개입을 위해서 사회현상, 사회적 조건과 문제, 사회정책과 프로그램, 사회복지전문직, 다양한 실천이론과 관련된 지식에 바탕을 두고 이를 적용·활용하는 것을 의미한다.
- 과학적 방법은 현상을 연구하고 지식을 형성하기 위한 구체적 접근방법인데 과학성에 기반을 둔 사회복지실천은 편견이나 주관성으로 인한 판단상의 오류를 줄여주고 효과성과 효율성을 제고할 수 있게 한다.

② 사회복지실천의 과학적 기반이 적용되는 상황

- 사람들의 사회적 기능을 나타내는 자료를 수집하고 조직화하고 분석한다.
- 새로운 기법과 실천지침을 만들고 새로운 프로그램과 정책을 개발하기 위해 관찰, 경험, 그리고 공식적 연구를 활용한다.
- 사회복지개입을 안내하는 계획과 준거틀을 만들기 위해 기초가 되는 자료를 활용한다.
- 전문직에서 다른 사람들이 설명하는 아이디어, 연구 그리고 실천을 교환하고 비평적으로 평가한다.

③ 사회복지실천에서 과학성(=과학적 기반)을 사용하는 예

단일사례설계를 이용한 클라이언트 효과성 평가, 결식아동지원 프로그램 과정평가, 경험적 사실의 수집, 실험적 조사, 이론적 설명, 객관적 관찰, 기술훈련 등

합격자의 한마디

사회복지실천의 전문성은 과학성과 예술성을 모두 포함하며, 예술성은 창의성, 직관, 공감능력 등을 말합니다.

(2) 사회복지실천의 예술적 기반(예술성)

① 개념

- 예술이란 '능숙한 수행을 하는 데 필요한 특수한 기술로서 학습만으로는 배울 수 없는 직관적인 능력을 발휘해야 하는 것'으로 정의된다.
- 사회복지실천에서의 예술적 기반 혹은 예술성은 사회복지사의 개인적인 특성이나 창의력, 직관적 능력 등을 적절히 활용하는 것을 말한다.

② 사회복지실천의 예술적 기반에 해당되는 요소

클라이언트와의 전문적 관계형성, 클라이언트에 대한 감정이입된 의사소통, 창의적 사고, 적합한 가치, 직관적 능력, 건전한 판단력, 인간의 고통에 직면할 수 있는 용기, 의미 있고 상생적인 원조관계를 수립할 수 있는 능력, 변화에 대한 장애물을 극복하는 창의성, 변화과정에 에너지와 희망을 불어넣는 능력, 효과적인 전문가 스타일을 형성하는 것 등

(3) 과학성과 예술성의 조화

- 사회복지실천이 효과적으로 이루어지기 위해서는 과학적 기반과 예술적 기반이 조화를 이루어야 한다.
- 사회복지사는 클라이언트와의 관계 형성, 창의적 사고, 동정과 용기, 희망과 에너지, 건전한 판단력의 사용, 적합한 가치에 헌신하는 것 등을 포함하는 예술적 요인과 전문적 지식 및 기술 등의 과학적 기반을 혼합시켜야 한다.

3 사회복지 전문직의 정체성

기출회차				
1	2	3	4	5
6	7	8	**9**	10
11	12	13	14	**15**
16	**17**	18	**19**	20
21	22			

강의로 복습하는 기출회독 시리즈

Keyword 058

1. 사회복지 전문직의 정체성 논란

중요도 ★★

플렉스너의 비판점과 그린우드의 전문직 속성은 두 내용을 연결하여 함께 출제되기도 하며 각각 단독으로 출제되기도 했다. 또한 3장의 역사 내용과 함께 전문직의 발전 과정을 묻는 문제에서도 등장하곤 했다. 그린우드의 전문직 속성은 5가지 속성을 골라내는 단순 유형으로도 출제되었고 한 속성의 특징을 제시하고 무엇에 해당하는 설명인지를 찾는 문제나 각 속성에 대한 설명이 옳은 것을 찾는 문제로도 출제되었다.

(1) 플렉스너의 비판과 전문직 성장의 위기

- 플렉스너(Flexner)는 「사회복지는 전문직인가? *Is Social Work a Profession?*」(1915)라는 논문을 통해 사회복지는 전문직으로서 갖추어야 할 특성들이 결여되어 있다고 주장하면서 다음과 같은 내용을 지적하였다.
  - 사회복지는 사회과학적 기초가 결여되어 있다.
  - 독자적이고 명확한 지식체계 및 전수할만한 전문기술이 결여되어 있다.
  - 정부의 책임 아래 실시되는 교육 및 전문적 자격제도가 없다.
  - 전문적 조직체가 없다.
  - 전문적 실천에 대한 강령이 없다.
- 플렉스너가 이러한 이유로 사회복지실천은 전문직이 아니며 사회복지사도 전문가가 아니라고 주장함에 따라 사회복지 전문직 성장에 위기를 맞게 되었다.

(2) 플렉스너 비판 이후의 사회복지계 반응

① 전문직의 기본틀에 맞는 환경 조성하기

- 플렉스너의 비판 이후에 미국 사회복지계 내부에서 지속적인 논쟁이 되어왔고 사회복지직을 전문직으로 정립하기 위한 노력이 다양한 형태로 표출되었다.
- 이미 존재하고 있던 뉴욕자선학교 이외에 2년 과정의 정규교육을 위해 1919년까지 17개의 전문사회복지학교가 설립되었다.
- 1917년 리치몬드는 사회복지실천과정의 이론을 최초로 정리한『사회진단』을 출간하였다.
- 1921년 미국사회복지사협회(American Association of Social Workers)가 설립되었다.

② **전문직으로 인정받을 수 있는 기술 갖추기**

- 의료 및 정신보건 사회복지 분야에서 정신과 의사들이 활용하는 프로이트의 정신분석 이론과 기술을 사용하였으며, 사회복지사에서 치료자로 자신들의 역할을 바꾸면서 위상을 높이고자 하였다.
- 하지만 이러한 움직임은 이후 사회복지계 내부에서 사회복지 정체성의 위기를 발생시키게 되었다. 정신의료적 치료자가 아니라 사회복지 전문직으로서 구분될 수 있는 고유한 정체성 확립의 필요성이 제기되었고, 이와 함께 사회복지 전문직만의 이론과 기술 정립에 대한 요구도 커졌다.

합격자의 한마디

그린우드의 '이-권-승-윤-문' 다섯 가지 속성을 기억해두자.

(3) 그린우드가 제시한 전문직의 속성 꼭!

그린우드(Greenwood)는 「전문직의 속성 *Attributes of a Profession*」(1957)이라는 글에서 전문직의 속성을 다섯 가지로 제시하면서, 사회복지직은 이미 전문직의 속성을 갖추었으며 계속 전문직화를 추구해 나가는 과정 속에 있다고 평가하였다.

① **체계적인 이론**(체계화된 지식기반과 기술)

우월성을 갖춘 기술의 사용 여부가 전문직과 비전문직을 구별하는 하나의 기준이 된다. 효과적인 기술 사용 그 자체가 아니라 기술의 근원이 되는 체계적인 이론이 존재하는 것은 전문직이 되기 위한 중요한 요소이기 때문이다.

② **전문적인 권위**

클라이언트와의 관계에서 사회복지사 혹은 사회복지직에 부여된 전문적 권위와 신뢰가 있어야 한다.

③ **사회적인 승인**(재가)

공동체나 일반사회의 인가 혹은 승인 여부에 따라 전문직에 부여되는 권한과 특권이 다르다. 보통 전문가를 배출하는 자격이 있는 학교를 정하여 권한을 주거나 자격시험을 치르는 방식 등을 통해 독립적인 권한을 부여한다.

잠깐!

인가/재가(sanction)

- 인가 또는 재가란 어떤 전문적인 과업과 활동을 수행하는 데 필요한 권위, 권한부여, 허가를 내주는 것을 의미한다.
- 사회복지실천을 재가해주는 권위의 출처는 정부기관, 공적/사적 서비스 기관, 사회복지 전문조직체, 서비스를 제공받는 클라이언트나 소비자 등 다양하다.

④ **윤리강령**

사회적 인가 혹은 승인으로부터 얻어지는 전문직의 특권이 잘못 사용되는 것을 방지하고 규제하기 위해 체계화된 윤리강령이 있어야 한다. 윤리강령은 전문직의 행위에 대한 옳고 그름의 판단기준으로서 기능하면서 전문직 내에 구속력을 갖는다.

⑤ **전문직 문화(공유된 전문적 가치와 규범)**

전문직은 자체의 고유한 가치나 규범, 상징을 만들어서 공유하고 이를 보존한다. 전문직은 다른 목적을 위한 수단이 되어서는 안 되며, 사명감과 직업의식을 가져야 한다.

2. 사회복지 전문직의 정체성 논의와 과제

- 플렉스너의 비판 이후 미국 사회복지계는 전문직으로 인정받기 위하여 사회복지의 초점을 좁히고 교육적으로 소통 가능한 기법을 개발하기 위해 노력해 왔다.
- 보수체계를 정립하고 교육훈련제도를 도입하였으며, 이론을 구축하고 미국병원사회사업협회(1918), 미국사회복지사협회(1921), 미국정신의학사회복지사협회(1924) 등 전문직협회를 구성하였다.
- 이론을 구축하는 과정에서 정신분석이론에 크게 의존함으로써 심리학 중심의 의료모델로 치우치게 되었고 개별사회사업 중심으로 발달하게 되었다. 이러한 경향은 오늘날의 임상사회사업으로 맥이 이어졌고 미국 사회복지 주류를 형성하고 있으며, 개별치료가 큰 부분을 차지하고 있다.
- 미국 사회복지의 영향을 많이 받은 우리나라에서도 1980년대 이후 사회복지사의 사회적 위상과 전문성의 문제가 대두되었다.
- 실천현장이 없는 상태에서 미국식 임상사회복지 중심의 교육이 먼저 시작되어 우리나라의 현실과는 맞지 않는 부분이 있기에 우리나라 실정에 적합한 사회복지실천의 정체성과 전문성을 제시하지 못하고 있다. 따라서 사회복지 전문직의 정체성을 확립하기 위해서는 사회복지 고유의 기능과 가치를 기본으로 하면서 우리나라의 현실을 제대로 반영해야 한다.
- 사회복지 전문직의 정체성에 관한 논의는 끝나지 않았으며 오히려 지금부터가 시작이라고 할 수 있다.

2장 사회복지실천의 가치와 윤리

한눈에 쏙!		중요도
❶ 사회복지실천의 가치와 윤리	1. 가치와 윤리	★
	2. 사회복지실천의 가치	★
	3. 사회복지실천윤리	
	4. 인권과 사회복지실천	★ 22회 기출
❷ 사회복지사 윤리강령	1. 윤리강령의 성격	
	2. 전미사회복지사협회(NASW)의 사회복지사 윤리강령	
	3. 우리나라 사회복지사 윤리강령	★★★ 22회 기출
❸ 사회복지실천현장에서의 갈등	1. 사회복지실천에서의 딜레마 상황	★
	2. 사회복지실천의 윤리적 쟁점들	★ 22회 기출
	3. 윤리적 갈등의 조정	★★ 22회 기출

기출경향 살펴보기

이 장의 기출 포인트

한국사회복지사 윤리강령, 로웬버그와 돌고프의 윤리원칙 우선순위, 레비가 제시한 3가지 가치, 윤리와 가치의 개념, 가치 상충 및 윤리 상충을 비롯한 실천현장에서 발생할 수 있는 갈등 상황과 그에 대한 대응, 인권의 개념 등 다양한 내용이 두루두루 출제되고 있기 때문에 꼼꼼한 학습이 필요하다.

최근 5개년 출제 분포도

연도별 그래프

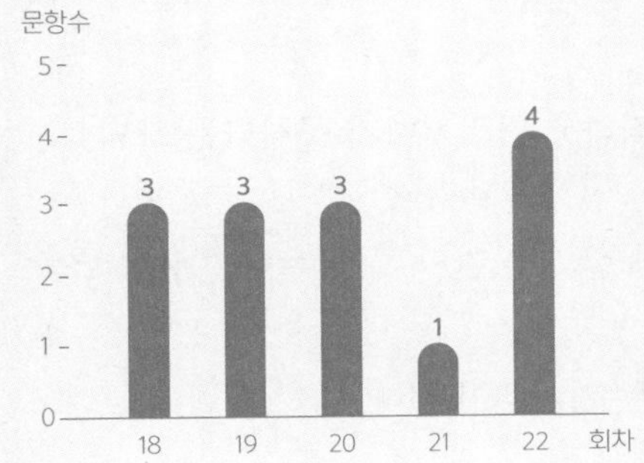

평균출제문항수

2.8 문항

2단계 학습전략

데이터의 힘을 믿으세요!
강의로 복습하는 **기출회독 시리즈**

3회독 복습과정을 통해
최신 기출경향 파악

최근 10개년 핵심 키워드

기출회독 **062**	한국사회복지사 윤리강령	8문항
기출회독 **063**	사회복지실천현장에서의 갈등	5문항
기출회독 **064**	윤리원칙의 우선순위	4문항
기출회독 **065**	사회복지실천의 가치 기반	6문항

기본개념 완성을 위한 **학습자료 제공**

기본개념 강의, 기본쌓기 문제, O X 퀴즈, 기출문제, 정오표, 묻고답하기, 지식창고, 보충자료 등을 **아임패스**를 통해 만나실 수 있습니다.

1 사회복지실천의 가치와 윤리[2)]

기출회차				
1	2	3	4	5
6	7	8	9	10
11	12	13	14	15
16	17	18	19	20
21	22			

강의로 복습하는 기출회독 시리즈

Keyword 065

중요도 ★

자주는 아니지만 이따금 가치와 윤리를 구분하는 문제가 출제되기도 했고, 사회복지실천의 가치 및 윤리와 관련한 문제에서 다뤄지기도 했으므로 개념적 차이를 살펴두도록 하자.

1. 가치와 윤리

가치가 더 좋은 것에 대한 선택적 차원이라면, 윤리는 따라야 할 규범적 차원이라고 말할 수 있다. 윤리는 가치를 실행함에 있어 지침으로서의 성격을 갖는다는 점에서 가치와 윤리는 연결된다.

① 가치

- 가치는 어떤 행동이 좋고 나쁘며, 바람직하고 바람직하지 못하다는 도덕적 판단의 기준이 된다.
- 어떤 믿음이나 신념 같은 것으로 인간의 삶과 관련된 특정 수단, 목적, 조건들에 대한 주관적 선호이다.
- 개인(혹은 집단)의 행동 및 판단에 있어 준거기준이 된다.

② 윤리

- 윤리는 사회적 의식의 한 형태로 인간이 마땅히 따라야 하는 규범의 총체를 의미한다.
- 도덕적 성격과 법률적 성격이 혼합된 성격으로, 지켜야 할 도리 또는 이치라고 말할 수 있다.
- 행동화된 가치로서, 가치가 행동으로 표출될 때 그 행동의 옳고 그름을 판단하는 기준이 된다.

가치와 윤리

가치	윤리
• 무엇이 좋고 바람직한가와 관련 • 행동의 방향성 • 일반적으로 선호하는 더 폭 넓은 사회의 가치를 반영	• 마땅히 따라야 할 규범 • 어떤 행동의 옳고 그름에 대한 판단 • 가치를 기반으로 하여 구현된 행동지침, 규범

합격자의 한마디

가치는 호불호! 윤리는 시시비비!

③ 가치와 윤리의 관계

- 윤리는 가치에서 나오기 때문에 가치와 조화를 이루어야 한다.
- 사회복지실천의 윤리에서 가치문제를 중요하게 다루는 이유는 사회복지의 가치에서 실천을 위한 윤리적 원칙들이 나오기 때문이다.
- 사회복지실천에서 전문직 가치는 사회복지실천현장에서 필요한 윤리적 원칙을 세우는 지침을 제공한다.

2. 사회복지실천의 가치

중요도 ★

레비가 제시한 사회복지 전문직의 가치 3가지는 간혹 시험에 출제되고 있다. 3가지 범주가 의미하는 바를 확실히 구분해두도록 하자.

가치는 단순한 관심이 아니라 행동 시에 선택의 기준으로 작용한다. 즉, 가치는 인간행동의 방향과 동기를 제공한다. 사회복지실천에서 가치는 지식, 기술과 더불어 사회복지실천의 3대 중심축의 하나로, 사회복지실천이 추구해야 하는 방향성을 제시한다. 사회복지실천은 가치를 기반으로 동기화되거나 기능화되기 때문에 가치라는 개념을 중요시한다.

(1) 상대적 중요성에 따른 가치체계(Pumphrey)

펌프리는 사회복지가치를 다음과 같이 3가지로 범주화하였다.

① 궁극적 가치(ultimate values)

가장 추상적이고 다수에 의해 가장 쉽게 동의를 얻을 수 있는 내용들이다.

예 자유, 인간의 존엄성, 정의, 인간능력에 대한 인정, 평등한 대우 및 차별금지 등

② 차등적(근사적) 가치 혹은 중간단계의 가치(proximate or intermediary values)

- 추상적인 궁극적 가치와 구체적 행위나 상황과 관련된 도구적 가치 사이에 있으며 추상적 가치를 좀 더 구체화한 가치이다.
- 사회문화적 영향이나 개인의 경험에 따라 찬성과 반대가 가능한 가치이다.
- 특수하고 단기적인 목표를 제시하는 중간 수준의 가치이다.

  예 보건의료서비스나 치료를 거부할 수 있는 환자의 권리, 낙태나 동성애에 대한 가치 등

③ 수단적(도구적) 가치(instrumental values)

목적을 위해 요구되는 수단들을 명확하게 하는 것이며, 궁극적 가치를 달성하기 위한 수단이다.

예 자기결정, 비밀보장, 고지된 동의, 수용적이며 비난하지 않는 태도 등

(2) 차원에 따른 가치 분류

① 개인적 가치

- 가족, 문화, 사회의 가치에서 비롯된다.
- 개인적 가치는 종교적 · 문화적 가치의 영향을 강력히 받으므로 각 개인의 환경에 따라 다르게 형성될 수 있다.

② 사회적 가치

- 개인적 가치에 영향을 미치며 시대의 변화에 따라 변하는 특성이 있다.
- 사회의 일반화된 정서적 공감대를 반영하는 것으로 역사적으로 형성되었으며 경험에서 비롯된다.

③ 기관의 가치

- 각 사회복지기관은 역할, 기능, 책임에 따라 고유한 가치를 갖는다.
- 기관의 가치는 종종 클라이언트의 가치와 갈등을 빚을 수 있다.

④ 전문직 가치

- 전문직 가치란 어떠한 직업이 사회에서 전문직(profession)으로 인정되는 과정에서 그 전문직의 독특한 실천활동과 관련하여 요구되는 가치이다.
- 전문직 가치는 기본적으로 해당 전문직 활동의 평가와 책임소재의 근거가 된다.
- 전문직 가치는 하나의 직업이 사회적 차원에서 전문직으로 인정받는 과정에서 주어지는 것이므로 일반적으로 전문직이 속한 사회의 가치를 반영하게 된다.

한걸음 더

전문직 가치와 개인적 가치

어떠한 전문직 가치가 사회의 단일한 주도적 가치와 곧바로 동일시되는 것은 아니다. 전문가로서 가지는 가치와 무관하게 사회복지사는 한 인간으로서 자신만의 개인적 가치들을 가질 수 있는데 개인적 가치와 전문가로서의 가치가 충돌하여 전문가로서의 업무수행에 윤리적 긴장을 가져오는 경우 문제가 된다.

전문가 가치와 개인적 가치 사이의 충돌을 해결하는 방법 역시 다양하게 제시되고 있는데 어떤 이는 주어진 문제에 대한 개인적 가치의 허용범위와 전문직 가치의 허용범위들을 명확히 하고 두 가치의 허용범위가 서로 비슷하게 일치하는 부분의 가치에 근거한 실천을 선택하는 방법을 제시한다. 반면, 다른 학자는 전문직 가치를 따라야 한다고 주장한다.

전문직 가치와 개인적 가치 혹은 클라이언트의 가치 등이 일치하지 않는 데에서 기인하는 다양한 문제를 효과적으로 해결하기 위한 노력 중의 하나가 윤리적 의사결정론이다.

(3) 사회복지실천의 주요 가치

① 사회복지실천의 본질적 가치

- 인간의 존엄성 존중: 모든 인간을 가치가 있는 존재로 인정함으로써 사회복지서비스가 제공될 수 있다. 클라이언트의 개별화, 자기결정권, 비밀보장에 관한 수단적 가치가 되며, 사회복지 전문직의 윤리적 토대가 된다.
- 배분적 사회정의(분배정의): 개인의 문제는 사회적 자원의 결핍이나 사회환경의 역기능적 영향에 의해 발생하는 것이기 때문에 사회는 개인의 발전을 위해 최소한의 사회적 자원을 공평하게 배분해 주어야 한다는 신념이다.

② 사회복지실천의 기본 가치

- 프리드랜더(Friedlander): 인간의 존엄성, 인간의 자율성, 기회의 균등성, 사회적 책임성
- 미국사회복지사협회(NASW): 개인의 가치와 존엄성, 개인에 대한 존경, 개인의 변화가능성에 대한 가치, 클라이언트의 자기결정권, 비밀보장, 사생활보장, 적절한 자원과 서비스 제공, 역량강화, 동등한 기회보장, 비차별성, 다양성 존중 등

(4) 사회복지 전문직의 가치 ★꼭!

레비(Levy)는 사회복지 전문직의 가치를 사회복지 가치들이 갖는 기능적 측면을 기준으로 다음과 같이 3개 범주로 나누어 설명하였다.

① 사람우선 가치(인간에 대한 바람직한 개념)

- 전문직 수행의 대상인 사람 자체에 대해 전문직이 갖추고 있어야 할 기본적 가치로서 인간의 본성을 제시해 줄 수 있는 가치들이다.
- 개인의 타고난 가치와 존엄성에 대한 믿음, 건설적 변화 의지와 능력에 대한 믿음, 상호적 책임, 소속의 욕구, 독특성, 일반적인 인간적 욕구 등을 인정하는 가치이다.
- 클라이언트를 하나의 개별화된 인간으로 보고 능력을 인정해주며 그에 따라 권한을 인정해 주는 가치이다.

  예 인간의 가치와 존엄성 존중, 개별성에 대한 인정 등

② 결과우선 가치(목표로 하는 결과에 대한 개념)

- 사람에 대해 서비스를 제공했을 때 초래되는 결과에 대한 가치로서 바람직한 결과 성취를 위해 가져야 하는 가치이다.

• 사회가 개인의 발전을 위해 사회참여 기회를 동등하게 제공해야 한다는 사회적 책임에 대한 믿음이다.

예 인간의 기본 욕구 충족, 부적절한 교육이나 주택문제 등의 사회문제 제거

③ **수단우선 가치(인간을 대하는 바람직한 방법)**

• 서비스를 수행하는 방법과 수단, 도구에 대한 가치이다.
• 사람은 존경과 존엄으로 다루어져야 하며, 자기결정의 권리를 가져야 하고, 사회변화에 참여하도록 촉진되며, 하나의 독특한 개인으로 인정되어야 한다는 믿음이다.

예 자기결정권 존중, 비심판적 태도

(5) 사회복지 전문직의 가치(미국사회복지교육협의회)

• 개인의 가치와 인간의 존엄성, 수용, 비밀보장, 정직, 책임성
• 클라이언트의 자기결정권, 원조과정에의 적극적 참여권리 존중
• 클라이언트체계가 필요한 자원을 획득할 수 있도록 원조할 책임성
• 사회제도 개선의 책임
• 다양한 집단의 고유한 특성 존중 및 이를 이해할 수 있는 교육의 필요성 인정
• 전문직으로서 직업적 특성을 개발하기 위한 노력

사회복지실천가치의 발달(Reamer, 1999)

제1단계 19세기 말	• 전문적 사회복지실천의 태동기 • 자선조직협회 등의 활동 • 빈곤에 대한 대응과 구제에 초점, 우애방문원의 간섭적 온정주의 • 빈곤한 클라이언트의 도덕적 교화에 관심을 두고, 인간의 기본적 권리에 대한 가치는 고려되지 않음
제2단계 20세기 초	• 인보관 운동 및 진보의 시기 • 빈곤한 클라이언트의 도덕성 결여보다 빈곤이 발생하게 된 사회구조적 문제에 초점 • 사회복지의 목적과 가치지향이 빈곤과 관련된 광범위한 사회문제 개선으로 확장됨
제3단계 1940년대 말~1950년대 초	• 전문직의 도덕적 차원에 대한 관심이 집중된 시기 • 사회복지 전문직의 가치와 윤리가 본격적으로 언급되기 시작 • 적절한 실천을 향상시키기 위하여 전문가 윤리지침이 개발되기 시작
제4단계 1960년대 이후	• 사회적 평등, 인권, 복지권, 차별, 억압 등의 가치를 사회복지 실천과 교육에 접목한 시기 • 1960년 전미사회복지사협회(NASW) 첫 윤리강령을 공식 채택 • 1970년대에는 사회복지실천윤리에 관한 논의가 본격화됨. 1976년 레비(Levy)의 『사회복지윤리학(Social work ethics)』 출간

3. 사회복지실천윤리

(1) 사회복지실천윤리에 대한 정의

① 레비의 정의(Levy, 1976)

사회복지실천윤리는 다양한 배경을 지닌 사회복지사들이 복잡한 실천분야에서 직면할 수 있는 다양한 윤리적 쟁점에 대하여 올바른 판단을 내릴 수 있도록 하는 체계적인 준거틀이다.

② 로웬버그와 돌고프의 정의(Loewenberg & Dolgoff, 1996)

사회복지실천윤리란 사회복지 실무자가 무엇이 윤리적으로 올바른 실천방법인지를 인식할 수 있게 도와주며 전문적인 사회복지실천 상황에서 초래되는 윤리적 측면과 관련된 올바른 실천행위를 결정하고 행동에 옮길 수 있는 방법이다.

③ 종합적인 정의

사회복지사는 전문가로서 사람을 돕는 일을 펼쳐 나감에 있어 윤리적 결정을 내려야 하는 다양한 상황에 직면하게 된다. 전문가로서 전문적 견해와 기술을 바탕으로 내린 결정도 윤리와 무관할 수는 없다. '주어진 상황에서 도덕적으로 마땅히 해야 할 옳은 일은 무엇인가?', '그 상황에서 사회복지사는 비윤리적인 행동을 어떻게 피할 수 있는가?' 등 사회복지실천과정에서 다양한 문제에 부딪히게 되는데 이런 상황에서 올바른 실천행위를 할 수 있도록 판단기준을 제시하는 것이 바로 사회복지실천윤리이다.

(2) 사회복지실천윤리의 필요성(Reamer, 1995)

- 사회복지사 등 전문가의 가치관과 클라이언트, 동료 전문가 등 다른 사람들의 가치관 사이에 존재하는 공통점과 차이점을 체계적으로 확인하기 위해 사회복지실천윤리가 필요하다.
- 윤리적 갈등을 이해하고 이에 대처하는 능력을 갖추기 위해 필요하다.
- 서로 다른 가치관들 사이의 관계정립 또는 위계설정을 위해 필요하다.
- 현행 사회복지의 주류 가치가 얼마나 정당한지를 반성할 뿐만 아니라 시대적 동향에 맞는 가치를 정립하기 위해 필요하다.
- 사회복지실천방법을 개발하거나 전문가의 전문경력을 발전시키기 위해 필요하다.

중요도 ★

최근 시험에서는 인권과 관련된 사항도 출제되고 있다. 인권이 갖는 기본적인 특징을 살펴보고 사회복지실천에서 인권 가치가 갖는 의미를 생각해보자.

4. 인권과 사회복지실천[3] 22회 기출

사회복지사업법을 통해 복지업무에 종사하는 사람은 업무수행에 있어 사회복지를 필요로 하는 사람을 위해 인권을 존중하고 차별없이 최대로 봉사해야 하며, 이 과정에서 인권침해 행위를 한 경우 처분 및 공표 등의 조치를 하도록 규정하고 있다.

(1) 인권의 개념 및 특징

잠깐!

인권은 법에 따라 보장되는 권리에 한정되는 것은 아니다. 따라서 법에서 보장하지 않더라도 인간의 존엄성을 위해 필요한 권리라면 인권이라 말할 수 있다.

인권은 인간이 인간답게 살아가기 위해 누구나 마땅히 누려야 할 권리로서 다음과 같은 특징을 갖는다.

- 인권은 모든 인간이 누릴 수 있는 보편적 권리이며, 태어날 때부터 지닌 천부적 권리이다.
- 인권은 서로 연결되어 있어 여러 권리를 총체적이고 종합적으로 고려하여 보장해야 한다. 인위적으로 사회권과 자유권 혹은 개인의 권리와 집단의 권리 등으로 나눌 수 없다. 이를 인권의 불가분성이라 한다.
- 누군가에게 일부 혹은 전부를 양도할 수 없는 불가양적 권리이다.
- 모든 사람은 사회적 관계와 공동체 속에서 살아가기 때문에 인권은 상호의존적 특성을 갖게 된다. 즉 자신의 인권을 향유하기 위해서는 다른 사람의 인권, 공동체의 인권을 존중해야 한다는 것이다.

(2) 인권과 사회복지실천 가치

인권은 생명권, 인간의 존엄성, 자유, 평등, 연대책임, 사회적 책임 등을 바탕으로 하며, 이는 사회복지실천에서도 중요한 가치이다.

- 인간의 존엄성: 사회복지실천에서 인간의 존엄성은 가장 기본적이면서 핵심적인 가치이다. 클라이언트의 자기결정권, 비밀보장의 원칙 등에는 이 인간의 존엄성이라는 가치가 깔려 있는 것이다.
- 자유: 사회복지실천에서는 국가의 역할을 강조하는 적극적 자유의 가치를 더 강조하지만, 소극적 자유의 중요성도 고려한다.
- 평등: 인권에서는 기회의 평등이 강조되는 경향이 있지만, 사회복지실천에서는 기회의 평등을 넘어 소득재분배와 같은 결과의 평등이 더 강조되는 측면이 있다.
- 사회적 연대: 빈곤, 고령화, 저출산, 질병, 환경파괴 등의 문제는 개인적 차원을 넘어 가족, 집단, 지역사회, 국가를 넘어 연대책임을 필요로 한다. 사회복지실천은 사회복지서비스 제공을 통해 사회적 연대감 증진 및 사회통합을 추진하며 양극화와 같은 자본주의의 문제점을 보완하는 기능을 한다.

한걸음 더

인권 3세대

① 1세대 인권: 자유권

- 자유를 추구하는 시민적 · 정치적 권리
- 17~18세기 자유주의 철학을 기반으로 한 권리이다. 모든 인간은 침해될 수 없는 자유권을 가지며 국가가 이를 간섭할 수 없다는 것으로, 종교의 자유, 사상의 자유, 양심의 자유, 선거권 등이 해당한다.

② 2세대 인권: 평등권(사회권)

- 경제적 · 사회적 · 문화적 권리
- 19세기를 전후하여 자유주의에 따른 개인주의의 폐해로 제기된 권리이다. 분배정의 확립 및 인간다운 삶 보장 등 국가가 적극적으로 개인의 권리보장을 위해 개입해야 한다는 것으로, 교육 · 의료 · 주거 · 노동 · 소득보장 · 사회보장 등에 관한 권리가 해당한다.

③ 3세대 인권: 집단권(연대권)

- 협력과 연대로 실현되는 집합적 권리
- 여성, 아동, 난민 등 소수자의 연대를 강조하는 권리이다. 제3세계의 빈곤 및 개발, 생태위기 및 환경오염, 전쟁 문제 등 인류의 삶과 관련하여 국제사회의 협력이 요구되는 권리를 포함한다.

2 사회복지사 윤리강령

기출회차				
1	2	3	4	5
6	7	8	9	10
11	12	13	14	15
16	17	18	19	20
21	22			

강의로 복습하는 기출회독 시리즈

Keyword 062

잠깐!

윤리강령 등장의 배경

사회적 가치관과 개인의 가치관 및 윤리관이 급격하게 변하면서 이전에는 나타나지 않았던 다양한 갈등이 발생하게 되었고 이를 해결하기 위해 윤리강령이 등장하게 되었다.

보충자료

윤리강령의 역사

1. 윤리강령의 성격

① 윤리강령

전문가들이 지켜야 할 전문적 행동기준과 원칙을 기술해놓은 것이다.

② 윤리강령의 기능

- 전문가들이 자신의 전문직 가치기준에 맞게 실천할 수 있는 판단기준을 제시한다.
- 해당 전문직 실천 대상자들에게 그 전문직이 지켜야 할 기본 윤리행위를 알리고 전문직의 비윤리적 행위에 대해 판단할 수 있는 기준을 제시한다.

③ 사회복지사 윤리강령

사회복지사 윤리강령은 사회복지사가 행동하는 데 지침이 되도록 고안한 것이다.

잠깐!

윤리강령의 두 가지 기능

- 전문직 보호
- 클라이언트 보호

④ 사회복지사 윤리강령의 기능

- 사회복지가치 기준에 맞는 실천을 하였는가에 대한 행동기준 및 판단기준이 된다.
- 사회복지실천현장에서 윤리적 갈등이 생겼을 때 지침과 원칙을 제공한다.
- 자기규제를 통해 클라이언트를 보호한다.
- 스스로 자기규제를 가짐으로써 사회복지 전문직의 전문성을 확보하고 외부로부터 전문직을 보호한다.
- 일반 대중에게 전문가로서 사회복지사의 기본 업무 및 자세를 알리는 일차적 수단으로 기능한다.
- 사회복지 전문가들의 윤리의식을 고양시킨다.

2. 전미사회복지사협회(NASW)의 사회복지사 윤리강령 [4)]

잠깐!

메리 리치몬드는 1920년 개별 사회사업가의 윤리강령을 제시했는데, 이는 1951년에서야 미국사회복지사협회(AASW) 대표자회의에서 채택되었으나 공식적으로 채택되지는 못했다. 이후 1960년 전미사회복지사협회(NASW)를 통해 윤리강령이 최초로 공식적으로 채택되었다.

① 특징

- 전문직 근본 가치에 기초하면서 클라이언트에 대한 윤리적 책임, 동료에 대한 윤리적 책임, 실천현장에서의 윤리적 책임, 전문가로서의 윤리적 책임, 직업에 대한 윤리적 책임, 더 넓은 사회에 대한 윤리적 책임 등과 관련하여 상세하게 행동기준을 기술하였다.
- 사회복지의 임무는 핵심가치를 기반으로 한다.
- 사회복지 전문직의 핵심가치를 반영하며, 사회복지실천을 이끄는 일련의 윤리기준들을 총괄하는 윤리원칙을 요약한다.
- 전문직의 의무에 갈등이나 윤리적 불확실성이 발생할 때 사회복지사가 적절한 판단을 내리도록 돕는다.
- 사회복지의 임무, 가치, 윤리기준, 윤리원칙에 생소한 사회복지사에게 지침을 제공한다.
- 사회복지 전문직 자체에서 사회복지사가 비윤리적인 행위를 했는지 사정하는 데 사용되는 기준을 규정한다.
- 일반 대중이 사회복지 전문직의 책임으로 간주할 수 있는 윤리기준을 제공한다.

② 핵심가치와 윤리원칙

NASW의 윤리강령에는 전문직으로서 사회복지사가 지향하는 6가지의 핵심가치와 함께 그에 따른 윤리원칙을 수록하고 있다.

핵심가치	윤리원칙
1. (욕구가 있는 사람들에게) 서비스 제공	사회복지사의 궁극적인 목표는 도움을 필요로 하는 사람들을 돕고 사회적 문제들에 대응하는 것이다.
2. 사회정의 증진	사회복지사는 사회적 불의와 대결해야 한다.
3. 인간 존엄성과 가치 존중	사회복지사는 타고난 인간의 존엄성과 가치를 존중해야 한다.
4. 인간관계의 중요성 인식	사회복지사는 인간관계가 가진 중요성을 인식해야 한다.
5. 신뢰성 확립	사회복지사는 신뢰받을 수 있게 행동해야 한다.
6. 전문적 능력 증진	사회복지사는 자신의 능력범위 내에서 실천활동을 해야 하며 자신의 전문적 기술을 개발하고 향상시켜야 한다.

중요도 ★★★

문제에서 제시된 내용 중에서 어느 부분이 틀렸는지를 파악할 수 있어야 하며, 제시된 내용이 어느 윤리기준에 해당하는지 찾을 수 있어야 한다.

잠깐!

우리나라 사회복지사 윤리강령 연혁(한국사회복지사협회)

1973년 2월 초안제정 결의
1982년 1월 제정
1988년 3월 1차 개정
4월 공포
⋮
2023년 4월 5차 개정

3. 한국사회복지사 윤리강령 22회 기출

한국사회복지사 윤리강령의 구조

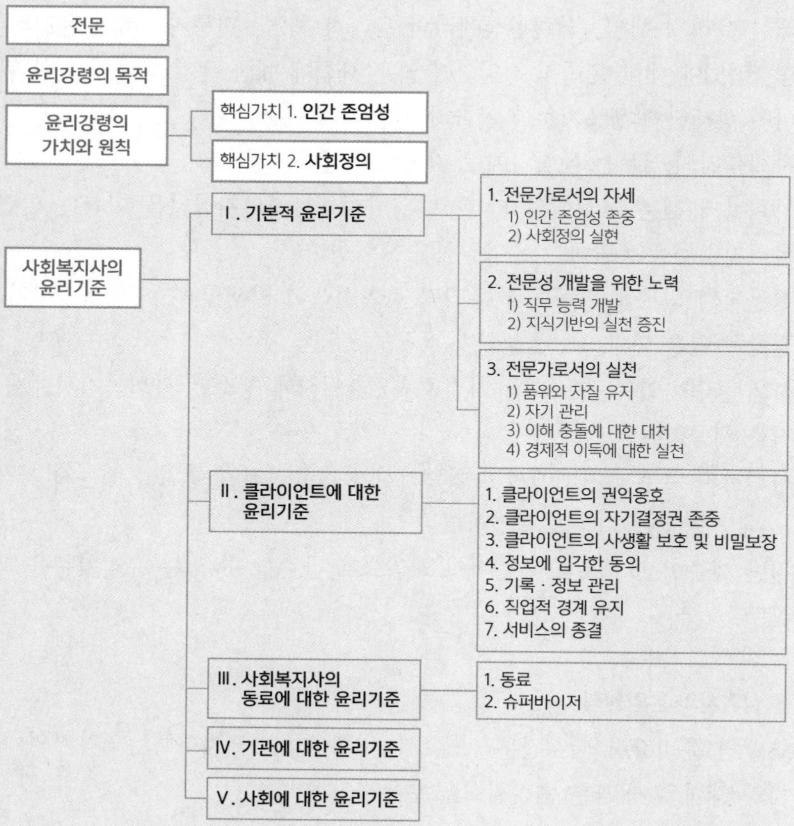

※ 알림: 윤리강령의 내용은 '한국사회복지사협회' 홈페이지에 게시되어 있는 원문을 수험서의 틀에 맞게 재구성한 것입니다.

2023년 4월 11일 한국사회복지사 윤리강령 5차 개정이 발표되었다. 가장 두드러진 특징은 윤리강령의 목적, 윤리강령의 가치와 원칙이 추가되고, 기존의 사회복지윤리위원회 규정이 삭제된 것이다. 구체적인 사회복지사의 윤리기준 내용에서도 굵직한 변화들이 있었다. 먼저 기본적 윤리기준이 전문가로서의 자세, 전문성 개발을 위한 노력, 전문가로서의 실천으로 구체화되었다. 클라이언트에 대한 윤리기준에 있어서도 7가지의 하위영역이 마련되었다.

1) 전문

사회복지사는 인본주의 · 평등주의 사상에 기초하여, 모든 인간의 존엄성과 가치를 존중하고 천부의 자유권과 생존권의 보장 활동에 헌신한다.
특히 사회적 · 경제적 약자들의 편에 서서 사회정의와 평등 · 자유와 민주주의 가치를 실현하는 데 앞장선다. 또한, 도움을 필요로 하는 사람들의 사회적 지위와 기능을 향상시키기 위해 저들과 함께 일하며, 사회제도 개선과 관련된 제반 활동에 주도적으로 참여한다. 사회복지사는 개인의 주체성과 자기결정권을 보장하는 데 최선을 다하고, 어떠한 여건에서도 개인이 부당하게 희생되는 일이 없도록 한다.
이러한 사명을 실천하기 위하여 전문적 지식과 기술을 개발하고, 사회적 가치를 실현하는 전문가로서의 능력과 품위를 유지하기 위해 노력한다. 이에 우리는 클라이언트 · 동료 · 기관 그리고, 지역사회 및 전체사회와 관련된 사회복지사의 행위와 활동을 판단 · 평가하며 인도하는 윤리기준을 다음과 같이 선언하고 이를 준수할 것을 다짐한다.

2) 윤리강령의 목적

한국사회복지사 윤리강령은 사회복지 전문직의 가치와 윤리적 실천을 위한 기준을 안내하고, 윤리적 이해가 충돌할 때 고려해야 할 사항을 제시하고자 한다. 한국사회복지사 윤리강령의 목적은 다음과 같다.

1. 윤리강령은 사회복지 전문직의 사명과 사회복지실천의 기반이 되는 핵심가치를 제시한다.
2. 윤리강령은 사회복지 전문직의 핵심가치를 실현하기 위한 윤리적 원칙을 제시하고, 사회복지실천의 지침으로 사용될 윤리기준을 제시한다.
3. 윤리강령은 사회복지 실천현장에서 발생하는 윤리적 갈등 상황에서 의사결정에 필요한 사항을 확인하고 판단하는 데 필요한 윤리기준을 제시한다.
4. 윤리강령은 사회복지사가 전문가로서 품위와 자질을 유지하고, 자기관리를 통해 클라이언트를 보호할 수 있도록 안내한다.
5. 윤리강령은 사회복지의 전문성을 확보하고 외부 통제로부터 전문직을 보호할 수 있는 기준을 제공한다.
6. 윤리강령은 시민에게 전문가로서 사회복지사의 역할과 태도를 알리는 수단으로 작용한다.

합격자의 한마디

윤리강령은 법률이 아닙니다! 그래서 '윤리강령은 법적 효력을 갖는다'거나 '윤리강령은 법적 제재의 근거가 된다'는 문장은 모두 틀린 문장입니다.

3) 윤리강령의 가치와 원칙

사회복지사는 인간 존엄성과 사회정의라는 사회복지의 핵심가치에 기반을 두고 사회복지 전문직의 사명을 다하기 위해 노력해야 한다. 이러한 핵심가치와 관련해 사회복지 전문직이 준수해야 할 윤리적 원칙을 제시한다.

(1) 핵심가치 1. 인간 존엄성

윤리적 원칙: 사회복지사는 인간의 존엄성과 가치를 인정하고 존중한다.

- 사회복지사는 개인적 · 사회적 · 문화적 · 정치적 · 종교적 다양성을 고려하며 개인의 인권을 보호하고 존중한다.
- 사회복지사는 클라이언트의 자율성을 존중하고, 자기결정을 지원한다.
- 사회복지사는 클라이언트가 역량을 강화하고, 자신과 환경을 변화시킬 수 있도록 지원한다.
- 사회복지사는 사회복지 실천과정에서 클라이언트의 개입과 참여를 보장한다.

(2) 핵심가치 2. 사회정의

윤리적 원칙: 사회복지사는 사회정의 실현을 위해 앞장선다.

- 사회복지사는 개인적 · 집단적 · 사회적 · 문화적 · 정치적 · 종교적 차별에 도전하여 사회정의를 촉진한다.
- 사회복지사는 개인, 가족, 집단, 지역사회의 다양성을 존중하는 포용적 지역사회를 만들기 위해 노력한다.
- 사회복지사는 부적절하고 억압적이며 불공정한 사회제도와 관행을 변화시키기 위해 사회의 다양한 구성원들과 협력한다.
- 사회복지사는 포용적이고 책임 있는 사회를 만들어 가기 위해 연대 활동을 한다.

4) 사회복지사의 윤리기준

(1) 기본적 윤리기준

① 전문가로서의 자세

㉠ 인간 존엄성 존중

- 사회복지사는 모든 인간의 존엄, 자유, 평등을 위해 헌신해야 하며, 사회적 약자를 옹호하고 대변하는 일을 주도해야 한다.

• 사회복지사는 모든 인간의 고유한 존엄성과 가치를 인정하고 존중하며, 이를 기반으로 사회복지를 실천한다.
• 사회복지사는 클라이언트의 성, 연령, 정신 · 신체적 장애, 경제적 지위, 정치적 신념, 종교, 인종, 국적, 결혼상태, 임신 또는 출산, 가족 형태 또는 가족 상황, 성적 지향, 젠더 정체성, 기타 개인적 선호 · 특징 · 조건 · 지위 등을 이유로 차별을 하지 않는다.
• 사회복지사는 다양한 문화의 강점을 인식하고 존중하며, 문화적 역량을 바탕으로 사회복지를 실천한다.
• 사회복지사는 문화적으로 민감한 실천을 제공하기 위해, 사회복지 실천과정에서 자신의 개인적 · 사회적 · 문화적 · 정치적 · 종교적 가치, 신념과 편견이 클라이언트와 동료 사회복지사에게 미칠 수 있는 영향을 고려하여 자기인식을 증진하기 위해 힘쓴다.

ⓛ 사회정의 실현
• 사회복지사는 사회정의 실현과 클라이언트의 복지 증진에 헌신하며, 이를 위한 국가와 사회의 환경 변화를 위해 노력한다.
• 사회복지사는 사회, 경제, 환경, 정치적 자원에 대한 평등한 접근과 공평한 분배가 이루어지도록 노력한다.
• 사회복지사는 개인적 · 집단적 · 사회적 · 문화적 · 정치적 · 종교적 특성에 근거해 개인이나 집단을 차별 · 억압하는 것을 인식하고, 이를 해결 또는 예방하기 위해 노력해야 한다.

② 전문성 개발을 위한 노력

㉠ 직무 능력 개발
• 사회복지사는 클라이언트에게 최상의 서비스를 제공하기 위해, 지식과 기술을 개발하는 데 최선을 다하며 이를 활용하고 공유할 책임이 있다.
• 사회복지사는 사회적 다양성의 특징(성, 연령, 정신 · 신체적 장애, 경제적 지위, 정치적 신념, 종교, 인종, 국적, 결혼 상태, 임신 또는 출산, 가족 형태 또는 가족 상황, 성적 지향, 젠더 정체성, 기타 개인적 선호 · 특징 · 조건 · 지위 등), 차별, 억압 등에 대해 교육을 받고 이에 대한 이해를 증진하기 위해 노력한다.
• 사회복지사는 변화하는 사회복지 관련 쟁점에 대응할 수 있도록 실천기술을 향상하고, 새로운 실천기술이나 접근법을 적용하기 위해 적절한 교육, 훈련, 연수, 자문, 슈퍼비전 등을 받도록 노력한다.

• 사회복지사는 사회복지실천에 필요한 정보통신 관련 지식과 기술을 습득하기 위해 노력하며, 이를 사용하는 과정에서 발생할 수 있는 윤리적 문제를 인식하고 정보통신 관련 지식과 기술을 활용하도록 한다.

㉡ 지식기반의 실천 증진

• 사회복지사는 사회복지 실천과정에서 평가와 연구조사를 함으로써, 사회복지실천의 지식기반 형성에 기여하고, 궁극적으로 사회복지실천의 질적 향상을 위해 노력한다.
• 사회복지사는 평가나 연구조사를 할 때, 연구 참여자의 권리를 보장하기 위해, 연구 관련 사항을 충분히 안내하고 자발적인 동의를 얻어야 한다.
• 사회복지사는 연구 과정에서 얻은 정보를 비밀보장의 원칙에서 다루며, 비밀보장의 한계, 비밀보장을 위한 조치, 조사자료폐기 등을 연구 참여자에게 알려야 한다.
• 사회복지사는 평가나 연구조사를 할 때, 연구 참여자의 보호와 이익, 존엄성, 자기결정권, 자발적 동의, 비밀보장 등을 고려하며, 「생명윤리 및 안전에 관한 법률」 등 관련 법령과 규정에 따라 연구윤리를 준수한다.

잠깐!

고지된 동의 (informed consent)

사전동의라고도 한다. 현재의 사회복지대상자 또는 앞으로 사회복지대상자가 될 가능성이 있는 사람으로부터 정보를 수집하거나 서비스를 제공하고자 할 때 클라이언트에게 충분히 정보를 제공하고 반드시 사전동의를 얻어야 한다는 것을 말한다.

③ 전문가로서의 실천

㉠ 품위와 자질 유지

• 사회복지사는 전문가로서의 품위와 자질을 유지하고, 자신이 맡고 있는 업무에 대해 책임을 진다.
• 사회복지사는 자신의 이익을 위해 사회복지 전문직의 가치와 권위를 훼손해서는 안 된다.
• 사회복지사는 전문가로서 성실하고 공정하게 업무를 수행한다.
• 사회복지사는 부정직한 행위, 범죄행위, 사기, 기만행위, 차별, 학대, 따돌림, 괴롭힘 등 불법적이고 부당한 일을 행하거나 묵인해서는 안 된다.
• 사회복지사는 자신의 소속, 전문자격이나 역량 등을 클라이언트에게 정직하고 정확하게 알려야 한다.
• 사회복지사는 클라이언트, 학생, 훈련생, 실습생, 슈퍼바이지, 직장 내 위계적 권력 관계에 있는 동료와 성적 관계를 형성해서는 안 되며, 이들에게 성추행과 성희롱을 포함한 성폭력, 성적 · 인격적 수치심을 주는 행위를 해서는 안 된다.
• 사회복지사는 한국사회복지사협회 등 전문가 단체의 활동에 적극적으로 참여하여, 사회정의 실현과 사회복지사의 권익옹호를 위해 노력한다.

㉡ 자기 관리

- 사회복지사는 정신적 · 신체적 건강 문제, 법적 문제 등이 사회복지 실천과정에서의 전문적 판단이나 실천에 부정적 영향을 주거나 클라이언트의 이익을 저해하지 않도록, 동료, 기관과 함께 적절한 조치를 하도록 노력한다.
- 사회복지사는 클라이언트에게 최상의 사회복지서비스를 제공하기 위해 사회복지사 자신의 정신적 · 신체적 건강, 안전을 유지 · 보호 · 관리하도록 노력한다.

㉢ 이해 충돌에 대한 대처

- 사회복지사는 클라이언트의 이익을 우선으로 고려하고, 이해 충돌이 있을 때는 아동, 소수자 등 취약한 자의 이해와 권리를 우선시한다.
- 사회복지사의 개인적 신념과 사회복지사로서 직업적 의무 사이에 이해 충돌이 발생할 때 동료, 슈퍼바이저와 논의하고, 부득이한 경우 클라이언트가 적절한 지원을 받을 수 있도록 클라이언트를 다른 사회복지사에게 의뢰하거나 다른 사회복지서비스로 연결한다.
- 사회복지사는 전문적 가치와 판단에 따라 업무를 수행하는 과정에서, 기관 내외로부터 부당한 간섭이나 압력을 받아서는 안 된다.

㉣ 경제적 이득에 대한 실천

- 사회복지사는 클라이언트의 지불 능력에 상관없이 복지 서비스를 제공해야 하며, 이를 이유로 차별해서는 안 된다.
- 사회복지사는 필요한 경우에 제공된 서비스에 대해 공정하고 합리적으로 이용료를 책정할 수 있다.
- 사회복지사는 업무와 관련해 정당하지 않은 방법으로 경제적 이득을 취해서는 안 된다.

(2) 클라이언트에 대한 윤리기준

① 클라이언트의 권익옹호

사회복지사는 클라이언트의 이익을 최우선의 가치로 삼고 이를 실천하며, 클라이언트의 권리를 존중하고 옹호한다.

② 클라이언트의 자기결정권 존중

- 사회복지사는 사회복지 실천과정에서 클라이언트의 자기결정을 존중하고, 클라이언트를 사회복지실천의 주체로 인식하여 클라이언트가 자기결정권

을 최대한 행사할 수 있도록 돕는다.

- 사회복지사는 의사결정이 어려운 클라이언트에 대해서는 클라이언트의 이익과 권리를 보장하기 위한 적절한 조치를 취해야 한다.

③ 클라이언트의 사생활 보호 및 비밀보장

사회복지사는 클라이언트의 사생활을 존중하고 보호하며, 전문적 관계에서 얻은 클라이언트 관련 정보에 대해 비밀을 유지한다. 그러나 클라이언트 자신과 타인에게 해를 입히거나 범죄행위와 관련된 경우에는 예외로 할 수 있다.

④ 정보에 입각한 동의

사회복지사는 클라이언트의 알 권리를 인정하고 동의를 얻어야 하며, 클라이언트가 받는 서비스의 목적과 내용, 범위, 합리적 대안, 위험, 서비스의 제한, 동의를 거절 또는 철회할 수 있는 클라이언트의 권리 등에 대해 정확하고 충분한 정보를 제공한다.

⑤ 기록 · 정보 관리

- 클라이언트에 대한 사회복지실천 기록은 사회복지사의 윤리적 실천의 근거이자 평가 · 점검의 도구이기 때문에 중립적이고 객관적으로 작성해야 한다.
- 사회복지사는 클라이언트가 자신과 관련된 기록의 공개를 요구하면 정당한 비공개 사유가 없는 한 정보에 접근할 수 있도록 해야 한다.
- 사회복지사는 클라이언트에 대한 문서 정보, 전자 정보, 기타 민감한 개인 정보를 보호해야 한다.
- 사회복지사가 획득한 클라이언트 관련 정보나 기록을 법적 사유 또는 기타 사유로 제3자에게 공개할 때는 클라이언트에게 안내하고 동의를 얻어야 한다.

⑥ 직업적 경계 유지

- 사회복지사는 클라이언트와의 전문적 관계를 자신의 개인적 이익을 위해 이용해서는 안 된다.
- 사회복지사는 업무 외의 목적으로 정보통신기술을 사용해 클라이언트와 의사소통을 해서는 안 된다.
- 사회복지사는 어떠한 상황에서도 클라이언트와 사적 금전 거래, 성적 관계 등 부적절한 행동을 해서는 안 된다.
- 동료의 클라이언트를 의뢰받을 때는 기관 및 슈퍼바이저와 논의하는 과정을 거쳐야 하며, 클라이언트에게 설명하고 동의를 얻은 후 서비스를 제공한다.

- 사회복지사는 정보처리기술을 이용하는 것이 클라이언트의 권리를 침해할 위험성이 있다는 사실을 인식하고 직업적 범위 안에서 활용한다.

⑦ 서비스의 종결

- 사회복지사는 클라이언트에게 제공되는 서비스가 더 이상 클라이언트의 이해나 욕구에 부합하지 않으면 업무상 관계와 서비스를 종결한다.
- 사회복지사는 개인적 또는 직업적 이유로 클라이언트와의 전문적 관계를 중단하거나 종결할 때 사전에 클라이언트에게 충분히 설명하고, 다른 기관 또는 다른 전문가에게 의뢰하는 등 필요한 조치를 취한다.
- 사회복지사는 클라이언트의 고의적 · 악의적 · 상습적 민원 제기에 대해 소속 기관, 슈퍼바이저, 전문가 자문 등의 논의 과정을 거쳐 서비스를 중단하거나 거부권을 행사할 수 있다.

(3) 사회복지사의 동료에 대한 윤리기준

① 동료

- 사회복지사는 존중과 신뢰를 기반으로 동료를 대하며, 전문가로서의 지위와 인격을 훼손하는 언행을 하지 않는다.
- 사회복지사는 사회복지 전문직의 권익 증진을 위해 동료와 다른 전문직 동료와도 협력하고 협업한다.
- 사회복지사는 동료의 윤리적이고 전문적인 행위를 촉진해야 하며, 동료가 전문적인 판단과 실천이 미흡하여 문제를 발생시켰을 때 윤리강령과 제반 법령에 따라 대처한다.
- 사회복지사는 다른 전문직의 동료가 행한 비윤리적 행위에 대한 윤리강령과 제반 법령에 따라 대처한다.
- 사회복지사는 동료의 직무 가치와 내용을 인정하고 이해하며, 상호 간에 민주적인 직무 관계를 이루도록 노력해야 한다.
- 사회복지사는 동료들에게 정보통신기술을 사용한 비윤리적 행위를 하지 않는다.
- 사회복지사는 동료가 적법하게 업무를 수행하는 과정에서 부당한 조치를 당하면 동료를 변호하고 원조해 주어야 한다.
- 사회복지사는 동료에게 행해지는 어떤 형태의 차별, 학대, 따돌림 또는 괴롭힘과 자신의 전문적 권위를 행사하는 다른 동료와의 부적절한 성적 행동에 가담하거나 이를 용인해서는 안 된다.
- 사회복지사는 슈퍼바이지, 학생, 훈련생, 실습생, 자신의 전문적 권위를

행사하는 다른 동료와의 성적 행위나 성적 접촉과 성적 관계에 관여해서는 안 된다.

② 슈퍼바이저

- 슈퍼바이저는 슈퍼바이지가 전문적 업무 수행을 할 수 있도록 지원하고 슈퍼바이지는 슈퍼바이저의 전문적 지도와 조언을 존중해야 한다.
- 슈퍼바이저는 전문적 기준에 따라 슈퍼비전을 수행하며, 공정하게 평가하고 평가 결과를 슈퍼바이지와 공유한다.
- 슈퍼바이저는 개인적인 이익 추구를 위해 자신의 지위를 이용해서는 안 된다.
- 슈퍼바이저는 사회복지사 수련생과 실습생에게 인격적 · 성적으로 수치심을 주는 행위를 해서는 안 된다.

(4) 기관에 대한 윤리기준

- 사회복지사는 기관의 사명과 비전을 확인하고, 정책과 사업 목표를 달성하기 위해 노력해야 한다.
- 사회복지사는 소속 기관의 활동에 적극적으로 참여함으로써 기관의 성장과 발전을 위해 노력해야 한다.
- 사회복지사는 기관의 부당한 정책이나 요구에 대해 전문직의 가치와 지식을 근거로 대응하고, 제반 법령과 규정에 따라 해결하도록 노력해야 한다.

(5) 사회에 대한 윤리기준

- 사회복지사는 자신이 일하는 지역사회를 이해하고, 클라이언트가 지역사회에서 서로 도우며 함께 살아가도록 지원해야 한다.
- 사회복지사는 정치적 영역이 클라이언트의 권익과 사회복지실천에 미치는 영향을 인식하여 사회정의 실현을 위한 사회정책의 수립과 법령 제 · 개정을 지원 · 옹호해야 한다.
- 사회복지사는 사회재난과 국가 위급 상황에서 문제를 해결하기 위해 적극적으로 활동해야 한다.
- 사회복지사는 지역사회, 국가, 나아가 전 세계와 그 구성원의 복지 증진, 삶의 질 향상을 위해 적극적으로 노력해야 한다.
- 사회복지사는 인간과 자연이 서로 떨어져 살 수 없음을 깨닫고, 인간과 자연환경, 생명 등 생태에 미칠 영향을 생각하며 실천해야 한다.

3 사회복지실천현장에서의 갈등

기출회차				
1	2	3	4	5
6	7	8	9	10
11	12	13	14	15
16	17	18	19	20
21	22			

강의로 복습하는 기출회독 시리즈

Keyword 063, 064

1. 사회복지실천에서의 딜레마 상황

중요도 ★

사례에서 나타난 갈등의 유형을 판단할 수 있어야 한다. 특히 가치 상충과 의무 상충은 헷갈리기 쉬우므로 잘 구분해두자.

1) 사회복지실천과 가치 갈등

사회복지사의 실천활동은 개인적 가치, 전문직 가치, 클라이언트 가치, 사회의 가치 등에 의해 영향을 받게 되며, 다음과 같이 다양한 가치 갈등으로 어려움을 겪게 된다.

① 가치 상충

두 개 또는 그 이상의 가치가 상충할 때 윤리적 갈등이 야기된다.

예 클라이언트의 자기결정권과 인간의 생명보호라는 가치 사이에서 윤리적 결정을 내려야 하는 경우

② 의무 상충

사회복지사가 기관에 대한 의무와 클라이언트에 대한 의무 사이에서 갈등하게 되는 경우로서, 사회복지사는 자신이 속한 기관의 정책을 준수해야 하지만 그 행동이 클라이언트의 이익에 위배될 경우 윤리적 갈등을 겪을 수 있다.

③ 클라이언트체계의 다중성

클라이언트가 여러 명이어서 누가 가장 우선시되어야 할 클라이언트인지, 누구의 이익을 최우선적으로 고려하여 개입해야 하는지를 판단하기 어려운 경우이다.

예 아동학대, 부부폭력, 남편의 조울증 등 다양하고 복합적인 문제를 가진 가족에게 개입하는 경우

④ 결과의 모호성

사회복지사가 내릴 결정의 결과가 불투명할 때 어떤 결정을 내려야 할지 갈등이 생긴다.

예 부모의 경제적인 이유 때문에 아이를 해외 입양시키는 것이 그 아이를 위해 최선의 결정인지 확신할 수 없는 경우

⑤ 힘 또는 권력의 불균형

- 사회복지사와 클라이언트의 관계가 권력적으로 평등하지 않기 때문에 생기는 갈등이다.
- 클라이언트는 도움을 받는 입장이고 사회복지사는 전문가로서 도움을 제공하기 때문에 클라이언트가 전문가에게 의존하는 관계가 되기 쉬운데 이때 발생하는 갈등이다.

  예 의사결정을 내리기 어려워하거나 문제해결 능력이 부족한 아동이 자신의 결정과 선택을 전문가에게 의존함으로써 클라이언트의 자기결정권이 포기되는 경우

2) 사회복지실천과 윤리적 갈등 5)

(1) 윤리적 갈등의 개념(윤리적 딜레마, ethical dilemmas)

- 윤리적 갈등이란 사회복지사가 전문가로서 지켜야 하는 윤리적 의무와 책무가 서로 충돌하여 어떠한 실천행동을 선택하는 것이 윤리적으로 올바른 것인지 판단하기 힘든 상태를 말한다.
- 두 가지 이상의 상충하는 윤리적 갈림길에서 한 방향을 선택해야 할 때 혹은 선택하고자 하는 각 대안들이 한 사람 혹은 여러 사람에게 바람직하지 못한 결과를 초래하게 될 때 윤리적 갈등을 겪게 된다. 윤리적 갈등상황에서는 '최선의 선택'을 해야 한다.

(2) 윤리적 갈등의 3가지 범주

① 직접적인 실천과 관련된 윤리적 갈등

- 사회복지사는 개인, 가족, 혹은 집단을 대상으로 직접적인 실천을 수행해 나가는 과정에서 여러 가지 윤리적 갈등에 직면한다.
- 사회복지사가 지켜야 하는 윤리적 의무나 원칙 가운데 이와 같은 범주에 속하는 것으로 대표적인 것은 비밀보장, 클라이언트의 자기결정, 온정주의, 진실의 의무 등이 있다.
- 윤리적 가치나 의무들을 어느 정도까지 보장해야 하는가라는 형태의 갈등 구조를 지닌다.

  예 사회복지시설에서 오랜 기간 동안 만성질환으로 극심한 고통을 받아온 클라이언트가 사회복지사에게 은밀하게 소극적 안락사를 요청한 경우, 사회복지사는 클라이언트의 자기결정에 대한 권리를 절대적인 가치로 간주하여 무조건적으로 존중해야 하는가라는 문제에 직면한다. 사회복지사는 클라이언트의 결정이 가족이나 제3자에게 미치는 영향을 고려하여 가족에게 알려야 하는지 혹은 생명을 연장하기 위해 클라이언트의 의사에 반하여 강제적으로 의료적 처치를 해야 하는지 등 여러 가지 윤리적 쟁점이 연관되어 발생하게 된다.

② 사회복지정책 및 프로그램 차원의 갈등

- 사회복지정책 및 프로그램을 기획하고 실행해 나가는 과정에서 발생하는 것으로 간접적인 사회복지실천활동으로 분류되는 영역에서 제기된다.
- 대표적으로 '분배문제'를 들 수 있는데 제한된 자원을 누구에게 어떻게, 얼마만큼 배분하는 것이 가장 정당한 것인가를 결정하는 윤리적 기준의 문제가 쟁점이 된다.

③ 사회복지 조직체 및 동료 사회복지사와 관련된 윤리적 갈등

사회복지 조직체 및 동료 사회복지사 사이의 관계와 관련된 것으로 한 조직체의 일원, 즉 고용된 사람으로서의 사회복지사가 겪을 수 있는 갈등이다.

예 어떤 사회복지사가 우연히 직장 동료에게 심한 알코올중독 증세가 있음을 알게 된 경우 전문직업인으로서 그 사실을 알려야 하는가의 문제에 봉착할 수 있다. 어떠한 경우에 이와 같은 내부고발이 윤리적으로 정당화될 수 있을까? 내부고발 행위는 해당 당사자와 조직체에 어떠한 결과를 가져올 수 있을까? 등에 대한 윤리적 의사결정의 필요성이 제기된다.

2. 사회복지실천의 윤리적 쟁점들 22회 기출

중요도 ★

각각에 대한 기본 개념을 묻는 문제도 출제되지만 실제 실천현장에서 맞닥뜨릴 수 있는 갈등 상황이 사례제시형 문제로 출제되기도 한다.

사회복지실천 상황에서는 두 가지 이상의 윤리적 의무가 있지만 한 가지를 위반하지 않고서는 다른 것을 지킬 수 없는 상황이 필연적으로 발생한다. 이런 경우 사회복지사는 사회복지실천 전문직의 가치, 사회복지사의 개인적 가치, 사회적 가치 사이에서 갈등하는데, 이러한 가치갈등은 다양한 윤리적 딜레마를 파생시킨다. 사회복지실천 과정에서 경험하게 되는 대표적인 윤리적 쟁점으로는 다음과 같은 것들이 있다.

(1) 클라이언트의 자기결정권

① 기본 개념

- 사회복지사는 자신의 생각이나 판단, 이념을 클라이언트에게 강요할 수 없고, 클라이언트는 스스로 가장 최선이라고 생각하는 것을 선택할 수 있다는 권리이다.
- 사회복지사는 클라이언트가 선택함에 있어 필요한 정보 및 그 결과에 대한 이해를 제공해야 한다.
- 자기결정 원칙은 온정주의와 관련되어 복잡한 이슈를 야기할 수 있다. 클라이언트의 이익을 위해 클라이언트의 바람을 제한하거나 자유를 방해하는 결과를 가져올 수 있기 때문이다. 사회복지사의 온정주의적 행동에 대해서

잠깐!

온정주의(paternalism)

- 권력자가 피지배인을 보호한다는 명목으로 규제나 간섭 등을 정당화하는 것
- 클라이언트의 자학하는 행동을 제한하거나, 원하지 않는 치료나 서비스를 받도록 하는 것 등

는 찬반 논의가 있으며, 이 문제는 자기결정뿐 아니라 고지된 동의의 원칙과도 맞물린다.

② 클라이언트의 자기결정권과 관련된 윤리적 갈등

클라이언트의 나이가 너무 어리거나 정신 연령이 낮아서 스스로 결정할 수 있는 능력이 없을 때, 클라이언트가 결정한 것이 다른 사람이나 기관 · 사회에 해를 입힐 가능성이 높다고 판단될 때 등에 자기결정권의 제한 범위를 정함에 있어 윤리적 딜레마에 처하게 된다.

(2) 클라이언트의 비밀보장

① 기본 개념

- 사회복지사가 클라이언트의 동의 없이 클라이언트에 대한 인적사항, 상담 내용 및 전문가 소견 등의 정보를 누설하지 않는다는 윤리원칙이다.
- 전미사회복지사협회의 윤리강령에 의하면 “어쩔 수 없는 전문가적 이유 때문에 비밀보장 정보를 밝힐 수 있다”고 명시하고 있으나 이에 대해 구체적으로 합의된 내용은 없다.

② 클라이언트의 비밀보장 원칙과 관련된 윤리적 갈등

- 대다수의 경우 클라이언트와 나눈 정보는 비밀보장이 지켜져야 한다. 하지만 클라이언트가 자신 또는 타인을 해칠 위험이 있을 경우, 아동이나 노인 학대가 일어났을 경우 등 사회복지사는 비밀을 지킬 수 없다고 판단되는 상황에 부딪힐 수 있다.
- 사회복지사는 법정으로부터 클라이언트의 정보를 공개하라는 명령을 받을 수 있고 이때 윤리적 갈등을 겪을 수 있다.
- 슈퍼비전이나 전문가회의 등에서 전문적인 이유로 클라이언트의 정보를 공개할 수 있는데, 이때에는 클라이언트 개인의 권리를 최대한 존중하면서 사전에 동의를 받아야 한다.

(3) 진실을 말할 의무

① 기본 개념

- 사회복지사는 클라이언트에게 정직하게 실천 내용을 알려줄 책임이 있다.
- 제안한 서비스나 정보 유출의 의미와 특성에 대해, 발생할 수 있는 혜택과 위험에 대해, 클라이언트 자신이나 친척에게 미칠지도 모르는 영향에 대해

그리고 가능한 대안과 예상되는 비용에 대해 클라이언트가 충분하게 알고 있어야 함을 의미한다.

② 진실을 말할 의무와 관련된 윤리적 갈등

- 어떤 사람이 사회복지사에게 클라이언트에 관한 정보를 제공했을 때, 그 사실을 클라이언트에게 알려주는 것이 좋은지, 만약 알려준다면 그 사람의 비밀보장은 어떻게 되는지 등과 관련이 있다.
- 진실을 말하지 않거나 잘못된 정보를 제공하는 일은 없어야 한다.
- 때로는 진실한 정보가 클라이언트에게 해가 된다고 판단될 때 사회복지사는 윤리적 갈등을 경험할 수 있다.

(4) 기타 윤리적 갈등 및 쟁점

- 제한된 자원의 공정한 분배: 모든 클라이언트에게 공평하게 자원을 분배해야 하지만 형평성의 기준을 찾는 것은 매우 어려운 과제이다.
- 상충되는 의무와 기대: 클라이언트, 동료, 상사, 기관, 사회 등이 서로 상충된 기대를 가질 때, 사회복지사는 누구의 욕구를 우선으로 의무를 행사해야 하는지 갈등하게 된다.
- 클라이언트의 이익과 사회복지사의 이익: 원조과정에서 사회복지사는 자신의 이익을 위해서 행동해서는 안 된다. 하지만 사회복지사는 자신을 위태롭게 하는 상황이나 희생을 강요당할 때 갈등할 수 있다.
- 전문적 동료관계: 동료 사회복지사가 전문가로서의 권위를 남용해 클라이언트나 전문직에 해를 끼치는 행동을 했을 때나 기관의 규정위반, 부정수단이나 속임수 등을 사용했음을 발견했을 때 이러한 사실을 알게 된 사회복지사는 그 사실을 보고해야 하는지에 대해 갈등할 수 있다.
- 규칙과 정책 준수: 고용되어 있는 기관의 정책, 규칙을 준수해야 하지만 클라이언트의 문제를 해결하기 위해 내린 결정이 기관정책에 어긋날 때 사회복지사는 갈등 상황에 놓이게 된다.
- 개인적 가치와 전문적 가치: 사회복지사가 개인적으로 추구하는 가치와 클라이언트의 개인적·종교적 가치가 상충될 수 있다.
- 전문적 관계 유지: 사회복지사와 클라이언트 간의 전문적 관계에는 친근하고 자연스럽게 대하는 지지적이고 허용적인 관계도 포함되는데 자칫 잘못하여 그와 같은 관계를 사적인 관계로 오인하여 전문적 도움 이상의 것을 요구하게 됨으로써 윤리적 갈등이 발생하기도 한다.

잠깐!

휘슬블로잉

'내부고발'을 뜻하는 것으로서 조직 내부의 부당행위를 대외적으로 공개하는 것

중요도 ★★

로웬버그와 돌고프의 윤리원칙 우선순위는 각 원칙의 내용을 알아야 하며 동시에 7가지 원칙을 우선순위대로 나열할 수도 있어야 한다.

3. 윤리적 갈등의 조정(로웬버그와 돌고프) 22회 기출

(1) 윤리원칙 준거틀(윤리원칙 우선순위) 꼭!

- 사회복지사는 실천과정에서 둘 중 하나를 선택해야 하는 윤리적 갈등 상황에 놓이게 되는 때가 있다. 로웬버그와 돌고프는 이렇듯 윤리적 의무들이 서로 갈등을 빚는 상황에서 어떤 원칙이나 법적 의무를 우선시해야 하는지를 결정하는 것을 돕기 위해 '윤리원칙 준거틀'을 제시하였다.
- 여러 가지 원칙이 충돌하는 경우, 상위의 원칙이 더 우선 적용됨을 전제로 한다. 즉, 평등과 불평등의 원칙(2번 원칙)과 비밀보장의 원칙(6번 원칙) 사이에서 윤리적으로 갈등하는 경우에 평등과 불평등의 원칙이 우선한다.
- 어떤 실천상황에서든지 관련된 윤리원칙과 법적 의무를 확인하는 것이 선행되어야 하며, 이후 갈등이 생기면 '윤리적 준거틀'에서 제시된 범주에 따라 결정한다.

합격자의 한마디

윤리원칙은 '상위원칙 우선 적용'이기 때문에 '생평자최삶비공' 꼭 순서대로 기억해야 해요!

윤리원칙 준거틀

윤리원칙 1	생명보호의 원칙	인간의 생명보호가 모든 다른 것에 우선한다.
윤리원칙 2	평등과 불평등의 원칙	능력이나 권력이 같은 사람들은 '똑같이 취급받을 권리'가 있고, 능력이나 권력이 다른 사람들은 '다르게 취급받을 권리'가 있다.
윤리원칙 3	자율과 자유의 원칙 (자기결정의 원칙)	클라이언트의 자율성과 독립성 그리고 자유는 중시되나 무제한적인 것은 아니라는 것으로서 자신이나 타인의 생명을 위협하거나 학대할 권리 등은 없다.
윤리원칙 4	최소 해악의 원칙 (최소 손실의 원칙)	선택 가능한 대안이 다 유해할 때 가장 최소한으로 유해한 것을 선택해야 한다.
윤리원칙 5	삶의 질 향상의 원칙	지역사회는 물론이고 개인과 모든 사람의 삶의 질을 좀 더 증진시킬 수 있는 것을 선택해야 한다.
윤리원칙 6	사생활 보호와 비밀보장의 원칙	사회복지사가 클라이언트에 대해서 알게 된 사실을 다른 사람에게 공개해서는 안 된다.
윤리원칙 7	성실의 원칙 (진실성과 정보공개의 원칙)	클라이언트와 여타의 관련된 당사자에게 오직 진실만을 이야기하며 모든 관련 정보를 완전히 공개해야 한다.

(2) 윤리적 의사결정모델

의사결정모델은 의사결정 과정의 형식에 해당되는 것으로서 어떤 절차를 거치면서 의사결정을 내리는 것이 윤리적으로 의사결정을 내리는 데 도움이 되는지를 제시해준다. 로웬버그와 돌고프가 제시하는 의사결정모델은 단지 윤리적 의사결정에만 한정된 모델이 아니라 일반적인 의사결정단계에 대한 모델인데 사회복지실천에서 윤리적 의사결정을 내리는 데 훌륭한 지침이 된다.

윤리적 의사결정모델

단계	내용
1단계	문제가 무엇인지, 문제를 야기하는 요인은 무엇인지를 확인한다.
2단계	누가 클라이언트이고 피해자인지, 지지체계와 다른 전문가 등 해당 문제와 관련된 사람과 단체는 누구누구인지 확인한다.
3단계	사회적 가치, 전문가로서의 가치, 클라이언트와 사회복지사의 개인적 가치 등 두 번째 단계에서 확인된 다양한 주체들이 주어진 문제와 관련해서 어떤 가치가 있는지 확인한다.
4단계	주어진 문제를 해결하거나 혹은 최소한 문제의 정도를 경감시킬 수 있는 개입목표를 명확히 한다.
5단계	개입수단과 개입대상을 확인한다.
6단계	확정된 목표에 따라 설정된 각각의 개입 방안에 대한 효과성과 효율성을 평가한다.
7단계	누가 의사결정에 참여할 것인가를 결정한다.
8단계	개입방법을 선택한다.
9단계	선택된 개입방법을 수행한다.
10단계	선택된 개입방법이 수행되는 것을 검토하며 예상하지 않았던 결과가 나타나는지 주의를 기울인다.
11단계	개입의 결과를 평가하고 추가적인 문제들이 무엇인지 확인한다.

※ 김기덕, 2002: 286.

3장 사회복지실천의 역사적 발달과정

한눈에 쏙!		중요도
❶ 서구 사회복지실천의 역사적 발달과정	1. 전문적 사회복지실천 태동기	★★
	2. 사회복지실천 전문직 확립기	
	3. 전문직 분화기	★★ (22회 기출)
	4. 사회복지실천 방법 통합기	
	5. 다양화 · 확장기	
❷ 한국 사회복지실천의 역사적 발달과정	1. 한국 사회복지실천의 태동	★
	2. 사회복지인력과 자격제도	
	3. 한국 사회복지와 외원단체	★

기출경향 살펴보기

이 장의 기출 포인트

역사는 순서대로 나열하는 문제가 가장 기본적인 출제유형이다. 우리나라의 역사보다 서구의 역사가 더 출제율이 높지만, 함께 묶어 하나의 문제에 출제되기도 한다. 자선조직협회와 인보관운동의 차이점, 진단주의와 기능주의의 차이, 3대 방법론 이후 통합적 접근 등장 등은 단독으로 출제되기도 한다.

최근 5개년 출제 분포도

연도별 그래프

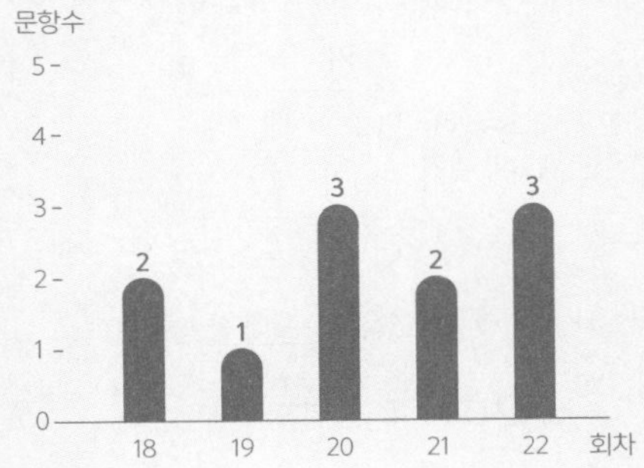

평균출제문항수

2.2 문항

2단계 학습전략

데이터의 힘을 믿으세요!
강의로 복습하는 **기출회독 시리즈**

3회독 복습과정을 통해
최신 기출경향 파악

최근 10개년 핵심 키워드

기출회독 **066**	서구 사회복지실천의 역사	14문항
기출회독 **067**	우리나라 사회복지실천의 역사	5문항

기본개념 완성을 위한 **학습자료 제공**

기본개념 강의, 기본쌓기 문제, O X 퀴즈, 기출문제, 정오표, 묻고답하기, 지식창고, 보충자료 등을 **아임패스**를 통해 만나실 수 있습니다.

1 서구 사회복지실천의 역사적 발달과정[6]

기출회차				
1	2	3	4	5
6	7	8	9	10
11	12	13	14	15
16	17	18	19	20
21	22			

강의로 복습하는 기출회독 시리즈

Keyword 066

사회복지실천의 역사적 발달과정 5단계

시기	구체적 내용
19세기 중반~20세기 초	**1단계: 전문적 사회복지실천 태동기** • 자선조직협회(영: 1869, 미: 1877) • 인보관운동(영: 1884, 미: 1886-근린길드, 1889-헐하우스)
1900년대 전후~1920년 전후	**2단계: 전문직 확립기** • 보수체계 정립(1900년대 전후, 자선조직협회에서 유급 우애방문원 고용) • 교육 및 훈련제도 채택 • 사회복지 전문직에 대한 플렉스너의 비판(1915) • 기초이론 구축, 『사회진단』(1917) 발간 • 전문가 협회 설립
1920년 전후~1950년 전후	**3단계: 전문직 분화기** • 개별사회사업, 집단사회사업, 지역사회조직론 등 3대 방법론 분화 • 진단주의와 기능주의 대립 • 사회복지실천의 공통요소 정리 시도(밀포드회의, 1929)
1950년 전후~1970년 전후	**4단계: 사회복지실천 통합기** • 사회복지실천의 공통기반 강조 • 통합적 방법론 발달 • 펄만의 문제해결모델, 4체계모델, 6체계모델 등
1970년 전후~ 현재	**5단계: 다양화 · 확장기** • 새로운 모델과 다양한 관점 등장 • 과제중심모델, 역량강화모델, 강점관점 등

중요도 ★★

주로 자선조직협회와 인보관의 차이점을 확인할 의도로 출제되고 있다. 이 내용은 단독으로도 출제되지만, 서구 역사의 전반적인 발전 흐름을 다룬 문제에서 등장하기도 하며, 실천론 영역뿐만 아니라 지역사회복지론 영역에서 출제되기도 하므로 꼼꼼히 살펴보자.

1. 전문적 사회복지실천 태동기(19세기 중반~20세기 초)

(1) 18세기 말~19세기 초의 상황

• 18세기 중엽 영국에서는 산업혁명으로 인한 도시화와 공업화로 도시빈민이 대량 발생하게 되고 새로운 사회문제와 빈곤문제가 발생하였다. 당시 구빈법에 의한 국가부조의 효율성에 대한 지적과 개인의 자유 침해라는 비판이 일면서 민간 자선활동이 선호되었다. 신흥 중산계급의 기독교인이 주축이 된 자선단체의 활동은 선의에 의한 산발적인 활동으로 빈곤문제 해결에 큰 효과는 없었으며, 이러한 초기 활동들이 사회복지실천영역에 포함된

다고 보기는 어렵다. 이들의 활동은 서비스의 중첩, 누락, 필요 대상자의 소외, 비효율적 운영, 다양한 기관과의 협력 결여, 재원 낭비 등의 문제점을 발생시켰고, 민간 사회복지기관의 활동에 대한 조정과 자선활동의 조직화에 대한 필요성이 제기되었다.

- 미국은 산업혁명을 거치면서 자본주의가 형성되고 발전했다. 19세기에 이르러 봉건사회의 붕괴와 시민사회의 형성으로 가장 큰 이익을 본 신흥 자본가계급은 신분제약만 없다면 누구나 자유로운 활동을 통하여 부를 축적할 수 있고 이상사회를 건설할 수 있다고 생각하였다. 국가가 개인들 간의 경제활동에 아무런 간섭을 하지 않는다면 이상사회가 가능하다는 것이다. 그러나 그러한 기대와 상상과는 다르게 현실에서는 부익부 빈익빈이 심화되며 빈곤 등 각종 사회문제가 발생하게 되었다.
- 이러한 흐름에서 영국에서 먼저 자선조직협회와 인보관운동이 시작되었으며, 미국에 전파되었다.

(2) 자선조직협회(Charity Organization Society, COS) 꼭!

① 특징

- 사회복지실천의 태동으로 평가되는 자선조직협회는 1869년 영국 런던에서 최초로 창립되었다. 이는 순수 민간단체로서 국가나 지방자치단체에 의한 구호는 아니었다.
- 런던의 자선조직협회는 몇 개의 지구로 나누어 각 지구에 구빈위원회를 두고 우애방문원을 통하여 빈곤자를 지도했다. 중산계층의 자원봉사자(우애방문원)가 가난한 가정을 방문하여 빈민의 상태에서 벗어나도록 원조하였다.
- 구빈법에 기초하여 '가치있는 빈민'과 '가치없는 빈민'을 구분하여 선별적 원조를 제공하였다.
- 기독교적 도덕성을 강조하였다. 중산층 기독교인의 도덕 및 가치관에 입각한 근면성을 배워 빈곤에서 벗어나고 의존성을 줄이도록 교화시켰다.
- 자선조직협회는 사회진화론의 영향을 받아 빈곤의 원인이 개인의 도덕적 문제나 나태함 등에서 비롯되었다고 보았고, 빈민을 교화시킴으로써 해결할 수 있다고 보았다. 따라서 이들은 빈곤문제를 국가보다는 개인 차원에서 자선에 의해 대처하는 방식을 선호하였다.
- 빈곤은 빈민들의 도덕성 결여에서 비롯된다는 개인주의적 빈곤관을 가지며, 빈곤을 발생시킨 사회적 영향을 경시했다는 한계를 드러냈다.

잠깐!

자선조직협회(COS)의 시작

- 영국: 1869년 런던
- 미국: 1877년 뉴욕

보충자료

자선조직협회와 구빈법

② **목적**

- 시대 상황을 극복하고 구제서비스를 좀 더 효율적이고 효과적으로 제공하고자 했다.
- 자선활동을 조정하고 환경을 조사하여 적절한 원조를 제공하고자 했다.
- 구제활동을 펼치는 민간기관 간 연락 · 조정 · 협력을 통해 중복구제로 인한 재정낭비를 미연에 방지하고자 했다.
- 구제 신청자에 대한 체계적이고 면밀한 조사를 통해 서비스의 중첩과 누락을 피하고자 했다.

합격자의 한마디

우애방문원과 빈민은 결코 동등한 관계가 아니었다. ⇒ 시혜적 자선!

③ **우애방문원(friendly visitors)**

- 자선조직협회의 자원봉사자들로서 주로 중산층 부인들로 구성되었다. 중산층의 도덕적 우월을 유지한 채 빈곤층에게 친절을 제공했다.
- 주 활동내용은 빈민층 교화를 위한 활동, 욕구조사, 문제 원인의 규명, 문제해결 방법을 알려주는 일이었다.
- 빈곤 가족을 방문하여 가정생활, 아동에 대한 교육, 가계경제에 대한 조언을 제공했으며, 가족들을 도덕적으로 꾸짖기도 하였다.
- 빈곤을 개인의 도덕성 결여, 나태함 등으로 보고 잘못된 생활방식을 꾸짖고 조언하며 바로잡으려 했다는 점에서 사회통제적 성격을 갖는다.
- 무급으로 일하는 자원봉사활동의 형태였다. 이후 자선조직협회 직원을 지칭하는 호칭이 되었고, 사회복지사의 효시가 되었다.
- 가정방문, 면담, 기록, 사례연구 등 우애방문원의 활동은 개별사회복지실천의 초석과 사회복지조사, 지역사회실천활동에 근간이 되었다.

(3) 인보관운동(settlement movement, SEM) ★꼭!

① **등장배경**

- 산업혁명 이후 대량의 빈곤과 생활격차 현상이 심화됨에 따라 이를 해결하기 위해 자선조직협회가 조직되었지만 한계에 부딪히게 되었으며 이를 해결하기 위해 인보관운동이 대두되었다.
- 인보관의 활동가들은 빈곤해결 자체에 집중하면서, 자선조직협회의 온정주의적 활동을 비판하며 빈민과의 동등한 관계형성을 강조했다.
- 인보관운동은 빈곤이 개인문제라기보다 사회문제이며 사회가 주체가 되어 이를 해결해야 한다고 주장하면서, 빈민지역의 개량이나 교육 등을 통해 문제를 해결하려고 했다.
- 기독교 사회주의 사상에 입각하여 사회개혁적 접근이 이루어졌다.

잠깐!

빈곤에 대한 기독교 사회주의의 입장

기독교 사회주의는 빈곤문제를 사회적 문제로 인식하고 그 해결이 공동체적 관심과 사회적 책임의 틀 안에서 이루어져야 한다고 보았다. 또한 나눔, 참여 등을 통해 평등과 균형적 분배가 이루어져야 한다는 신념을 갖고 있었다.

• 빈곤의 해결은 자선의 형태나 개인적 접근보다는 사회적 환경의 변화가 필요하다는 주장이 뒷받침되었다.

② 설립

• 세계 최초의 인보관은 1884년 영국 런던의 토인비홀(Toynbee Hall)이다.
• 미국에 설립된 최초의 인보관은 1886년 코이트가 뉴욕에 세운 근린길드(Neighborhood Guild)이다.
• 미국에서 가장 유명한 인보관은 1889년 제인 아담스가 영국의 토인비홀을 모델로 시카고에 설립한 헐하우스(Hull House)이다.

③ 특징

• 19세기 후반에 산업화, 도시화, 이민 등의 사회문제에 대처하기 위해 자선조직협회보다 약 15년 뒤에 시작되었으나 문제에 접근하는 관점은 매우 달랐다.
• 자선조직협회는 빈곤의 원인을 개인에게 돌렸으나, 인보관운동에서는 빈곤의 사회구조적 원인에 초점을 두어 빈곤문제는 개인의 탓이 아니라 사회의 탓이라는 생각을 하면서 활동했고 빈민들과 함께 생활하면서 그들이 스스로 문제를 해결할 수 있도록 힘을 길러주는 것이 필요하다고 주장했다. 빈민 개인에 대한 원조보다는 기존의 사회질서를 바꿔야 한다는 사회개혁적인 면을 강조했다.
• 대학생과 지식인층(주로 중산층 대졸 여성)이 주축이 되어 활동했다.
• 3R, 즉 Residence(거주), Research(연구조사), Reform(개혁)을 강조하였다. 이는 연구와 조사를 통해 사회제도를 개혁해야 하며, 함께 살면서 같이 생활하지 않으면 빈민을 이해하지 못한다는 것이다.
• 인보관의 활동가들은 지역사회 내 빈민들과 함께 거주하면서 주택개선, 공중보건 향상 등 빈민들의 자립환경 구축과 고용주들의 빈민 노동 착취를 방지하기 위한 활동 등 사회문제의 해결에 힘썼다.
• 사회적 환경의 변화를 위해서는 빈민의 상황과 사회개혁의 절박한 필요성을 빈민에게 알려 주어야 하며, 이를 위해 빈곤 지역으로 들어가서 빈민들과 함께 거주하고 그들과 인격적으로 접촉하면서 그들의 욕구가 무엇인지 이해하는 것이 필요함을 인식하였다.
• 도덕성의 다양한 관점을 인정하여 중산층의 도덕관념과 중산층 이외 다른 계층의 도덕관념이 다를 수 있다는 인식하에 계층별 도덕성을 강조하였다.
• 소외계층의 역량강화(empowerment)를 주장하였다. 소외계층에게도 자신의 문제를 해결할 수 있는 능력이 있음을 인정하고 그 능력을 발휘할 수

잠깐!

인보관운동에서의 도덕성

인보관운동은 빈곤을 개인의 도덕성 문제로 보지도 않았고, 도덕성의 기준도 중산층과 빈곤층이 다를 수 있다고 보았으며, 개인의 도덕성 외에 지역사회의 도덕성 회복도 요구됨을 인식하였다.

있도록 힘을 북돋워주었다. 이는 역량강화모델의 이념적 근원이 된다.

- 인보관운동은 집단사회복지실천의 효시이며, 지역사회복지의 하나의 모델로 간주된다.

자선조직협회와 인보관운동

	자선조직협회	인보관운동
이념 및 이론	사회진화론	사회교육, 사회개혁, 기독교 사회주의
주요활동가	중산층부인 중심의 자원봉사자(우애방문원)	젊은 대학생, 교수 등 지식인
도덕성에 대한 관점	기독교적 도덕성 강조, 빈자의 나태함 비난	도덕성의 다양한 관점 인정
실천장소	가정방문	빈곤지역에 거주
영향	개별사회사업, 지역사회복지, 사회복지조사	집단사회사업, 지역사회복지

2. 사회복지실천 전문직 확립기(1900년 전후~1920년대 전후)

바로 전 시기에 자선조직협회와 인보관운동이 시작되면서 단순한 자선이나 봉사활동에서 벗어나 조직적이고 체계적인 활동이 시작되었다. 이때까지는 전문적인 사회복지실천이라고 할 수 없고, 다만 전문화되기 위한 물꼬가 트였다고 말할 수 있다. 이후 1900년대부터 1920년대 사이의 사회복지적인 활동은 전문적인 사회복지실천이 되기 위한 기틀이 마련되기 시작한 시기로 전문직 확립기로서 평가된다.

(1) 전문직으로 전환하기 위한 움직임

① 보수체계 정립

- 최초로 사회복지실천활동에 유료 우애방문자를 고용한 것은 1900년대 전후 자선조직협회이다.
- 무급 자원봉사자로 활동하던 우애방문원에게 보수를 제공하여 지속성과 책임성을 높이고, 역할을 확대시켰다. 우애방문원의 활동을 관리하는 관리자를 따로 두면서 점차 전문화, 체계화되었다.
- 1905년 의사인 카보트(Cabot)는 메사추세츠 병원에 유급 의료사회복지사를 고용하였다.

잠깐!

보수체계 정립

사회복지실천론 교재에 따라 보수체계 정립이 19세기로 표현되기도 하고 20세기 초로 표현되기도 한다. 20세기 전후, 즉 1900년대 전후로 해서 사회복지실천 분야에서 보수체계가 정립되었다고 기억하면 된다. 무급의 자원봉사자에게 소액이지만 급여를 지급한 것은 19세기 말인데 이것이 유급보수체계로 정착되기까지 시간이 흘렀기 때문이다.

② 교육훈련제도 도입

- 자선조직협회는 우애방문원에 대한 도제 방식의 훈련에 한계를 느끼고 정규 교육 프로그램을 만들었다. 전문적인 교육을 받은 정규직원에 의해서만 과학적 박애주의가 가능하다고 느꼈기 때문이다.
- 1898년에 미국 최초의 사회복지전문인력 훈련과정이 뉴욕 자선조직협회에 의해 뉴욕자선학교의 후원을 받아서 6주 과정으로 개설되었다.
- 뉴욕자선학교는 1904년에 1년 과정 프로그램을, 1910년에는 2년 과정 프로그램을 개설하였다.
- 1915년 플렉스너 비판 이후, 이미 존재하고 있던 뉴욕자선학교 이외에 2년 과정의 정규교육을 위해 1919년까지 17개의 전문사회복지학교가 설립되었고, 이 중 12개가 대학 내에 설립되면서 위상이 높아졌다.
- 우애방문원 관리자를 고용하여 우애방문원을 교육하였으며, 이는 지금의 슈퍼바이저의 전신이라고 할 수 있다.

③ 이론 구축

- 1920년대에 들어서면서 프로이트의 정신분석이론이 유럽을 비롯한 서양의 학문세계에 전파되기 시작했고, 이는 사회복지실천의 기초이론에도 큰 영향을 미쳤다.
- 1900년에 필라델피아 자선조직협회의 총 책임자가 된 메리 리치몬드는 자신 및 동료들의 사회복지실천 내용 및 활동과정을 종합하여 『사회진단』(1917)이라는 책을 출판하였다. 『사회진단』은 사회복지실천에 관한 이론과 방법을 체계화시킨 최초의 책인데 이 책에는 빈민이 처한 상황을 체계적으로 진단하는 기술이 소개되었다.
- 메리 리치몬드는 1922년 『개별사회복지실천이란 무엇인가』라는 책을 통해 '케이스워크(case work)란 개인과 개인, 인간과 환경 간의 적절한 조화와 조절을 통해서 인격발달을 이루어가는 과정'이라고 정의했다.

④ 전문가협회 설립

미국병원사회사업협회(1918), 미국사회복지사협회(ASSW, 1921), 미국정신의학사회복지사협회(1924) 등 전문가협회들이 설립되었다.

(2) 전문직 확립기의 결정적 근거

- 전문적인 사회복지실천이론이 확립되었다.
- 사회복지조직이나 단체에 유급직원을 배치하였다.
- 전문적인 복지사업을 시작하였다.

- 사회복지 관련 단체와 연맹을 전국 규모로 조직하였다.
- 사회복지 관련 전국회의를 개최하였다.

한걸음 더

메리 리치몬드의 두 저서

1. 사회진단

1900년에 필라델피아 자선조직협회의 총 책임자가 된 후 그동안 자신 및 동료들의 사회복지실천 활동 내용 및 과정을 종합하여 1917년에 그 유명한 『사회진단 social diagnosis』을 저술하게 된다. 이 책은 사회복지실천에 관한 이론과 방법을 최초로 체계화한 책으로 평가되는데, 빈민이 처한 상황을 체계적으로 진단하는 기술이 제시되어 있다. 정보를 수집하여 사례(=클라이언트)를 연구조사하는 단계, 진단하는 단계, 문제상황이 어떻게 진행되어 나갈 것인가를 예측하는 단계, 계획단계, 실행단계 등으로 구분되어 있는데 이러한 구분은 지금의 사회복지실천과정에 영향을 미쳤다.

2. 개별사회복지실천이란 무엇인가?

1922년에는 『개별사회복지실천이란 무엇인가? What is social casework?』라는 책을 통해 개별사회복지실천을 "개인과 개인, 인간과 환경 간의 적절한 조화와 조정을 통해 인격의 발달 및 성장을 가져오게 하는 과정"이라고 정의하였다. 이러한 정의 속에 직접 언급되지는 않았지만 그의 정의에는 우리가 너무도 잘 알고 있는, 그리고 사회복지실천의 기본 관점이 되는 '환경 속의 인간' 관점이 담겨 있다. 사회복지실천의 모태는 역사적으로 영국과 미국의 자선조직협회 활동이라고 볼 수 있지만 실질적으로 현대적 의미에서의 개별사회복지실천을 비롯한 사회복지실천의 실천의 확립과 발전은 메리 리치몬드의 연구 활동을 통해서 이루어졌다. 이러한 연구 업적은 오늘날 심리사회적 모델의 주요 원칙들의 기원이 되고 있다.

중요도 ★★

3대 방법론 분화, 기능주의 학파와 진단주의 학파의 대립, 밀포드 회의의 공통요소 정리 등은 종종 등장하는 내용이므로 시대적 상황과 배경 등 흐름을 통해 정리해두어야 한다.

3. 전문직 분화기(1920년 전후~1950년 전후) 22회 기출

(1) 사회복지실천 3대 방법론으로 분화

① 개별사회복지실천(case work)

- 개별사회사업 방법론을 바탕으로 사회복지실천이 이루어졌다.
- 사회복지사는 개인적인 영역(아동상담소, 병원 등)에서 전문적인 사회복지실천을 하였다.

② 집단사회복지실천(group work)

- 집단사회복지실천이 개별사회복지실천과 함께 사회복지실천방법으로 인식되기 시작한 것은 1930년대 이후이다.
- 집단사회복지실천은 집단구성원 간의 상호작용을 강조하였고 경쟁보다는 협동에 초점을 두었다.
- 2차대전 이후, 정신분석이 집단치료방법을 활용하면서 군대나 사회복지관에 집단지도자가 고용됨으로써 집단지도가 발전하였다.

- 체계화된 전문적 · 이론적 기술이 필요해지면서 집단사회복지실천에 대한 전문교육이 시작되었고, 1946년 미국 사회복지회의에서 집단사회복지실천을 공식적으로 사회복지실천기술로 인정하였다.

③ 지역사회조직론(community organization)

- 1920년부터 미국의 주 단위에 공공복지기관이 설치되면서 지역사회실천으로 전환하는 계기가 마련되었다.
- 대공황으로 민간사회사업의 한계가 드러나고 국가가 사회사업기관을 설립하면서 공공기관에서 활동하는 사회복지사는 증가하였다. 이러한 변화 흐름에서 지역사회실천이 발달하고 전문화되어 지역사회조직이 사회복지방법론의 한 분야로 정착하게 되었다.

(2) 진단주의 학파와 기능주의 학파의 대립 꼭!

- 프로이트의 정신분석이론을 중심으로 사회복지실천을 행하는 진단주의 학파는 개인의 과거 경험을 중심으로 개별적으로 접근했다.
- 대공황 이후 개인의 문제가 사회환경에 있음을 인식하면서 기능주의 학파가 등장했다. 1930년대에 시작된 진단주의 학파와 기능주의 학파 간의 논쟁은 1950년대까지 지속되었으며, 사회복지실천에 많은 영향을 주었다.

① 진단주의 학파(diagnostic school)

- 1920년대를 전후로 프로이트의 정신분석학에 의존하는 진단주의 학파가 발달하였다. 클라이언트의 생육사에 대한 탐구를 기초로 한 진단과 초기 아동기에서 비롯된 문제에 대한 이해를 강조하였다.
- 진단주의 학파는 인간을 기계적 · 결정론적 관점에서 보았다. 인간은 무의식의 힘에 의해 좌우되며 유년기를 거치며 내면화된 부모의 영향력에서 벗어나지 못한다는 전제를 따랐다.
- 사회복지사가 문제를 진단해 규정하고 치료계획을 세우며 그에 따라 실천함으로써 클라이언트의 변화가 일어나기 때문에 결국 클라이언트의 변화에 있어 사회복지사, 치료자가 중심이 된다고 보았다.
- 정신분석적 접근에 기초하기 때문에 클라이언트의 과거를 통찰하여 현재의 행동을 분석하고 심리적 통찰을 통해 자아의 힘을 강화시킴으로써 사회환경에 대한 적응력을 키우는 것이 치료의 초점이다.
- 인간성의 이해에 관해서 '질병의 심리학(psychology of illness)'으로 본다.
- 홀리스의 심리사회모델로 발전한다.
- 대표적인 학자로는 홀리스, 고든 해밀튼, 메리 리치몬드 등이 있다.

② 기능주의 학파(functional school)

- 진단주의 학파에 반기를 들고 1930년대 후반 등장하였다.
- 펜실베니아 대학 사회사업대학원에서 발전한 것으로 오토 랭크(Otto Rank), 로빈슨(Robinson), 태프트(Taft), 스멀리(Smalley) 등이 대표적 학자이다. 랭크는 프로이트의 인간관에 이의를 제기하며 인간을 좀 더 창의적 · 의지적 또한 낙관적으로 보아야 한다고 주장했다.
- 기능주의 학파는 인간은 과거의 산물이 아니라 스스로 창조하고 재창조할 수 있다는 낙관적 견해를 바탕으로 클라이언트는 병리적이거나 일탈적인 존재가 아니라 다만 서비스가 필요한 사람들이라고 보았다.
- 기능주의에서의 진단은 진단주의에서의 진단과 달리 사회복지사와 클라이언트가 함께 노력할 일치점을 찾는 시도라고 정의하면서 사회복지사와 클라이언트는 함께 문제를 해결해나가는 관계라고 보았다.
- 클라이언트 내부에 이미 성장할 수 있는 힘이 있다는 믿음을 바탕으로 '치료' 대신 '원조과정'이라는 표현을 사용하면서 사회복지사의 역할은 클라이언트가 스스로 성장하고 자아를 전개할 수 있도록 돕는 것이며 변화의 중심과 책임은 클라이언트에게 있다고 보았다.
- 긴급한 문제에 시간제한적으로 원조하며, 기관의 기능을 포함한 '지금-여기'라는 현재 상황의 현실을 살펴봐야 한다고 전제했다.
- '성장의 심리학(psychology of growth)'이다.
- 클라이언트 중심 모델 등으로 발전한다.

진단주의와 기능주의 비교

	진단주의	기능주의
등장	• 1920년대 전후 등장 • 프로이트의 정신분석학에 의존	• 진단주의 학파에 반대하며 1930년대에 등장 • 오토 랭크(Otto Rank)의 인격론에 근거
인간 관점	인간을 기계적, 결정론적 관점에서 봄	인간을 창의적, 의지적, 낙관적 존재로 봄
사회복지사	• 문제에 대한 진단 및 치료 • 가설 수립 및 검증	• 전문적 관계 형성 • 기관의 기능 수행
클라이언트	치료 대상	• 서비스 요청자 • 함께 일하는 사람
개입 초점	• 과거중심적인 분석과 해석 • 자아의 강화 • 사회환경에 대한 성격의 적응력 강화	• 현재, 지금-여기 상황에 초점 • 클라이언트가 스스로 자아를 전개하도록 원조
주요 용어	• 질병의 심리학 • 조사, 진단, 치료	• 성장의 심리학 • 원조

(3) 사회복지실천의 공통요소 정리 시도

- 사회복지실천이 3대 방법론으로 분화되고 병원, 학교, 법정 등 많은 영역으로 활동이 확대됨에 따라 공통의 지식기반을 갖추자는 움직임이 사회복지계 내부에서 시작되었다.
- 1929년 밀포드회의에서는 '모든 기관에서 사회복지는 기본적으로 동일한 기술과 지식을 사용하고 있다'고 보고, 개별사회복지실천(casework)을 기본으로 하는 8개 영역을 공통요소로 정리하여 발표하였다. 「사회복지실천을 전문직으로 하는 사회복지사가 갖추어야 할 기본적인 지식 및 방법론에 대한 공통 요소」는 다음과 같다.
  - 사회에서 받아들여지는 규범적 행동으로부터 벗어난 행동에 관한 지식
  - 인간관계 규범의 활용도
  - 클라이언트 사회력의 중요성
  - 클라이언트 치료를 위한 방법론
  - 사회치료(social treatment)에 지역사회 자원 활용
  - 개별사회복지실천이 요구하는 과학적 지식과 경험 적용
  - 개별사회복지실천의 목적, 윤리, 의무를 결정하는 철학적 배경 이해
  - 이상 모든 것을 사회치료에 융합

합격자의 한마디

1929년 밀포드회의는 시기상 분화기가 맞습니다! 분화기의 흐름 속에서 통합이 필요하다는 문제제기로 밀포드회의가 있었던 것이지, 밀포드회의가 시기적으로 통합기는 아닙니다.

4. 사회복지실천 방법 통합기(1950년 전후~1970년 전후)

① 기존의 전통적 3대 방법론의 한계 대두

- 복잡하고 다양해지는 사회변동과 사회문제에 대해 과거 방법론별 접근방법으로는 대응할 수 없다는 한계가 대두되었다.
- 3대 방법론이 갖고 있는 공통적 요소를 찾으려는 움직임이 1929년 밀포드회의에서 시작되었다.
- 1950년대를 지나면서 통합적 방법에 관한 이론을 구축하기 위한 노력이 전개되었다.

② 통합방법론 등장(=사회복지실천의 공통기반 강조)

사회복지 실천 영역은 다양하지만, 그럼에도 불구하고 사회복지사가 수행하는 공통적인 역할과 요소가 있다는 전제를 바탕으로 통합적 방법론이 등장하였다.

예 펄만의 문제해결모델, 핀커스와 미나한의 4체계모델, 콤튼과 갤러웨이의 6체계모델, 단일화모델, 생활모델 등

③ 기타 변화

- 2차 대전 이후 전쟁으로 인한 개인의 심리적, 정서적 문제가 가족의 해체, 청소년 비행 등의 가족문제를 제기하면서 가족의 변화를 통해 개인의 행동과 태도에 변화를 주려는 가족치료에 관심이 모아지기 시작했다.
- 1960년대에 이르러 개별사회복지사가 가족에 개입하여 가족구성원들의 의사소통기술, 의사결정과정, 사회기술 등을 향상시키기 위해 노력하는 과정에서 가족에 대한 개입을 집단형태로 하기 시작하면서 개별사회복지실천과 집단사회복지실천이 하나로 통합되기 시작하였다.

5. 다양화 · 확장기(1970년대~현재)

- 1970년대에 들어서면서 사회복지실천모델에 대한 연구가 활발해졌고, 다양한 실천모델들이 출현하기 시작했다.
- 정신분석이론이나 자아심리학에 추가해서 일반체계이론, 생태체계이론 등이 통합화의 유용한 이론으로 등장하였고, 전통적 방법론으로부터 생태체계론적 관점에 입각한 새로운 방향으로 전환되었다.
- 빈곤뿐 아니라 비행, 장애, 보건, 정신건강 등 다양한 문제를 다루게 되었다.
- 병리보다는 개인의 강점에 초점을 두며, 클라이언트의 상황에 맞는 역할 및 개입전략의 다양성을 중시한다.
- 새로운 모델과 이론들이 다양하게 등장하였다.

  예 과제중심모델, 강점관점, 역량강화모델 등

2 한국 사회복지실천의 역사적 발달과정[7)]

기출회차

1	2	3	4	5
6	7	8	9	10
11	12	13	14	15
16	17	18	19	20
21	22			

강의로 복습하는 기출회독 시리즈

Keyword 067

1. 한국 사회복지실천의 태동

중요도 ★

태화여자관, 사회복지관 설립, 사회복지전문요원 및 사회복지전담공무원, 한국사회복지사협회 설립 등은 자주 등장하는 내용이므로 그 연도도 함께 기억해두기 바란다. 앞서 공부한 서구 역사와도 함께 구성되어 순서대로 나열하는 문제로 출제될 수 있음을 염두에 두자.

(1) 한국 초기 사회복지실천

① 국가주도 구제정책: 고조선~조선시대

- 서구 사회복지실천의 역사적 기원이 고대와 중세로 거슬러 올라간다면, 우리나라는 고조선시대부터 그 기원을 찾을 수 있다.
- 고조선의 부조 활동에서부터 조선시대에 이르기까지 흉년이나 가난 등으로 인해 백성들이 어려움에 처했을 때 국고의 비축양식을 풀어 백성들을 구제하는 등 국가가 주도하는 구제정책이 존재해왔다.

② 근대적 사회복지실천: 개화기~한국전쟁 이후

- 근대적 개념의 사회복지실천은 개화기에 시작되어 한국전쟁 이후에 본격화되었다.
- 서구의 선교단체와 원조단체들이 한국전쟁을 계기로 우리나라에 대거 진출하여 비조직적, 자선적, 종교 우선적인 구제활동이 진행되었다. 이때 서구의 근대적 사회사업의 개념이 우리나라에 도입되었다. 1950년 한국전쟁을 전후로 설립된 기독교 아동복지재단, 홀트아동복지회, 선명회 등 외국의 민간 원조단체들은 시설 중심의 개별사회사업을 하였고, 서비스 조정을 위한 외국 민간원조기관 한국연합회(KAVA, Korea Association of Voluntary Agencies)가 1952년 3월에 결성되기도 했다.
- 미국 선교사들이 설립한 병원, 상담소에서 사회복지사를 고용하였고, 당시에는 심리치료를 주로 하였다.

(2) 사회복지실천의 시작과 발전 ★꼭!

① 교육 영역

- 1947년 이화여자대학교 기독교 사회사업학과가 최초로 설립되었다.

- 1953년에는 현재의 강남대학교인 중앙신학교가 최초의 사회복지사 양성을 위한 훈련기관으로 설립되었다.
- 전문직업보다는 학문을 중시하는 유교사상적 풍토로 인하여 전문직업학교를 통한 교육보다는 정규대학을 통한 학문적 교육이 중시되었고, 이후 정규대학에서 사회복지학과가 계속 설립되었다.
- 1965년 한국사회사업교육연합회(현, 한국사회복지교육협의회)가 태동하였다.

잠깐!

우리나라 최초의 지역사회복지관을 반열방(1906년)으로 보기도 하는데, 반열방은 북한 원산에서 시작되어 정확한 정보가 없어 대부분의 교재들이 태화여자관(1921년)을 최초로 소개하고 있다.

② 지역사회복지 영역

- 1921년 태화여자관(현재 태화기독교사회복지관)이 설립된 것을 시작으로 하여 지역사회복지사업이 시작되었으며, 미국의 인보관운동과 같은 형태로 사회계몽과 사회개혁을 실천하였다.
- 1983년 개정된 「사회복지사업법」을 토대로 사회복지관의 설립 및 운영을 지원하는 근거가 마련되었다.
- 1985년부터 시 · 도 단위로 종합사회복지관이 설립되기 시작하였다.
- 1989년에 개정된 「주택건설촉진법」에 의해 저소득층 영구임대아파트 건립 시 일정 규모의 사회복지관 건립을 의무화했다.
- 2003년 부분 개정된 「사회복지사업법」에 따라 '지역사회복지협의체(현, 지역사회보장협의체)'가 만들어졌고, 이를 통해 지역단위의 복지계획을 수립하도록 하고 있다.

③ 의료사회복지 영역

- 미군 병원과 미국 기독교 선교사들이 설립한 병원을 통해 미시적 접근이 소개되면서 한국의 의료사회복지가 시작되었다.
- 1958년 한노병원에서 의료사회사업가가 처음으로 일하게 되었다.
- 1959년 국립의료원, 원주기독병원 등에서 의료사회사업이 시작되었다.
- 1973년에 의료법 시행규칙 시행에 따라 종합병원 단위의 의료기관에서 사회복지사를 의무적으로 고용하게 되었다.
- 1973년에 '대한의료사회사업가협회'가 창립되었고, 2000년에 '대한의료사회복지사협회'로 명칭이 변경되었다.

④ 학교사회복지 영역

- 1997년 교육부에서 '학교사회사업 시범연구사업'을 진행하면서 공식적인 학교사회복지사의 활동이 시작되었다.
- 1997년 한국학교사회복지학회가 만들어졌다.

• 2000년 한국학교사회사업실천가협회가 창립되었다.

⑤ 공공 영역

• 사회복지전문요원: 1987년부터 사회복지전문요원이 별정직 공무원으로 공공영역에 배치되었다. 주로 저소득층 밀집지역을 중심으로 동사무소에 배치되어 활동했으며, 「국민기초생활보장법」에 의거해 수급대상자를 선정하거나 아동, 노인, 장애인복지 업무 등을 담당했다.

• 사회복지전담공무원: 1992년 사회복지사업법 개정을 통해 근거 규정을 마련한 후 1999년 10월 행정자치부에서 사회복지전문요원의 일반직 전환 및 신규 채용지침을 승인함으로써 기존 별정직의 전환이 시작되었고 2000년 신규 임용과 함께 전원 일반직 사회복지전담공무원으로 전환되었다.

⑥ 정신보건 영역

• 정신장애인의 격리 · 수용보다는 사회복귀와 예방, 그리고 인권보호에 초점을 맞춘 「정신보건법」이 제정됨에 따라 정신과 병원 및 지역사회에서 정신보건에 관한 양질의 서비스를 제공할 전문인력의 수요가 증가하게 되었다. 이에 따라 정신질환의 예방과 정신질환자의 의료 및 사회복귀 등의 업무를 수행할 전문지식과 기술을 갖춘 인력을 양성하기 위해 정신보건전문요원의 하나로 정신보건사회복지사 자격을 제정하였다.

• 1995년에 「정신보건법」이 제정되고 1996년부터 시행됨에 따라 1997년에 정신보건전문요원으로서 정신보건사회복지사 자격이 마련되었다.

⑦ 전문가협회

• 1959년 한국개별사회사업가협회가 창설되었다.

• 1965년 한국사회사업교육연합회가 설립되었다.

• 1967년 한국사회사업가협회가 탄생했고, 1985년 한국사회복지사협회로 개칭하였다.

• 1973년 대한의료사회사업가협회가 창립되었고, 2000년 대한의료사회복지사협회로 명칭을 변경하였다.

⑧ 가족복지 영역

• 가족복지정책의 주요 전달체계로서 다양한 가족지원 정책을 제안 및 실행하기 위해 2004년 제정된 건강가정기본법에 따라 건강가정지원센터가 설립되었다.

• 건강가정지원센터는 가족문제 발생을 사전에 예방하고, 다양한 가족을 대

잠깐!

사회복지전담공무원에 관한 규정은 「사회복지사업법」에서 삭제되었고(삭제: 2017.10.24. 시행: 2018.4. 25.), 현재 「사회보장급여의 이용 · 제공 및 수급권자 발굴에 관한 법률」에서 다루고 있다.

합격자의 한마디

1999년 말경부터 일반직 사회복지전담공무원 전환이 이루어졌다고 하는데요. 전체가 일반직으로서 임용되고 배치된 것은 2000년부터이기 때문에 공식적으로는 2000년부터라고 본다고 합니다.

상으로 통합적인 가족지원서비스를 제공하기 위한 전달체계로서 2004년 시범사업 운영 후 2005년 본격적인 사업을 시작했다.

2. 사회복지인력과 자격제도

(1) 사회복지사 ★꼭!

- 1970년 사회복지사업법 제정 당시에는 '사회복지사업종사자'라는 명칭을 사용하였으며, 1983년 개정에서 '사회복지사'라는 명칭을 사용하기 시작했다.
- 1997년 개정된 사회복지사업법에 따라, 2003년부터 사회복지사 1급 국가자격시험을 실시하여 새로운 자격제도를 실행하게 되었다.
- 사회복지사는 사회복지사업법에 따른 법정 국가자격으로서 1급과 2급으로 구분되며, 1급의 경우 별도의 자격시험을 치른다.

잠깐!

3급은 사회복지사의 전문성 강화를 이유로 폐지되었다.

(2) 학교사회복지사

- 학교사회복지사 자격시험은 2005년부터 실시되었다.
- 학교사회복지사 자격증은 한국사회복지사협회장의 위임을 받아 한국학교사회복지사협회와 한국학교사회복지학회가 공동 주관하여 학교사회복지사 자격관리위원회에서 발급을 관장해 왔다.
- 2018년 사회복지사업법 개정(2020년 시행)으로 국가자격이 되었다.

(3) 정신건강사회복지사

- 1995년 제정, 1996년 시행된 「정신보건법」상 정신보건전문요원의 하나로 정신보건사회복지사가 규정되었다. 이 법을 근거로 1997년 1년 동안 수련을 받은 제1기 수련생들이 1998년 2급 자격을 치른 후 다시 수련 과정을 거쳐 2002년 6월 1급 승급시험을 보았다.
- 「정신보건법」이 「정신건강증진 및 정신질환자 복지서비스 지원에 관한 법률」로 전부개정(2016년 개정, 2017년 시행)되면서 기존의 정신보건사회복지사가 정신건강사회복지사로 변화하였다.
- 현재는 사회복지사업법(2018년 개정, 2020년 시행)에 따라 자격이 부여된다.

잠깐!

정신건강전문요원

정신건강전문요원에는 정신건강사회복지사, 정신건강임상심리사, 정신건강간호사, 정신건강작업치료사 등을 포함한다.

사회복지사업법상 국가자격

사회복지사업법에 따른 국가자격은 사회복지사(1,2급), 정신건강사회복지사, 의료사회복지사, 학교사회복지사 등이다.

영역별 사회복지사 자격취득

학교사회복지사, 정신건강사회복지사, 의료사회복지사 자격은 사회복지사 1급 자격증을 소지한 자 중 사회복지사업법 시행규칙에 따라 수련과정을 거쳐 평가를 통해 부여된다.

(4) 의료사회복지사

- 2008년 9월 제1회 의료사회복지사 자격시험이 실시되었다.
- 2018년 사회복지사업법 개정(2020년 시행)으로 국가자격이 되었다.

3. 한국 사회복지와 외원단체 22회 기출

(1) 한국전쟁 이후의 외원단체

1951년부터 유엔 민사원조처(UNCAC, U.N Civil Assistance Command)의 도움으로 정부의 관계 부처와 중앙구호위원회를 구성, 전쟁난민 구호사업을 전개하였다.

① 기독교아동복리회(Christian Chidren's Fund, CCF): 현 어린이재단

- 1948년 클라크 목사가 미국기독교아동복리회 한국지부를 설립하여 구세군 후생학원, 혜천원, 절제소녀관 등 3개 시설의 아동들에게 재정지원을 하면서 출발하였다.
- 1963년부터 '아동은 가정에서'를 모토로 가정 중심의 아동복지사업을 진행하며, 입양, 위탁 등 거택보호사업을 본격화하였다.
- 1979년 법인 명칭을 '한국어린이재단'으로 변경하면서 외원단체가 아닌 국내 민간단체가 되기 위한 준비를 시작하였다.
- 1896년 기독교아동복리회의 지원이 종결되고 국내 순수 민간단체로 거듭나면서 독자적 사업을 실시하였다.
- 1994년 법인 명칭을 '한국복지재단'으로 변경한 뒤 2008년 '어린이재단'으로 변경하였다.

② 선명회(Word Vision): 현 월드비전

- 한국전쟁 시기에 선교사로 한국에 있던 밥 피어스(Bob Pierce)는 전문구호기관의 설립을 결심하고 1950년 미국 오리건주에 사무실을 열어 모금활동을 진행하였다.
- 1953년 한경직 목사와 함께 부모를 잃은 전쟁고아들과 남편을 잃은 부인들을 원조하기 시작했다.
- 월드비전의 한국식 명칭인 선명회라는 이름으로 활동하다가 1998년 월드비전으로 명칭을 변경했다.

③ 양친회(Foster Parents' Plan): 현 양친사회복지회

- 양친회 국제본부는 종교, 정치, 인종을 초월하여 전 세계에 걸쳐 복지사업을 수행한 순수 국제 민간 원조 단체로서 한국전쟁을 계기로 1953년 부산에 양친회 한국지부를 두고 사업을 실시하였다.
- 1953년~1980년 활동, 33개 시설 743명의 아동을 후원하였다.
- 외국 후원자의 후원금을 외원단체 사무실을 통해 한국 아동에게 전달하였다.

중요도 ★

한국전쟁 이후 외원단체의 활동이 활발하게 이루어졌는데, 특히 KAVA는 지역사회복지론이나 행정론의 역사 문제에서도 등장한 바 있다. 각각의 외원단체를 살펴볼 필요는 없으나, 종교를 바탕으로 한 선교 활동의 일환이자, 시설 중심의 구호·자선 사업이었다는 특징은 기억해두자.

잠깐!

외원단체

"외국 민간원조단체"란 그 본부가 외국에 있고, 본부의 지원으로 국내에서 보건사업, 교육사업, 생활보호사업, 재해구호사업 또는 지역사회개발사업, 그 밖의 사회복지사업을 하는 비영리 목적의 사회사업단체로서 그 사업에 필요한 재원이 외국에서 마련되고 실질적인 운영주체가 외국인인 단체를 말한다.(「외국 민간원조단체에 관한 법률」 제2조, 2008년 3월 28일, 법률 제9932호)

- 시설아동뿐 아니라, 일반가정의 방치된 아동도 지원하였다.
- 일종의 거택구호사업이었으며, 1960년대 이후 추진된 가정복지사업의 선구적인 형태였다.

(2) 한국외원단체협의회(카바, KAVA: Korea Association of Voluntary Agencies) 꼭!

여러 외원단체들이 개별적으로 운영하던 사업 형태를 통일하고 좀 더 효과적인 원조를 실시하기 위하여 1952년 7개 기관이 모여 카바(KAVA)를 결성하였다.

① 카바의 구성

카바는 의결기관으로서 기관대표로 구성된 자문위원회, 사회복지분과위원회, 교육분과위원회, 지역사회분과위원회, 구호분과위원회, 보건분과위원회, 소분과위원회로 구성되었다.

② 카바의 발전

1954년에 33개의 외원단체가 가입하였고, 1955년에는 사무국을 두어 연합회로서의 기능을 갖추었다. 1962년에는 62개, 1964년에는 70개, 1970년에는 76개의 단체가 카바에 가입하였다.

③ 카바의 활동

- 고아문제, 장애문제, 혼혈아문제, 아동유기 문제 등에 대한 해결책을 모색하기 위해 실태조사 실시
- 점차 자선사업에서 재활사업으로 전환
- 초등학생을 위한 음식 제공 등

(3) 외원단체 활동의 계승

- 1970년대에 들어서면서 외원단체들은 사업을 종결하고 한국을 떠나기 시작하였는데, 이는 한국의 경제사정이 좋아지면서 외원단체에 대한 의존도가 감소하였고, 전쟁 이후 응급구호적인 활동의 의미도 퇴색되었기 때문이다.
- 외원단체들 중에서 한국에서의 사업을 종결하고 떠난 단체도 있고, 사회복지사업을 중단한 채 선교사업을 중점적으로 수행한 단체도 있으며 교육 및 의료사업 등으로 전환하여 한국사회에 뿌리를 내리고 토착화에 성공한 단체들도 있다.

사회복지실천 발달의 주요 연도

1869년	최초의 자선조직협회(영국 런던)
1877년	미국 최초의 자선조직협회(뉴욕 버팔로)
1884년	최초의 인보관, 토인비홀(영국, 바네트)
1886년	미국 최초의 인보관, 근린길드(뉴욕, 코이트)
1889년	토인비홀을 모델로 한 미국의 인보관, 헐 하우스(시카고, 아담스와 스타)
1906년	원산 반열방, 메리놀즈(Mary Knowls, 감리교 선교사)를 주축으로 한 인보관운동, 사회복지관사업 태동
1915년	플렉스너의 연설
1917년	리치몬드, 『사회진단』
1921년	한국 최초의 복지관, 서울 태화여자관(태화기독교사회관으로 개명)
1920년대	3대 방법론 분화: 개별사회사업, 집단사회사업, 지역사회조직
1929년	밀포드회의: 사회복지실천의 공통요소 정리 시도
1930년대	진단주의 학파 vs 기능주의 학파
1947년	한국 최초의 사회복지 교육기관: 이화여대 사회사업학과
1950년대	통합적 방법론 등장
1952년	한국외원단체협의회, KAVA 결성
1957년	그린우드의 전문직 속성 제시: 이론, 전문적 권위, 사회적 승인, 윤리강령, 전문직 문화
1967년	한국사회사업가협회 → 1985년 한국사회복지사협회로 개칭
1970년	사회복지사업법 제정
1983년	사회복지사업법 개정으로 사회복지사 명칭 사용 시작
1987년	사회복지전문요원 배치
1989년	주택건설촉진법 개정으로 저소득층 영구임대아파트 건립시 일정 규모의 사회복지관 건립을 의무화
1998년	2급 정신보건사회복지사 국가 자격시험 실시(현 정신건강사회복지사)
2000년	• 사회복지전담공무원 배치(별정직 사회복지전문요원을 일반직 사회복지전담공무원으로 전직) • 9월 7일 사회복지의 날 제정
2003년	제1회 사회복지사1급 국가 자격시험 실시
2005년	학교사회복지사 민간 자격시험 실시
2008년	의료사회복지사 민간 자격시험 실시
2020년	의료사회복지사, 정신건강사회복지사, 학교사회복지사에 대한 사회복지사업법에 따른 자격 부여 (사회복지사업법 2018년 개정, 2020년 시행)

4장 사회복지실천현장에 대한 이해

한눈에 쏙!		중요도
❶ 사회복지실천의 장	1. 사회복지실천현장의 개념	
	2. 사회복지실천현장의 분류	★★★ 22회 기출
	3. 분야별 전문인력	
❷ 사회복지사의 역할	1. 사회복지사의 다양한 역할	★
	2. 기능에 따른 역할 분류	

기출경향 살펴보기

이 장의 기출 포인트

실천현장의 분류를 어려워하는 수험생들이 꽤 많다. 실제 기관들을 생활시설/이용시설, 1차 현장/2차 현장으로 구분할 수 있어야 하기 때문에 기관에 대한 이해가 없으면 답을 찾기 어렵다. 사회복지사의 역할은 직접적인 출제율은 낮지만, 사례관리자의 역할, 지역사회복지에서의 역할, 집단 사회복지사의 역할 등의 바탕이 되므로 소홀히 봐서는 안 된다.

최근 5개년 출제 분포도

연도별 그래프

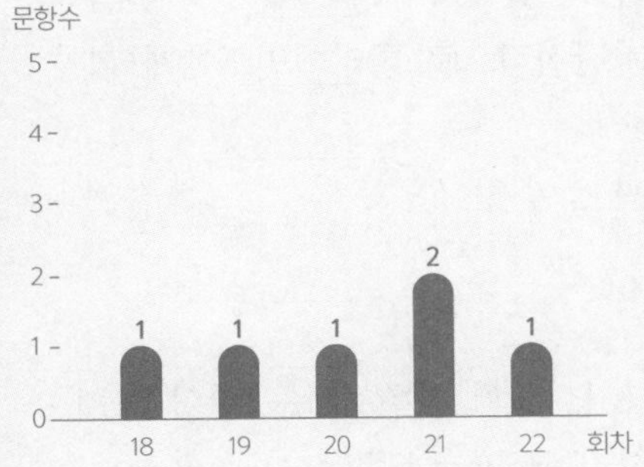

평균출제문항수

1.2 문항

2단계 학습전략

데이터의 힘을 믿으세요!
강의로 복습하는 **기출회독 시리즈**

3회독 복습과정을 통해
최신 기출경향 파악

최근 10개년 핵심 키워드

기출회독 **068**	실천현장의 분류	12문항
기출회독 **069**	사회복지사의 역할	4문항

기본개념 완성을 위한 **학습자료 제공**

기본개념 강의, 기본쌓기 문제, O X 퀴즈, 기출문제, 정오표, 묻고답하기, 지식창고, 보충자료 등을 **아임패스**를 통해 만나실 수 있습니다.

1 사회복지실천의 장

기출회차				
1	2	3	4	5
6	7	8	9	10
11	12	13	14	15
16	17	18	19	20
21	22			

강의로 복습하는 기출회독 시리즈

Keyword 068

1. 사회복지실천현장의 개념

(1) 좁은 의미의 사회복지실천현장

- 사회복지실천현장은 사회복지서비스를 직접적 또는 간접적으로 제공하는 사회복지기관이다.
- 좁은 의미의 사회복지실천현장이란 사회복지실천이 이루어지는 '구체적인 장소' 혹은 사회복지서비스를 직접 또는 간접적으로 클라이언트에게 제공하는 사회복지기관을 뜻한다.
- 예를 들면 종합사회복지관, 장애인복지관 등이 있다.

(2) 넓은 의미의 사회복지실천현장

- 넓은 의미의 사회복지실천현장은 사회복지실천이 이루어지는 '분야(field)' 혹은 서비스의 초점이 되는 '문제', '대상집단(client)' 등을 모두 포함하는 개념이다.
- 넓은 의미의 실천현장은 단순히 물리적인 공간이나 장소만을 뜻하는 것이 아니라 사회복지실천이 이루어지고 있는 실천분야, 사회복지서비스를 제공하기 위해 직 · 간접적으로 관련되는 모든 분야를 말한다.
- 실천분야를 분류하는 경우 대상별, 영역별, 혹은 장소(setting)별 등으로 구분한다.
  - 대상별 분류: 아동, 청소년, 노인, 여성, 장애인 등
  - 영역별 분류: 약물남용, 의료, 보건, 정신보건 등
  - 장소별 분류: 병원, 학교, 교도소 등

보충자료

다양한 사회복지실천 영역

사회복지실천현장

좁은 의미의 사회복지실천현장	넓은 의미의 사회복지실천현장
• 사회복지실천이 이루어지는 '구체적 장소' • 사회복지서비스를 제공하는 사회복지기관 예 종합사회복지관, 장애인복지관 등	• 사회복지실천이 이루어지는 분야 • 서비스의 초점이 되는 문제, 대상집단 등 예 의료사회복지(영역), 장애인(대상), 약물남용(영역 혹은 문제), 교도소(장소) 등

2. 사회복지실천현장의 분류

사회복지실천현장 분류의 기준과 유형

분류 기준	기관의 기능 혹은 목적	주거서비스 제공 여부	기관설립주체 및 재원조달방식	서비스 제공방식	이윤추구 여부	서비스 영역
유형	• 1차 현장 • 2차 현장	• 생활시설 • 이용시설	• 공공기관 • 민간기관	• 서비스 기관 • 행정기관	• 영리기관 • 비영리기관	노인, 여성 및 가족, 장애인 복지, 의료 분야, 소득 보장 등

(1) 기관의 기능 혹은 목적에 따른 분류 꼭!

① 사회복지실천 1차 현장

- 사회복지서비스의 제공을 주된 기능과 목적으로 하는 기관을 말한다.
- 일반적으로 사회복지사들이 중심이 되어 활동한다.

예 지역사회의 종합사회복지관, 노인복지관, 아동양육시설 등

② 사회복지실천 2차 현장

- 기관의 일차적인 기능은 따로 있으며, 필요에 의해 사회복지서비스를 제공한다.
- 사회복지전문기관은 아니지만 사회복지서비스가 기관의 목표달성과 서비스의 효과성에 미치는 긍정적 영향이 인정되어 사회복지실천이 부분적으로 수행되는 실천현장을 말한다.

예 학교, 병원, 교정시설, 기업, 동주민센터(행정복지센터), 보건소, 어린이집(보육시설), 노인요양시설

(2) 주거서비스 제공 여부 꼭!

① 생활시설

주거서비스를 포함한 사회복지서비스를 제공하는 기관을 말한다.

예 장애인거주시설, 아동양육시설, 청소년 쉼터, 양로시설, 그룹 홈 등

② 이용시설

주거서비스는 제공하지 않는다. 따라서 자신의 집에 거주하는 클라이언트를 대상으로 사회복지서비스를 제공하는 기관을 말한다.

예 사회복지관, 장애인복지관, 청소년 상담센터, 어린이집, 주간보호센터 등

중요도 ★★★

실천현장의 분류는 거의 매회 빠짐없이 출제되고 있다. 이용시설과 생활시설을 구분하는 비교적 쉬운 문제가 출제되기도 하며, 1차 현장과 2차 현장의 구분, 공공과 민간의 구분 등이 한 문제에 함께 출제되기도 한다.

보충자료

시험에 나왔던 실천현장들 구분

합격자의 한마디

주간보호시설의 '주간'은 '낮'을 의미해요. 그래서 주간보호시설은 낮 동안 이용하는 이용시설입니다.

(3) 기관 설립주체 및 재원조달 방식 ★꼭!

① 공공기관

- 보건복지부 → 시 · 도 → 시 · 군 · 구 → 읍 · 면 · 동으로 이어지는 사회복지전달체계이다.
- 민간기관에의 지원이나 위탁을 통해 간접적으로 서비스를 제공하기도 하며, 행정복지센터(동주민센터), 희망복지지원단 등을 통해 주민들을 대면하며 직접 제공하기도 한다.
- 사회복지사의 업무는 정부규정이나 지침에 의해 규정된다.
- 서비스를 계획하고 관리 · 지원하는 행정체계와 서비스를 직접 제공하는 집행체계로 나뉜다.

② 민간기관

- 사회복지 관련 사업을 목적으로 사회복지법인이나 재단법인, 종교단체, 시민사회단체 등이 운영하는 비영리기관을 말한다.
- 사회서비스 기관과 협의체 기관으로 구분되는데 사회서비스 기관은 직접적인 서비스를 제공하며, 협의체 기관은 간접서비스나 행정지원을 담당한다.
- 민간서비스 기관의 재원은 대부분 후원금이나 재단전입금 등이나, 최근에는 정부와의 계약을 통해 정부의 특정 프로그램을 민간서비스 기관이 제공하는 경우가 증가하면서 공공기관과 민간기관의 구분이 모호해지고 있다.

> 잠깐!
> 여기서 말하는 '협의체 기관'은 지역사회보장협의체를 말하는 것이 아니다. OO협의체, OO협의회, OO협회 등의 조직들을 통칭하는 용어이다.
> 광역 및 지역사회복지협의회와 사회복지공동모금회 등이 협의체 성격의 민간기관이다.

(4) 서비스 제공 방식 ★꼭!

① 행정기관: 간접서비스 제공

사회복지서비스 전달체계를 효율적으로 운영하기 위해 행정업무를 수행하고 기관 간 연계 및 협의 업무를 담당한다.

예 중앙정부의 사회복지행정기관: 보건복지부, 교육부, 문화체육관광부 등
민간 행정조직: 한국사회복지사협회, 한국사회복지관협회 등 협의체 조직

② 서비스 기관: 직접서비스 제공

주요 대상이나 문제영역에 따라서 서비스기관이 분류되며 클라이언트에게 직접 서비스를 제공하는 것을 목적으로 한다.

예 아동상담소, 지역사회복지관, 어린이집 등

3. 분야별 전문인력

① 사회복지전담공무원

- 「사회보장급여의 이용 · 제공 및 수급권자 발굴에 관한 법률」(약칭: 사회보장급여법)에 따라 사회복지사업에 관한 업무를 담당하게 하기 위하여 시 · 도, 시 · 군 · 구, 읍 · 면 · 동 또는 사회보장사무 전담기구에 사회복지전담공무원을 둘 수 있다.
- 사회복지사업법에 따른 사회복지사 자격(1, 2급)을 가진 사람으로, 공무원으로서 임용된다.
- 사회복지전담공무원은 사회보장급여에 관한 업무 중 취약계층에 대한 상담과 지도, 생활실태의 조사 등 사회복지에 관한 전문적 업무를 담당한다.
- 기초생활보장업무를 비롯해 아동복지업무, 노인복지업무, 장애인복지업무, 한부모가족복지업무 등을 담당한다.

잠깐!

국민연금을 비롯한 사회보험에 관한 징수 및 관리, 급여 등에 관한 업무는 공단에서 진행되므로 사회복지전담공무원의 역할이 아니다.

② 통합사례관리사

- 사회보장급여법에 따라 보건복지부장관, 시 · 도지사 및 시 · 군 · 구청장은 보건 · 복지 · 고용 · 교육 등에 대한 사회보장급여 및 민간 서비스를 종합적으로 연계 · 제공하는 통합사례관리를 실시할 수 있으며, 필요에 따라 시 · 군 · 구에 통합사례관리사를 둘 수 있다.
- 통합사례관리사는 지원대상자에 대한 상담 · 지도 및 사회보장에 대한 욕구조사, 서비스 제공 계획의 수립과 그에 따른 사회보장급여 및 서비스의 연계, 보장기관과 민간 법인 · 단체 · 시설 등이 제공하는 서비스의 관리 · 점검, 그 밖에 통합사례관리에 필요한 사항으로서 보건복지부장관이 정하는 사항 등의 업무를 수행한다.
- 다음 중 어느 하나에 해당하는 자격 및 경력을 갖춰야 한다.
  - 사회복지사 1급 자격증을 취득한 후 사회복지분야 근무 경력이 2년 이상인 사람
  - 사회복지사 2급 자격증을 취득한 후 사회복지분야 근무 경력이 4년 이상인 사람
  - 정신건강사회복지사 2급 이상 자격증을 취득한 후 사회복지분야 또는 보건분야 근무경력이 2년 이상인 사람
  - 간호사 면허증을 취득한 후 사회복지분야 또는 보건분야 근무경력이 2년 이상인 사람

잠깐!

정신건강사회복지사, 의료사회복지사, 학교사회복지사의 자격은 1급 사회복지사의 자격이 있는 사람 중 수련기관에서 수련을 받은 사람에게 부여한다.

③ 정신건강사회복지사

- 정신건강사회복지사는 정신의료기관, 정신건강복지센터, 사회복귀시설, 정신요양센터, 알코올상담센터, 중독상담센터 등 정신건강증진 관련 분야에서 종사할 수 있다.
- 정신적 · 정서적 장애로 어려움을 받고 있는 사람들을 치료하고 재활하는 것, 정신질환 문제가 발생했을 때 조기에 개입하여 도와주는 것, 예방활동을 하면서 국민정신건강을 증진하는 것 등을 실천한다.

④ 의료사회복지사(Medical Social Worker)

- 병원이나 진료소에서 임상치료팀의 일원으로 근무하면서 질병의 직 · 간접적인 원인이 되고 치료에 장애가 되는 환자의 심리 · 사회적인 문제들을 해결하도록 돕는 역할을 한다. 환자가 퇴원한 후에도 정상적인 사회기능을 발휘할 수 있도록 환자와 그의 가족에게 사회복지서비스를 제공한다. 환자와 관련한 임상업무와 지역사회와 연계하는 활동으로 의료복지서비스를 전달한다.
- 「의료법」 시행에 따라 사회복지사가 의료기관에서 일할 수 있는 법적 근거가 마련되었다.
- 병원의 사회복지사 활동에 대한 의료보험 수가는 정신의학적 사회사업료와 재활의학적 사회사업료이다.

⑤ 학교사회복지사(School Social Worker)

- 학생 개개인의 지적, 사회적, 정서적 욕구와 문제해결에 관심을 갖도록 도와주며, 이를 통하여 모든 학생들이 학교에서 공평한 교육기회와 성취감을 제공받을 수 있도록 사회복지의 다양한 실천방법을 활용하는 사회복지사이다.
- 사회적, 정서적 부적응의 징후를 나타내는 학생을 조기발견하고 예방하는 역할, 학교-학부모-지역사회 인사와의 상호체계를 조성하는 역할, 청소년의 개인적 성장과 사회적응을 도울 수 있는 프로그램을 개발하고 실행하는 역할 등을 담당한다.

⑥ 교정사회복지사(Correctional Social Worker)

- 교정사회복지사는 교정시설에서 범죄인의 재활과 범죄 예방에 개입하거나 범죄에 대한 처벌 대신 교정사회복지의 실천을 통해 범죄자나 비행청소년이 사회에 잘 적응하도록 돕고 이로써 지역사회에서의 범죄 및 비행의 예방 및 문제해결을 도모한다.

- 현행 법무부 산하의 교정시설에서 범죄인의 재활과 범죄 예방에 개입하고 있는 사회복지전문직은 교정사회복지사로 통칭되고 있다. 별도의 자격증이 있는 것은 아니다.

2 사회복지사의 역할

기출회차

1	2	3	4	5
6	7	8	9	10
11	12	13	14	15
16	17	18	19	20
21	22			

강의로 복습하는 기출회독 시리즈

Keyword 069

중요도 ★

개입과정에서의 역할이나 사례관리자로서의 역할, 지역사회복지에서의 사회복지사의 역할 등과 모두 연결되는 내용이므로 여기서 각 역할의 내용을 정리해두는 것이 좋다.

합격자의 한마디

중개자와 중재자.
헷갈리지 마세요~
중개자는 클라이언트를 자원이나 서비스와 연결시키는 역할이며, 중재자는 체계 사이의 갈등이나 의견 차이를 조정하는 역할입니다.

1. 사회복지사의 다양한 역할

개인, 가족, 집단, 지역사회를 돕는 사회복지사의 다양한 역할은 다음과 같다.

(1) 중개자(broker) 꼭!

- 중개자는 도움을 필요로 하는 클라이언트와 자원 및 서비스를 연결하는 역할이다.
- 클라이언트에게 식량이나 주거, 법률적 도움이나 다른 필요한 자원을 얻도록 돕는다.
- 사람들을 자원과 연결시키기 위해 사회복지사는 지역사회에 있는 자원에 대해 철저하게 파악하고 있어서 적절하게 의뢰할 수 있어야 한다.

(2) 중재자(mediator) 꼭!

- 양자 간의 논쟁에 개입하여 타협, 차이점 조정 혹은 상호 만족스러운 합의점을 도출해내는 역할이다.
- 미시, 중범위, 거시체계 사이의 논쟁이나 갈등을 해결한다. 견해가 다른 양자 간의 의사소통을 향상하고 타협하도록 돕는 역할로, 중립을 유지하며 논쟁에서 어느 한쪽 편도 들지 않는다.
- 중재자는 자신의 위치를 분명히 하고, 의사를 잘못 전달하는지 인식하며, 관련 당사자가 입장을 명확히 밝히도록 도와준다.

(3) 클라이언트 옹호자(client advocate) 꼭!

- 옹호란 사회정의를 지키고 유지하려는 목적으로 개인, 집단, 지역사회의 입장에서 직접적으로 대변·보호·개입·지지하는 행동을 포함한다.
- 불이익을 받는 클라이언트(집단)를 위해 새로운 사회정책과 법령 등을 수정하거나, 클라이언트가 필요한 자원이나 서비스를 제공받을 수 있도록 새로운 법률이나 정책 형성을 위해 활동하는 역할이다.
- 옹호자의 역할은 클라이언트를 위하여 일을 진행하고 대변하는 것으로, 특

히 클라이언트가 필요한 것을 얻을 힘이 거의 없을 때에 적절하다.

(4) 조력자(enabler) ★꼭!

- 클라이언트가 자기 스스로 문제를 해결할 수 있는 능력 및 필요한 자원을 찾아낼 수 있는 능력을 기를 수 있도록 돕는다.
- 조력자 역할에 필요한 기술은 희망을 전하고, 저항이나 양가감정을 줄여주며, 감정을 인식하고 관리하며, 개인의 강점이나 사회적 자원을 발굴하고 지지해주는 것, 전문적 관계형성에 필요한 능력과 기술 등이다.

(5) 교사/교육자(teacher)

- 교사 혹은 교육자로서의 역할은 클라이언트의 사회적 기능이나 문제해결 능력이 향상될 수 있도록 교육적인 프로그램이나 정보를 제공하거나 기술을 가르치는 것이다.
- 전문적 지식과 정확한 정보를 알아야 하며 클라이언트에게 정보를 명확히 전달하고 이해시키기 위해 의사소통 기술을 갖추어야 한다.

(6) 활동가/행동가(activist)

- 사회적 불평등, 사회적 박탈 등에 관심을 가지면서 기본적인 제도 변화를 추구하는 역할이다.
- 활동가의 역할은 인간의 욕구에 좀 더 만족할 수 있도록 환경을 변화시키기 위해 지역사회의 욕구를 조사, 분석하고 그 결과를 알리며 대중의 힘을 동원하기 위해 사람들을 조직하는 것이다.
- 지역사회나 거시적 수준에서 클라이언트의 이익이나 권리가 침해당하는 사회적 조건(사회적 불평등, 차별 등) 등을 인식하여 클라이언트가 인권을 보호받고 행사할 수 있는 사회를 만들기 위한 활동에 참여한다.
- 사회정의와 평등에 관심을 갖고 소외된 집단들을 위해 지역사회의 욕구를 조사하고, 분석하며, 자원활성화 등을 위해 노력한다.

(7) 협상가(negotiator)

- 갈등상황에 놓인 사람들 사이에서 상호합의를 이끌어내기 위해 타협하는 역할이다.
- 양쪽이 모두 잘 되기를 바란다는 점에서 중재자 역할과 유사하지만 협상가는 중립을 지키지 않고 어느 한쪽과 동맹을 맺는다는 점에서 차이가 있다.

(8) 창시자(initiator)

- 이전에 관심을 끌지 못한 문제에 관심을 집중시키는 역할이다.
- 단순히 관심을 집중시키는 것만으로는 문제가 해결되지 못하므로 창시자는 관심을 집중시킨 뒤 그 다음 과정을 수행하기 위해 여타 다른 역할을 수행해야 한다.

(9) 조정자(coordinator)

- 흩어져 있는 혹은 다양한 기관에서 산발적으로 주어지는 서비스들을 조직적인 형태로 정리하는 역할이다.
- 주로 사례관리자의 역할인데, 조정자 역할을 통해 서비스의 중복과 상충되는 정보 제공을 막을 수 있다.

(10) 연구자/조사자(researcher)

- 사회복지사가 자신의 실천활동을 평가하며 프로그램 혹은 서비스의 장단점을 사정하고 지역사회를 연구하고 조사하는 역할이다.
- 사회복지실천에서 모든 사회복지사는 연구자 혹은 조사자로서의 역할을 수행한다.

(11) 집단촉진자(group faciliator)

- 치료집단, 성장집단, 교육집단, 자조집단 등 모든 집단 상호작용을 촉진시키는 집단지도자의 역할이다.
- 집단촉진자는 다양한 집단에 개입하여 집단과정이 활발하게 일어날 수 있도록 하는 역할을 수행한다.
- 집단활동에서 침묵하거나 소극적인 성원들이 적극적으로 참여할 수 있도록 하거나 의사소통이 활발하게 일어나도록 원조하는 역할을 한다.

(12) 대변자(public speaker)

- 다양한 집단에게 필요한 서비스의 유용성을 알리고, 만족되지 못한 욕구를 가진 클라이언트를 위해 서비스를 개발하는 역할이다.
- 대변자의 역할을 수행하는 사회복지사는 필요한 서비스를 잘 소개할 수 있어야 하며 필요한 비용을 끌어올 수 있는 능력도 갖추어야 한다.

(13) 계획가(planner)

- 정책 또는 거시 차원에서 지역사회나 사회구조에 관심을 갖는다. 주민 욕구를 파악하고, 기존 서비스를 개선하는 데 필요한 정책, 서비스를 개발하

고 프로그램을 계획한다.

• 계획가는 거시 수준의 실천 시 사회복지사 역할에 해당된다.

(14) 훈련가(trainer)

조직이나 공식적 집단을 대상으로 하는 중범위 수준 실천에서 훈련가는 전문가를 양성하기 위해 교육, 워크숍, 사례발표, 슈퍼비전 등의 활동에 참여하여 전문가 교육이나 훈련을 담당한다.

잠깐!

일반적으로 거시차원의 사회복지사 역할은 지역사회 문제를 해결하고 사회불평등을 줄여나가기 위한 역할을 하며, 정책수립과 프로그램 개발, 사회변화를 위한 연대활동, 홍보, 교육활동 등을 한다.

2. 기능에 따른 역할 분류

사회복지사가 담당하는 기능, 즉 수행하는 일과 기능에 따라서 다음과 같이 분류할 수 있다(Hepworth et al., 2006).

잠깐!

학자들마다 제시한 사회복지사의 역할도 다르고, 역할을 구분하는 방식도 다르다. 여기에서 소개한 헵워스 등의 구분은 여러 교재들에서 가장 많이 소개되고 있는 것이다.

기능에 따른 사회복지사 역할

기능	주요 역할	역할의 예
직접서비스 제공하기	클라이언트에게 직접 서비스 제공	• 상담가, 가족치료사 • 집단사회복지지도자 • 정보제공 및 교육자
체계와 연결하기	클라이언트를 다른 체계와 연결하는 역할	• 중개자 • 사례관리자/조정자 • 중재자 • 클라이언트 옹호자
연구 및 조사하기	개입방법을 선택하고 그에 대한 효과성을 평가하기 위해 연구 및 조사 수행하는 역할	• 프로그램 평가자 • 조사자
체계유지 및 강화하기	서비스 전달 시 효율성을 떨어뜨리는 기관의 정책 · 기능적 관계를 평가	• 조직 분석가 • 촉진자 • 팀 성원 • 자문가
체계 개발하기	기관의 서비스를 확대 및 개선하기 위해 체계 개발에 관련된 역할 수행	• 프로그램 개발자 • 기획가 • 정책과 절차 개발자

(1) 직접서비스 제공하기

사회복지사는 클라이언트와 직접 대면하여 서비스를 제공한다.

• 개인 상담 혹은 부부 · 가족치료

• 집단사회복지실천: 지지집단, 치료집단 등 운영

• 정보를 제공하거나 교육하기

(2) 체계와 연결하기

클라이언트 중에는 기존의 사회기관이 제공하지 못하는 자원을 필요로 하는 경우나, 유용한 자원에 대한 정보가 부족하거나 자원을 이용할 능력이 부족한 경우가 많다. 그래서 사회복지사는 클라이언트를 다른 자원과 연결시키는 역할을 수행하게 된다.

① 중개자(broker)

- 중개자는 클라이언트와 자원 및 서비스를 연결하는 역할로서 사례관리의 핵심적 기능을 수행한다.
- 클라이언트가 긴급하게 식량이나 주거, 법률적 도움이나 다른 필요한 자원을 얻도록 도와주며, 지역사회의 다양한 부분들이 상호 이익을 증진하기 위해 교류하도록 돕는다.
- 클라이언트를 자원과 연결시키기 위해 사회복지사는 지역사회에 어떤 자원들이 있는지를 철저하게 파악하고 있어야 하며 적절하게 의뢰할 수 있어야 한다.

② 사례관리자/조정자(case manager/coordinator)

- 클라이언트가 다른 체계에 의뢰될 때 능력, 기술, 지식, 혹은 자원이 부족한 경우에 사회복지사는 사례관리자의 역할을 담당하게 된다.
- 클라이언트의 욕구를 사정하고, 다른 자원에 의해 제공된 필수 재화와 서비스의 전달을 조정하고, 클라이언트가 시기 적절하게 서비스와 재화를 제공받도록 보장한다.

③ 중재자(mediator)

- 중재자는 미시, 중범위, 거시체계 사이의 논쟁이나 갈등을 해결하는 역할을 담당한다.
- 견해가 다른 개인이나 집단 사이의 의사소통을 향상하고 타협하도록 돕는 중재자는 중립을 유지하고, 논쟁에서 어느 한쪽 편도 들지 않으며, 양측이 서로의 입장을 이해하고 있는지 확인해야 한다.
- 중재자는 자신의 위치를 분명히 하고, 의사를 잘못 전달하는지 인식하며, 관련 당사자가 입장을 명확히 밝히도록 도와준다.
- 정확하고 완전한 정보를 가졌다고 확신할 때까지 어느 쪽에도 치우치지 않는 것이 중요하다.

④ 클라이언트 옹호자(client advocate)

- 옹호란 사회정의를 지키고 유지하려는 목적으로 개인, 집단, 지역사회를 대신하여 그 입장을 직접적으로 대변 · 보호 · 개입 · 지지하는 행동을 말한다.
- 클라이언트를 자원과 연결시킨다는 점에서 볼 때, 옹호는 클라이언트를 대신하여 자원과 서비스를 획득하는 활동과정이다.
- 옹호자의 역할은 클라이언트를 위하여 일을 진행하고 대변하는 것으로, 특히 클라이언트가 필요한 것을 얻을 힘이 거의 없을 때에 적절하다.

(3) 체계유지 및 강화하기

사회서비스기관의 직원으로서 사회복지사는 서비스를 전달할 때 효율성을 떨어뜨리는 기관 내의 구조 · 정책 · 기능적 관계를 평가할 책임이 있다. 이런 책임을 수행하는 것과 관련된 역할은 다음과 같다.

① 조직 분석가(organizational analyst)

- 기관의 구조 · 정책 · 절차 내에서 서비스 전달에 부정적인 영향을 미치는 요인을 정확하게 지적하는 것이다.
- 조직이론과 행정이론에 관한 지식은 이 역할을 효과적으로 수행하는 데 필수적이다.

② 촉진자(facilitator)

- 서비스 전달을 방해하는 요인을 정확하게 지적한 후에, 사회복지사는 서비스전달체계를 강화하는 방법을 계획하고 실행할 책임이 있다.
- 기관 행정가들에게 관련된 정보데이터를 제공하고, 문제를 표현하는 임원회의를 추천하며, 다른 직원들과 합동으로 작업하고, 필수적인 내부서비스 교육에 참가하는 등의 활동을 포함한다.

③ 팀 성원

여러 기관 및 공공기관(예 정신건강, 건강보호, 사회적응 세팅)에서 사회복지사는 클라이언트의 문제와 전달체계를 사정할 때 협동하는 치료팀의 일원으로서 기능한다.

④ 자문가(consultant/consultee)

- 자문은 사회복지사나 서비스제공자가 전문가로서 클라이언트에 대한 지식 · 기술 · 태도 · 문제를 존중하는 태도를 증가시키고 발전시키며, 수정하고 자유롭게 함으로써 클라이언트에게 더 효과적으로 서비스를 전달할 수

있게 하는 과정이다.

- 사회복지사도 수준 높은 전문 사회복지사 등으로부터 자문을 받아야 한다.

(4) 연구 및 조사 활용하기(researcher/research consumer)

사회복지사는 평가 가능한 개입방법을 선택하여 그들의 개입방법에 대한 효과성을 평가하고, 체계적으로 클라이언트의 발전을 모니터하기 위해 공 · 사적 세팅 모두에서 평가할 책임이 있다. 이러한 과정을 위해 사회복지사는 연구를 수행하고 또한 연구들을 활용해야 한다.

(5) 체계개발하기(system development)

사회복지사는 기관의 서비스를 확대하거나 개선하기 위해 체계 발전과 관련된 역할들을 담당한다.

① 프로그램 개발자

- 사회복지사는 클라이언트의 욕구 발생에 대응하여 서비스를 개발할 기회가 있다.
- 교육적인 프로그램(예 십대 미혼모 대상), 지지집단(예 성폭력 피해자, 알코올 중독자의 자녀 등), 기술개발 프로그램(예 스트레스 관리, 양육, 적극적 자기표현 훈련집단)이 포함될 수 있다.

② 기획가

사회복지사는 지역사회 기획가에 대한 접근성이 떨어지는 작은 지역사회, 시골 지역, 신흥도시에서 보통 지역사회 지도자와 함께 기획하는 역할을 맡을 필요가 있다.

③ 정책과 절차 개발자

- 정책과 절차들을 제정하는 과정에 사회복지사가 참여하는 것은 직접적으로 클라이언트에게 서비스를 제공하는 기관에 제한된다.
- 사회복지사는 클라이언트의 욕구를 평가하고 어떤 정책과 절차들이 클라이언트의 관심에 부합하는지 평가하는 전략적 위치에 놓여 있다.
- 사회복지사가 적극적으로 정책과 관련된 의사결정과정에 참여하려는 것이 중요하다.

한걸음 더

개입수준에 따른 사회복지사의 역할

마일리 등(Miley et al.)이 제시한 개입수준에 따른 역할 구분이다. 사회복지사1급 시험 초창기에 한 번 출제된 적이 있으나 이후로는 출제되지 않고 있다.

간혹 옹호가 미시 차원인지 거시 차원인지에 대한 질문을 받는데, 우리가 공부하는 옹호는 개인이나 가족 외에 집단, 지역사회 차원에서도 이루어지기 때문에 미시 차원에서만 이루어진다고 말할 수는 없다. 다만, 옹호자의 역할을 미시 차원이라고 보는 문제나 설명이 있다면 이 학자의 구분에 따른 것이라고 생각하면 된다.

개입수준	대상	역할
미시 차원	개인, 가족 등	조력자, 중개자, 옹호자, 교사
중범위 차원	조직, 집단	촉진자, 중재자, 훈련가
거시 차원	지역사회 또는 전체 사회	계획가, 행동가, 현장개입가
전문가 차원	동료 및 전문가집단	동료, 촉매자, 연구자/학자

5장 사회복지실천의 주요 관점 및 이론

한눈에 쏙!		중요도
❶ 통합적 접근의 개요	1. 통합적 접근의 개념	★★
	2. 사회복지실천과 통합적 방법론	★★★ 22회 기출
❷ 통합적 접근의 주요 이론 및 관점	1. '환경 속의 인간' 관점	★
	2. 일반체계이론	★
	3. 사회체계이론	
	4. 생태체계관점	★
❸ 사회복지실천의 통합적 접근	1. 문제해결모델	★
	2. 4체계모델과 6체계모델	★★★ 22회 기출
	3. 생활모델	
	4. 단일화모델	
❹ 강점관점 및 다문화 관점	1. 강점관점과 역량강화모델	★★★ 22회 기출
	2. 다문화 사회복지실천	★

기출경향 살펴보기

이 장의 기출 포인트

3~5문제가 출제될 만큼 비중있는 장이다. 통합적 접근의 등장배경 및 주요 특징, 강점관점의 특징, 역량강화모델의 단계, 4체계와 6체계 모델 등이 특히 자주 출제되며, 체계이론의 개념, 생태체계 개념, 펄만의 4P, 다문화 실천을 위한 역량 등도 간헐적으로 등장하고 있다.

최근 5개년 출제 분포도

연도별 그래프

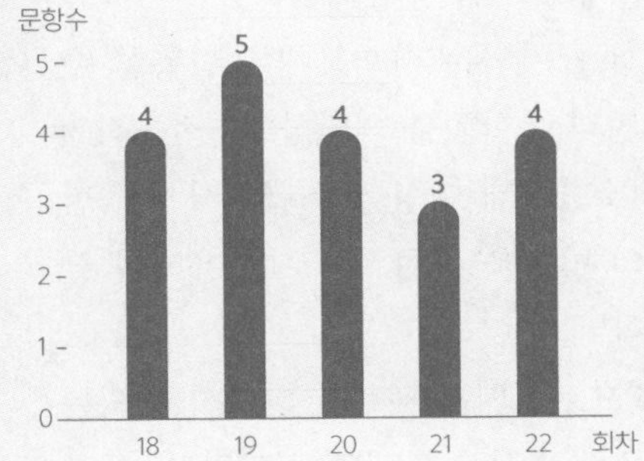

평균출제문항수

4.0 문항

2단계 학습전략

데이터의 힘을 믿으세요!
강의로 복습하는 **기출회독 시리즈**

3회독 복습과정을 통해
최신 기출경향 파악

최근 10개년 핵심 키워드

기출회독 **070**	통합적 접근의 등장배경 및 특징	8문항	기출회독 **074**	생태체계관점	2문항
기출회독 **071**	강점관점 및 역량강화모델	15문항	기출회독 **075**	다문화 사회복지실천	3문항
기출회독 **072**	4체계모델 및 6체계모델	8문항	기출회독 **076**	문제해결모델	2문항
기출회독 **073**	체계이론 및 사회체계이론	3문항			

기본개념 완성을 위한 **학습자료 제공**

기본개념 강의, 기본쌓기 문제, O X 퀴즈, 기출문제, 정오표, 묻고답하기, 지식창고, 보충자료 등을 **아임패스**를 통해 만나실 수 있습니다.

1 통합적 접근의 개요

기출회차				
1	2	3	4	5
6	7	8	9	10
11	12	13	14	15
16	17	18	19	20
21	22			

강의로 복습하는 기출회독 시리즈

Keyword 070

중요도 ★★

통합적 방법이 제기된 배경 및 주요 특징은 가장 기본적으로 숙지해두어야 할 내용이다.

1. 통합적 접근의 개념

(1) 사회복지실천의 통합적 접근

- 사회복지실천의 전통적 3대 방법론(개별사회사업, 집단사회사업, 지역사회조직)에서 벗어나 개인과 집단, 지역사회를 구분하지 않고 포괄적으로 개입할 수 있는 방법론으로서 1960~70년대에 주로 등장하였다.
- 통합적 접근은 개인, 집단, 지역사회에서 제기되는 사회문제에 활용할 수 있는 공통된 원리나 개념을 제공하는 방법의 통합화를 의미하며, 전통적인 사회복지실천방법을 전부 또는 일부, 최소한 2개 이상을 조합해서 교육함으로써 사회복지사 한 명이 2가지 이상의 방법을 통합적으로 사용하여 클라이언트에게 개입할 수 있도록 하는 것이다.
- 통합적 관점을 통해 사회복지직은 전문직으로서의 정체성을 확보하게 되는 동시에 개인을 환경 속에서 바라보는 고유한 관점을 확립하게 되었다.

(2) 통합적 접근의 등장배경 꼭!

① 전통적 방법론의 한계

- 전통적 방법론에 따른 접근은 주로 특정 문제에 중점을 두고 개입하였다. 그런데 클라이언트는 하나의 문제만 가진 것이 아니라 여러 문제가 복잡하게 얽혀 있는 경우가 많아 전통적 접근의 방식으로는 클라이언트의 문제해결에 한계가 있을 수 밖에 없었다. 이러한 문제점이 인식되면서 새로운 방법론의 필요성이 대두되었다.
- 전통적인 방법은 지나친 분화와 전문화로 서비스를 파편화하였다. 복잡하고 다양한 문제를 지닌 클라이언트는 문제 해결을 위해 여러 사회복지기관이나 사회복지사를 찾아 다녀야 하는 상황에 처하게 되었다.
- 사회복지의 공통기반이 없이 각 영역별로 분화되고 전문화됨에 따라 각각 다른 사고, 언어, 과정이 존재하게 되었다. 이로 인해 한 분야의 사회복지사가 다른 분야의 사회복지사와 의사소통하는 것이 어려워졌고, 다른 분야

로 이직을 하기도 어려워졌다. 이러한 상황은 사회복지 전문직의 정체성을 확립하는 데에 장애가 되었다.

② 전통적 방법론의 한계를 보완하는 노력(=사회복지실천방법을 통합하려는 시도)

- 1929년 밀포드회의: 1920년대에도 사회복지실천에 나타나는 공통된 요소를 발견하는 것이 중요하다는 견해들이 있었다. 1929년 밀포드회의에서는 특정 문제나 세부영역보다 우선하는 사회복지실천의 공통적 요소들이 존재한다고 보았고, 개별사회복지실천(casework)을 기본으로 8개 영역을 공통요소로 정리하여 발표하였다.
- 사회복지방법의 공통기반 정리: 바틀렛(Bartlett)은 『사회복지실천의 공통기반』(1970)이라는 저서에서 사회복지방법의 지식과 가치가 다양한 방법을 규정하고 있음을 강조하면서 그 공통된 기초를 묶어내었다.
- 통합적인 접근방법에 대한 이론 구축: 골드스타인(Goldstein), 핀커스와 미나한(Pinchus & Minahan), 플랜저(Flanzer), 시포린(Siporin), 콤튼과 갤러웨이(Compton & Galaway), 메이어(Mayer), 무릴로(Murillo) 등은 사회복지실천의 기본개념, 기술, 과업, 활동 등의 공통점에 초점을 둔 이론 구축을 위해 노력했다.
- 단일 방법론의 모델화 시도: 핀커스와 미나한, 콤튼과 갤러웨이 등 많은 학자들이 단일 방법론의 모델화를 시도하였으며, 현재까지도 더 정밀한 방법의 체계화와 기술화를 위해 노력하고 있다.

2. 사회복지실천과 통합적 방법론 22회 기출

중요도 ★★★

앞서 공부한 통합적 접근의 등장 배경과 연결하여 주요 특징을 살펴보자. 복합적 문제에 대응, 인간과 환경의 상호작용, 클라이언트의 자기결정, 이론과 개입의 개방적 선택, 다체계 접근 등의 주요 특징을 기억해두어야 한다. 간혹 통합적 접근에 입각한 사회복지사의 실천방식을 묻기도 하는데 결국 주요 특징을 알면 판단할 수 있는 내용이다.

(1) 통합적 방법론의 특징 꼭!

- 사회복지실천과정에서 개인, 집단, 지역사회를 대상으로 개입할 때 적용할 수 있는 원리나 개념 등 공통된 기반이 있음을 전제로 한다.
- 인간 중심의 접근이나 환경 중심의 접근으로 이분화하는 것이 아니라 순환적 사고를 바탕으로 인간과 환경의 상호작용에 초점을 두기 때문에 두 체계 간의 공유영역에 개입한다.
- 특정 이론에 기초하지 않고 정신분석이론 등의 전통적인 접근에서 활용되었던 이론에서부터 환경과 체계를 강조하는 이론 등 다양한 이론과 개념을 사용하여 문제에 따라 다른 접근을 취한다.
- 클라이언트에게는 잠재성이 있으며 개발될 수 있다고 보고 클라이언트의 성장과 잠재성에 대해 미래지향적인 관점을 취한다.

- 클라이언트의 존엄성을 인정한다. 따라서 클라이언트의 참여와 자기결정, 개별화를 강조하고 사회복지실천을 지속해서 평가할 것을 강조한다.

(2) 통합적 방법을 지향하는 사회복지실천의 요소 ★꼭!

- 생태체계관점을 취한다.
- 광범위하고 포괄적으로 문제를 규정한다. 통합적 방법론의 하나인 생활모델에서는 문제를 '개인과 환경 간의 스트레스'로 개념화하고 사회복지실천의 중요한 개입 초점으로 규정한다.
- 다양한 수준에서 접근한다. 즉, 개인, 가족, 집단, 지역사회 등 상이한 크기의 체계에 접근한다.
- 체계와 체계의 환경 간의 관계를 중요시한다.
- 이론과 개입을 개방적으로 선택한다. 특정 이론적 접근에 얽매이지 않고 다양한 이론과 개입방법을 선택적으로 활용한다.
- 통합적 방법론에서는 사회복지실천과정을 점진적으로 문제를 해결하는 과정, 즉 문제해결과정으로 본다.

2 통합적 접근의 주요 이론 및 관점

기출회차				
1	2	3	4	5
6	7	8	9	10
11	12	13	14	15
16	17	18	19	20
21	22			

강의로 복습하는 기출회독 시리즈

Keyword 073, 074

1. '환경 속의 인간' 관점

중요도 ★

최근 출제율은 조금 줄었으나 '환경 속 인간' 관점은 오늘날 사회복지실천에 있어 기본관점의 성격을 갖기 때문에 여전히 중요하다. PIE 분류체계는 사정도구로서 출제되기도 했다.

(1) 개념

- 인간을 이해하기 위해서는 인간의 심리 내적인 특성만을 고려할 것이 아니라 개인의 심리적인 특성 외에도 환경 혹은 상황까지 모두 고려해야 한다는 관점이다.
- 개인과 환경 간 상호작용 증진의 책임을 개인, 환경 모두에게 두는 것을 의미하는 것으로, 인간이 경험하는 각종 사회복지적 문제의 원인을 개인 또는 환경 중 어느 한쪽의 결함으로 보기보다는 개인적 요소와 환경적 요소가 서로 어우러져서 나타난 결과로 보는 관점이다.

(2) 사회복지실천과 환경 속의 인간(person in environment, PIE)

- 리치몬드(1922)는 『개별사회복지실천이란 무엇인가 *What is social case work?*』라는 책에서 개별사회복지실천 혹은 개별사회사업인 casework를 '개개인 그리고 개인과 사회환경 사이에서 의식적인 조정을 통해 개개인의 인격발달을 이루어 가는 과정'이라고 정의했는데, 현재 사회복지실천의 기본 개념틀인 '환경 속의 인간(person in environment)'은 이 책에서 시작되었다고 보기도 한다. 그러나 '환경 속의 인간' 관점은 1917년 저서인 『사회진단 *Social Diagnosis*』 속에 이미 함축되어 있던 개념이기도 하다.
- PIE 관점은 1950년대 이후부터 사회복지실천의 기본 개념틀로 자리잡으면서 많은 사회복지실천 이론가에 의해 강조되어 왔다.
- 고든(Gordon, 1969)은 환경 내에 존재하는 것, 즉 환경이 제공하고 있는 자원과 개인이 갖고 있는 욕구나 성장 잠재력과의 조합을 이루어내는 것이 사회복지사 활동의 초점이라고 하면서 '환경 속의 인간' 관점을 사용하였다.
- 생활모델을 개발한 저메인과 기터만(Germain & Gitterman, 1980)도 개인과 개인에게 영향을 주는 사회 · 물리적 환경 간의 역기능적 교환을 개념화하려고 했으며, 사회복지실천은 개인과 환경 사이의 역기능적 교환에 개입해야 함을 강조하였다.

(3) PIE(Person In Environment) 분류체계 ★꼭!

- 이 분류체계는 문제를 '환경 속의 인간' 관점에서 분류할 수 있는 체계로서 사회복지분야에서 개인과 환경체계 모두에 초점을 두고 활동하는 사회복지 실천에 부합되는 문제분류체계로 개발된 것이다.
- 성인 클라이언트의 사회적 기능수행문제를 묘사, 분류, 기호화하기 위해 마련되었다.
- 미국정신의학협회가 제작한 DSM(Diagnostic and Statistical Manual for Mental Disorder)은 정신의학적 문제들에 대해 질병 및 병리적 개념에서 문제를 정의하는 데 반해, PIE는 개인의 역할기능 수행과 아울러 개인 주변으로부터의 지지상황 모두를 고려하여 문제를 분류한다.
- 클라이언트의 문제상황을 다음과 같이 네 가지 요소로 분류한다.

① 요소 1: 사회적 기능 수행상 문제

사회복지사는 클라이언트의 사회적 역할문제를 확인하고 묘사한다. 일반적으로 한 가지 이상의 문제가 있게 되는데, 사회복지사는 각 문제의 유형과 그 문제로 인해 야기된 어려움의 정도, 그리고 그 문제를 다루기 위한 클라이언트의 대응능력을 확인하고 묘사한다.

② 요소 2: 환경상의 문제

사회복지사는 요소 1에 영향을 주고 있는 환경상의 문제를 묘사한다. 환경조건 혹은 그 정도뿐 아니라 각 문제가 야기한 어려움의 정도, 그리고 각 문제의 지속기간도 확인한다. 요소 2의 문제 역시 한 가지 이상이 될 수도 있다. 요소 1과 2는 클라이언트의 사회적 기능수행문제와 환경에 관한 핵심적 서술로 이루어져 있으며, 사회사업의 주요 초점이다.

③ 요소 3: 정신건강 문제

사회복지사가 클라이언트에 대한 이해와 개입과 관계가 있는 현재의 정신적, 성격적 혹은 발달상의 장애 혹은 상태를 표시하도록 한다.

④ 요소 4: 신체건강 문제

사회복지사는 클라이언트의 사회적 역할 수행과 환경에 관한 문제를 살펴보고, 문제를 지속시킬 수 있는 현재의 신체장애 혹은 상태를 표시하도록 한다. 사회복지사는 이미 있는 신체적 문제를 정규적으로 질문하고, 그 질문의 결과를 요소 4에 기록해야 한다.

2. 일반체계이론(general system)

중요도 ★

주요 특징을 파악하는 문제도 출제되곤 하지만, 주요 개념에 관한 문제들도 등장한다. '개방체계=네겐트로피', '폐쇄체계 = 엔트로피'임을 기억하고, 항상성, 홀론, 동등종결, 다중종결 등 주요 개념들은 <인간행동과 사회환경>에서 공부한 내용을 바탕으로 다시 한 번 정리해두자.

(1) 특징[8)]

- 유기체와 환경 간의 체계적인 상호작용, 상호 관련성에 대해서 전체성, 상호성, 개방성의 개념으로 설명하고 분석하려는 이론이다.
- 생물학자인 버틀란피(Bertalanffy)가 1940년대에 처음 제시한 후 1960년대부터 주목을 받았다.
- 체계를 구성하는 요소들의 속성과 이들 간의 상호작용의 속성을 이해하고, 복잡한 체계의 관계 속성 또는 체계 내부에서 이루어지는 상호작용의 특성을 파악하기 위해서 개발된 이론이다.

(2) 인간과 환경에 대한 관점

- 개인과 환경을 원인과 결과라는 인과적 관점에서 보는 것이 아니라 두 체계를 상호보완적인 전체로 파악하여 인간과 환경 간의 상호작용, 개인과 체계가 효율적으로 기능할 수 있게 하는 데 관심을 둔다.
- 기본적으로 체계이론에서는 인간과 환경을 단선적인 관계가 아니라 상호적인 관계로 본다. 어느 한쪽이 다른 쪽에 일방적인 영향을 주는 것이 아니라 양자가 서로 영향을 미치는 순환적인 관계로 형성된 전체로 보는 것이다.

(3) 체계의 개념과 기본적 속성

① 개념

- 체계란 상호 의존적이고 상호작용하는 부분으로 구성된 전체이다.
- 체계는 목적이 지향하는 바에 따라서 항상성과 규칙을 유지하면서 끊임없이 변화한다.

② 체계의 구분

- 대상체계: 분석의 대상이 되는 체계이다.
- 상위체계: 대상체계 외부에 있고 그 체계에 기능적으로 영향을 미치는 체계이다.
- 하위체계: 이차적이고 종속적인 체계로 큰 체계 속에 있는 더 작은 체계이다.

③ 체계의 기본적 속성

- 조직화(organization): 체계를 구성하는 부분과 요소들은 서로 연결되어 관계가 있다.

- 상호인과성(mutual causality): 체계의 한 부분에서 발생한 것은 직·간접적으로 다른 부분에 영향을 미친다.
- 항구성(constancy): 체계는 지속적인 속성을 지니고 있다.
- 공간성(spatiality): 체계는 물리적인 공간을 차지하고 있으며 관찰 가능하다.

(4) 주요 개념 꼭!

① 경계

- 경계란 체계 내부와 외부, 한 체계와 다른 체계를 구분할 수 있는 테두리를 말한다.
- 경계를 형성하는 요인은 에너지의 교류, 상호작용, 규칙 등이다.
- 건전한 체계는 반투과성 경계를 잘 유지한다.

② 폐쇄체계(closed system)

- 환경과의 상호작용이 없고 자신의 경계 내에서만 작용하는 체계, 즉 외부와 단절된 체계를 폐쇄체계라고 한다.
- 경직된 경계를 가지며, 변화를 회피하며, 환류가 일어나기 어렵다.
- 외부세계와의 에너지 교환이 결핍되어 투입이 불충분해지므로 역기능적이 되며 조직과 기능이 상실되거나 해체되는 경향이 있다(엔트로피).

③ 개방체계(open system)

- 외부로부터 그리고 외부를 향한 정보 흐름의 수준이 높은 체계, 즉 투과성이 높은 체계를 개방체계라고 한다.
- 개방성이 높을수록 체계는 변화 가능성이 높고, 새로운 경험에 잘 적응할 수 있다.
- 환경과 상호작용을 하면서도, 그 경계는 그 요소들 간의 통합이나 전체성을 지키면서 발전을 추진한다(네겐트로피).

엔트로피와 네겐트로피

엔트로피	네겐트로피
• 체계가 쇠퇴 내지는 해체되는 경향성을 의미한다. • 폐쇄체계는 자원 부족 등의 문제발생에 대해 대처하지 못하기 때문에 엔트로피 상태가 지속되면 조직은 소멸된다.	• 체계가 성장하고 발달하는 방향으로 진행하는 과정을 의미한다. • 개방체계에서 체계의 조직과 질서를 유지시키는 힘, 조직이 살아 움직이며 발달하게 하는 힘이 작용하고 있는 상태를 말한다.

④ 위계

- 체계의 부분은 여러 방식으로 서로 연결되어 있다.
- 모든 체계의 기본단위는 활동이나 에너지 기능을 위해 그 상위체계에 의존하며 상위체계는 하위체계에 방향을 제시해주어야 하는데, 하위체계와 상위체계 사이의 이러한 관계를 위계라고 한다.

⑤ 홀론(holon)

특정 체계는 그 체계를 구성하는 작은 체계보다는 큰 상위체계이고, 그 체계를 둘러싼 더 큰 체계의 하위체계가 된다는 현상이다.

예 인간은 주변환경과의 관계에서는 환경체계의 일부분이지만, 인간을 구성하는 신체, 생물학적 체계, 인식체계 등의 하위체계들을 통합하는 전체 혹은 상위체계이다.

⑥ 균형(평형상태, equilibrium)

체계의 구조 변화가 거의 일어나지 않으며, 체계 내의 상호작용(수평적 상호작용)만 일어나는 상태이다. 주로 폐쇄체계에서 나타난다.

⑦ 항상성(homeostasis)

환경과 상호작용하면서 비교적 안정된 구조를 '유지'하려는 체계의 속성을 말한다. 주로 개방체계에서 나타나는 균형상태이다.

⑧ 안정상태(steady state)

체계의 붕괴를 막기 위해 환경과의 상호작용 과정에서 새로운 에너지를 받아들여 체계의 내부구조를 성공적으로 '변화'시켜 가면서 기존과는 다른 차원에서 얻어지는 체계의 균형상태이다. 항상성보다 더 개방적이고 역동적이다.

⑨ 투입(input), 전환(through-put), 산출(output), 환류(feedback)

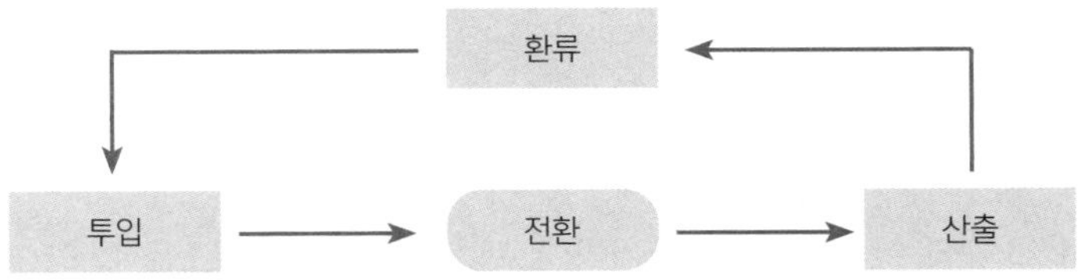

- 투입: 체계가 환경으로부터 받아들이는 에너지, 사물, 정보 등을 말한다. 생물학적 · 심리사회적 생존과 성장은 투입과정을 통해서 보장받는다.
- 전환: 투입체계는 체계 내부로 입수되고 나면 영향을 받고 변형되며 규제받고 체계의 기능 수행을 위해 활용되는데 이렇게 투입체계가 활용되는 단

계를 전환이라고 한다. 즉, 투입물을 처리하여 체계의 기능 유지에 필요한 형태로 전환하는 작용이다.

- 산출: 전환의 단계를 거치는 이러한 처리과정이 시작되면 체계는 적극적으로 환경에 반응하는데 이를 산출이라 부르며, 이 같은 반응은 환경에 직접적으로 영향을 미친다. 즉, 전환활동을 통해 나타난 결과물이 체계 밖으로 나타난 것이다.
- 환류: 행동을 취한 체계에게 행동의 결과를 알려주는 것을 환류라고 한다. 환류를 통해 새로운 행위를 만들어 내거나 기존의 행위를 수정한다. 환류는 체계의 평형을 유지하거나 변화를 촉진시켜 체계를 혼란시키는 작용을 하며 정적 환류 및 부적 환류로 구분된다.

⑩ 동귀결성(=동일 결과성, 동등종결, equifinality)

- "다양한 출발에서 시작해서 동일한 결과에 이른다"는 뜻이다.
- 체계들의 초기상황이 서로 다르더라도 그 체계들이 개방되어 있어 주변의 체계들과 목적지향적인 교류를 하면 결국 동일한 상태 또는 목적을 이끌어 낼 수 있는 것이다.
- 체계들이 개방되어 있어 서로 교류를 하고 있을 경우 동일한 목적을 달성하는 방법은 여러 가지가 있을 수 있다는 것을 의미한다.

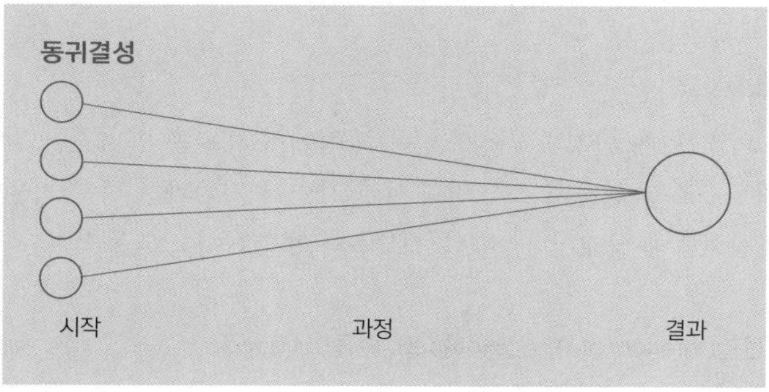

⑪ 다중귀결성(=다중종결, multifinality)

- "똑같은 출발에서 다양한 결과에 이른다"는 뜻이다.
- 유사한 상황에 있는 체계라 할지라도 체계 내의 구성요소들 간의 상호작용 양상, 또는 체계들과의 상호작용 양상과 특성이 다르면 최종상태도 서로 달라질 수 있음을 나타낸다.
- 한 가지 원인이 여러 결과를 유발할 수 있다는 개념이다. 따라서 유사한 문제를 갖고 있는 클라이언트라 하더라도 문제의 종결상태가 모두 동일하지는 않음을 의미한다.

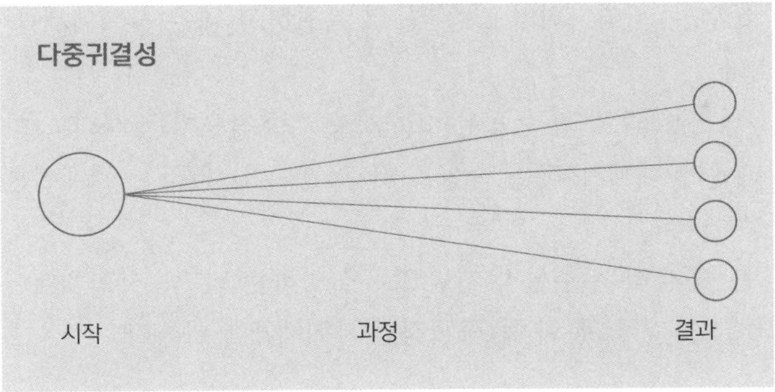

(5) 일반체계이론에 대한 평가

① 일반체계이론이 사회복지실천에 공헌한 내용[9]

- 인간행동을 이해함에 있어 단선적 인과관계 관점의 의료적 모델에서 다원론적 관점으로 전환시킨 점에 기여하였다.
- 직선적인 인과관계모델로부터 탈피하여 순환적 인과관계로 전환하게 하였고, 총체성(holism)을 강조하는 체계적 사고를 강조함으로써 사회복지실천이 클라이언트와 체계들 간의 상호작용을 향상하도록 하였다.
- 한 가지의 문제 발생에는 다양한 요소들이 관여된다는 점을 고려하게 하였다.
- 인간이 상호작용하는 많은 체계를 고려하게 하여 사회복지실천의 사정과 개입영역을 확대시켰다.

② 일반체계이론을 사회복지 분야에 통합하는 데 있어서의 어려움 및 한계

- 체계이론이 너무 추상적인 차원에서 개념화되었다.
- 다양한 관점과 해석 때문에 체계에 대한 설명이 혼란스럽다.
- 사용된 언어의 의미가 너무 다양하여 혼란을 초래할 수 있다.
- 변화에 대한 저항을 역기능이나 병리의 근원으로 보았다.

3. 사회체계이론(social system theory)

(1) 사회체계이론

① 사회체계이론의 개념

- 모든 조직수준과 인간결사체 등 사회체계에 체계론적 관점을 적용한 이론으로서 인간행동에 영향을 미치는 다양한 체계 수준, 즉 개인, 가족과 조직

잠깐!

사회체계

- 우리가 살고 있는 사회환경 내에 존재하는 다양한 형태의 인간 공동체에 적용할 수 있는 사회조직
- 가족, 집단, 조직, 지역사회 등

을 포함하는 소집단, 지역사회와 같은 좀 더 복잡하고 넓은 사회체계를 설명하는 이론이다.

- 사람들이 공동의 장소와 문화를 공유하고 서로 상호작용하는 사회도 하나의 체계이기 때문에 체계가 갖는 속성을 갖고 있으며, 따라서 체계이론으로 설명이 가능하다.
- 일반체계이론이 '체계'라는 추상적 개념으로 설명하는 반면, 사회체계이론은 가족, 조직, 지역사회, 문화 등 구체적인 사회체계를 다룬다.

② 사회체계이론의 인간관

- 사회체계이론에서는 인간을 외부체계와 끊임없이 상호작용하며 상호의존적인 역동적 사회체계의 일부로 본다.
- 인간은 자신의 욕구를 충족하기 위해 환경에 영향을 줄 수 있으며 환경의 요구에 적절하게 자신의 행동을 수정할 수 있는 능력을 가진 존재이다.
- 인간과 사회체계들은 서로 상호작용하며 각각의 체계들은 성장을 위하여 다른 체계를 필요로 하는 공생적 관계이다.

잠깐!

4체계모델과 6체계모델에 대해서는 이 장의 '[03] 사회복지실천의 통합적 접근'에서 자세히 다루고 있다.

(2) 사회체계이론 발달의 배경

- 사회복지 분야에서는 일반체계이론을 도입하여 4체계이론이나 6체계이론 등이 발달되었고, 사회학 분야에서는 파슨즈(Parsons)와 같은 사회학자에 의해 사회체계이론이 발달했다.
- 사회복지 분야에서는 기존 사회복지이론들이 '환경 속의 인간'이라는 개념을 충분히 설명하지 못했기 때문에 '환경 속의 인간'이란 개념을 더 명확히 설명해줄 수 있는 이론에 대한 관심이 증가했다.
- 일반체계이론을 사회복지실천에 적용하여 체계 간 상호작용 등을 설명하려 했는데 일반체계이론은 추상적이고 실천적 적용에 어려움이 있기 때문에 인간사회의 심리적 · 사회적 구조와의 관계를 설명하는 사회체계이론이 발달했다.

중요도 ★

주로 생태체계적 관점의 특징을 파악하는 문제가 출제되고 있다. 체계이론을 토대로 한 통합적 접근이라는 점, 맥락적 사고, 환경과의 상호작용 등을 비롯해서 클라이언트의 문제를 역기능이나 병리적 현상으로 보는 것이 아니라 환경과의 낮은 적합성에 기인한 것으로 본다는 점은 기억해두자.

4. 생태체계관점

(1) 생태체계관점의 구성: 생태학 + 일반체계이론

- 생태체계관점은 일반체계이론(체계적 관점)과 생태학 이론(생태적 관점)이 결합된 것이다.
- 생태체계관점은 일반체계이론의 주요 개념들을 그대로 받아들이면서, 그

이론이 가지는 한계점을 극복하기 위해 생태학적 관점을 도입하였다. 생태체계관점은 유기체들이 어떻게 상호적응 상태를 이루고 그들이 어떻게 상호적응해 가는가에 초점을 두며, 인간과 인간의 주변환경 간의 상호작용, 상호의존성 또는 역동적 교류와 적응을 설명한다.

- 브론펜브레너는 인간발달과정을 분석하는 가운데 체계론적 관점을 확대하여 '생태적 체계'라는 용어를 사용하였기에, 그의 이론을 생태학적 이론 혹은 생태학적 모델이라고 한다.
- 저메인과 기터만이 생활모델(life model)이라는 사회복지실천모델을 제시하는 가운데 생태체계모델(eco-system model)이라는 개념을 사용하면서 생태체계관점이 사회복지실천에 자리잡게 되었다.

잠깐!

생태체계이론과 생태체계적 관점이라는 용어는 같은 맥락에서 혼용되어 사용되는데 둘은 하나의 이론이라기보다는 다양한 이론들과 결합할 수 있는 '시각' 혹은 '관점'의 개념으로 이해할 수 있다. 체계적 관점 혹은 체계이론 역시 마찬가지이다.

한걸음 더

생태학

생태(生態, a mode of life)란 생물과 환경의 관계에 있어서 생활상태 혹은 개인이나 유기체가 경험하거나 혹은 개인과 직접 · 간접으로 연결되어 있는 환경적 상황을 말한다.

생태학(ecology)은 생물학의 한 분과로서 생물과 환경 사이의 상호작용을 연구하는 학문이다. 유기체들이 어떻게 환경을 활용하며 그것을 파괴하지 않고 자신의 요구에 맞게 변형시킴으로써 자신을 유지하는가, 그리고 이러한 적응과정에서 환경의 다양성을 어떻게 증진시키며, 생명을 지지하는 환경의 속성을 어떻게 향상시키는가를 이해하고자 하는 학문이다. 즉, 유기체와 환경 간의 적응적합성과 유기체의 역동적 균형이 유지되는 방식을 연구하는 학문이다.

생태체계관점의 구성

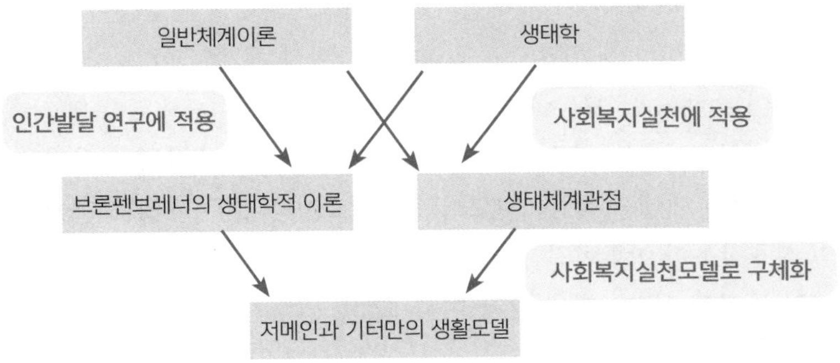

(2) 생태학적 이론

① 브론펜브레너와 생태학적 이론

브론펜브레너(Bronfenbrenner)는 러시아에서 태어났으며 6세에 미국으로 건너가 발달심리학으로 박사학위를 받고 코넬대학교의 교수로 재직하였다.

브론펜브레너는 아동에 대한 이해가 사회문화적 맥락에서 이해되어야 한다는 관점을 강조하였고, 인간에 대한 이해는 인위적인 실험실 연구가 아닌 인간을 둘러싼 실제 삶의 맥락 내에서 연구되어야 한다고 주장하면서 인간이 환경과 어떻게 관계되어 있는지를 이해하는 방법으로 인간발달의 생태학을 개념화하였는데, 그의 이론을 생태학적 이론 혹은 생태학적 모델이라고 한다.

② 생태학적 이론과 생태적 체계

- 인간발달은 유전적 요소, 가족의 역사, 사회경제적 수준, 가족생활의 질, 문화적인 배경 같은 요인들과 관련되기 때문에 인간을 이해하기 위해서는 생태학의 관점에서 이해해야 한다. 인위적인 실험실 연구가 아닌 인간을 둘러싼 실제 삶의 맥락 내에서 인간이 이해되고 연구되어야 한다는 브론펜브레너의 주장과 같이, 인간발달에 대해 생태적 접근을 취하면서 체계이론을 확대한 것이 생태학적 이론이다.
- 브론펜브레너는 인간발달과정을 분석하는 가운데 체계론적 관점을 확대하여 '생태적 체계'라는 용어를 사용하였고, 인간을 둘러싸고 있는 생태학적 환경을 가장 가까운 것에서부터 가장 먼 것에 이르기까지 네 개의 구조체계로 구분하였으며, 이후 시간체계를 추가하였다.

(3) 생태적 체계의 구성

① 미시체계(micro system)

- 개인 혹은 인간이 속한 가장 직접적인 사회적 · 물리적 환경들이다.
- 인간은 넓은 의미에서 생리적 · 심리적 · 사회적 체계의 한 형태이며, 이러한 인간이 속해 있는 모든 체계는 상호작용한다.
- 인간과 직접적이고 대면적인 상호작용을 함으로써 인간에게 영향력을 미치며, 미시체계 내에서 아동과 부모, 또래, 교사와 같은 요인들 간에는 직접적인 상호작용이 이루어진다.
- 개인의 특성과 성장시기에 따라 미시체계가 달라진다. 예를 들어, 어릴 때는 가족이 가장 중요하지만 청소년기에는 또래집단이 더 큰 영향을 미칠 수 있다.

예 아동의 입장에서 부모, 친구, 학교 등

② 중간체계(mezzo system)

- 두 가지 이상의 미시체계들 간의 관계 혹은 특정한 시점에서 미시체계들 간의 상호작용을 의미한다.

- 가족, 직장, 여러 사교집단 등 소집단 혹은 가족과 같은 개인을 둘러싸고 있는 두 가지 이상의 환경에서 일어나는 과정과 연결성을 말한다.

예 아동의 입장에서 학교(교사)와 가정(부모) 간의 관계, 형제간의 관계, 가정과 또래집단과의 관계 등

③ 외부체계(exo system)

- 개인과 직접 상호작용하지는 않으나 미시체계에 영향을 주는 사회적 환경들을 말한다.
- 개인은 외부체계에 직접 참여하지는 않지만 이러한 환경들은 인간의 행동에 여러 가지 영향을 미친다. 예를 들어, 어머니의 취업 여부에 따라 아동의 생활패턴이 달라지는 것도 외부체계의 영향이라고 할 수 있다.

예 형제의 학교, 부모의 직장, 대중매체, 정부기관, 교통통신시설, 문화시설 등

잠깐!

외부체계

- 직접 참여하고 있지 않지만, 개인의 발달에 영향을 주는 환경체계
- 두 가지 이상의 환경 사이에서 일어남. 최소 한 가지는 개인을 직접 둘러싼 체계가 아님

④ 거시체계(macro system)

- 개인이 속한 사회의 이념이나 제도의 일반적인 형태 혹은 개인에게 영향을 미치는 환경요소를 말한다. 미시체계, 중간체계, 외부체계에 포함된 모든 요소뿐만 아니라 개인이 살고 있는 문화적 환경까지 포함한다.
- 개인의 생활에 직접적으로 개입하지는 않지만 간접적으로도 강한 영향력을 발휘하며, 하위체계에 대한 지지기반과 가치준거를 제공해준다.
- 개별 미시체계(개인)는 사회환경 속에서 상호작용하는 거시체계의 영향을 지속적으로 받는다.
- 사회복지실천에서 거시적 접근은 사회 전반을 개선하고 바꾸는 일에 참여하는 것이다.

예 정치, 경제, 사회, 법·제도, 문화, 관습 등

⑤ 시간체계

- 브론펜브레너가 처음 발표한 생태학적 모델에는 포함되어 있지 않았으나 생태학적 관점에서 아동을 설명하는 데 필요한 체계로 간주되어 후에 새롭게 포함되었다.
- 개인의 전 생애에 걸쳐 일어나는 변화와 역사적인 환경을 포함한다.
- 어떤 시대에 출생하여 성장했는지에 따라서 개인은 발달과 삶에 큰 영향을 받는다. 부모, 가족, 친구, 학교 등 개인을 둘러싼 미시체계에서부터 문화, 관습, 이념 등의 거시체계에 이르기까지 모든 생태체계는 개인에게 영향을 미치며, 이러한 생태환경은 과거, 현재, 미래의 시간체계의 변화 속에서 작용한다.

예 가족제도의 변화, 결혼관의 변화, 직업관의 변화 등

생태체계의 예

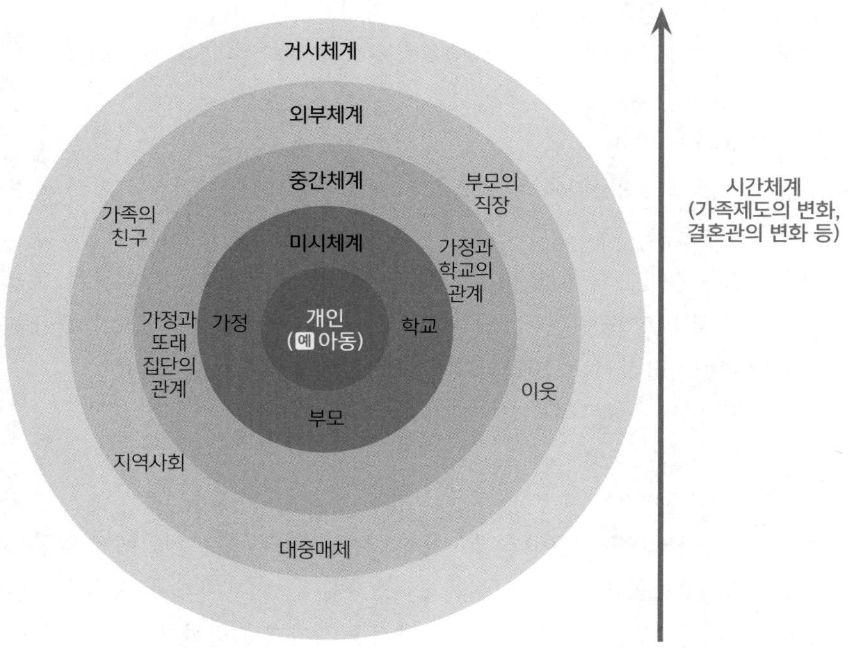

생태체계관점

주요 특징	• 상황 속에서 인간의 다양한 변화 가능성을 제시 • 클라이언트체계의 강점을 강조 • 현재 행동을 '상황 속의 개인'의 편안한 적합성으로 설명 • 인간과 환경은 분리된 것이 아니라 상호 간에 지속적 교류를 하면서 존재함
문제(problem)를 정의하는 시각	병리적 상태가 반영된 것이 '문제(problem)'라고 보지 않고 주위 사람, 사물, 장소, 조직, 정보 등을 포함하는 생태체계의 여러 요인 간의 상호작용의 결과로 문제가 발생한다고 봄
클라이언트가 겪는 '어려움'의 근원	생활상의 변천, 발달상의 문제, 지위나 역할의 변화, 위기, 클라이언트에 대한 반응이 부적절한 환경상의 어려움, 대인관계상의 어려움
기본가정	• 환경과의 상호작용 능력은 인간의 타고난 능력 • 개인과 환경은 단일한 체계 • 환경에 대해 개인이 갖는 주관적 의미가 중요함 • 생활상의 문제는 전체적인 생활공간에서 파악해야 함
개입방법	특정한 개입방법이 없으며 통합적 방법을 권장함
개입의 초점	개인, 환경, 개인과 환경 간의 상호교류 작용
'환경'의 개념	사회적, 물리적, 문화적 환경
사회복지사의 역할	조력자, 교사, 촉진자, 중재자, 옹호자, 역량강화자, 자문가 등
주요 개념	적응, 적응적합성, 스트레스, 생활공간, 환경, 상호교류 등

(4) 생태체계관점의 특징[10] 꼭!

- 생태체계관점은 인간의 심리적 과정이 생물학적 · 대인 관계적 · 문화적 · 경제적 · 조직학적 · 정치적인 요인 사이의 복잡한 상호작용의 발현이며, 이러한 요인들은 상호작용하면서 일생을 통해서 인간행동에 영향을 미친다고 설명한다.
- 유기체가 환경 속에서 어떻게 역학적인 평형 상태를 유지하고 성장해 가는지에 관심을 두는데, 인간과 환경의 상호작용 방법에 대한 실천가의 관점을 중시한다.
- 개인과 환경은 특정 상황 속에서 지속적으로 영향을 주고받는 관계의 측면에서 이해되어야 함을 강조하기 때문에, 개인의 가족에서부터 더 넓은 사회적 환경에 이르기까지 환경의 다양한 측면들이 어떻게 인간의 발달에 영향을 미치는지 설명한다.
- 개인과 환경 간의 적합성과 상호교류, 적응 등을 지지하는 요소와 방해하는 요소는 무엇인지에 주목한다.
- 역기능을 적응적이거나 합리적인 것으로 개념화하며, 클라이언트체계의 강점을 강조한다.
- 개인의 대처능력 강화와 개인에게 영향을 주는 환경 모두를 강조하며, 개인과 그를 둘러싸고 있는 다양한 제도, 체계 간의 상호작용을 이해할 수 있는 개념적 틀을 제공한다.
- 이 관점에서 '문제(problem)'는 클라이언트의 병리적 상태를 말하는 것이 아니다. 클라이언트의 주변 사람, 사물, 장소, 조직, 정보 등이 포함된 생태체계의 여러 요인들 사이에서 일어나는 상호작용의 결과로서 문제를 파악한다.
- 개인은 개인의 발달단계에 따른 과업, 지위, 역할의 변화, 위기발생 등의 생활상의 변천(life transition), 환경상의 과도한 압력, 클라이언트 행동에 대한 부적절한 반응, 대인관계상의 문제에 어려움을 겪게 된다고 본다.

(5) 생태체계관점의 기본가정[11]

- 환경과 상호작용하고 다른 사람과 관계를 맺는 인간의 능력은 타고난 것이다.
- 유전적 및 생물학적 요인은 다른 환경과 상호작용한 결과로 다양한 방식으로 표출된다.
- 개인과 환경은 서로 영향을 미치는 단일한 체계, 즉 호혜적 관계를 형성한다.
- 적합성은 적응적인 개인과 지지적인 환경이 상호작용하면서 형성하는 상호적인 개인–환경 과정이다.
- 사람은 목적지향적이며 유능해지려고 노력한다. 개인이 환경에 대해 갖는

주관적 의미는 발달에 있어서 매우 중요하다.
- 자연환경과 상황 속에서 개인을 이해해야 한다.
- 성격은 개인과 환경 간에 오랜 기간 상호작용한 산물이다.
- 생활경험에서 긍정적으로 변할 수 있다.
- 생활상 문제는 전체적인 생활공간 내에서 이해해야 한다.
- 클라이언트를 돕기 위해 사회복지사는 클라이언트의 생활공간 어디에든 개입할 준비가 되어 있어야 한다.

(6) 생태체계관점의 주요 개념

① 생활환경/거주환경

- 생활환경은 생물체가 살고 있는 장소를 가리킨다.
- 인간의 경우 특정한 문화적 배경 내의 물리적 · 사회적 상황을 의미한다.
- 생활환경이 성장과 발전에 필요한 자원으로 풍부해질 때 인간은 쉽게 번성한다.
- 생활환경에 필수자원이 부족하면 물리적 · 사회적 · 감성적 발전이나 진행 중인 기능은 해로운 영향을 받을 수도 있다.

② 상호작용/상호교류(transaction)

- 인간이 다른 환경의 사람과 의사소통하고 관계를 맺는 것을 말한다.
- 무언가를 전달하고 교환하는 것이기 때문에 활동적이고 역동적이며, 긍정적이거나 부정적일 수 있다.

③ 적응적합성/적합성(goodness of fit)

- 개인의 적응 욕구와 환경 또는 사회적 요구 사이의 조화와 균형 정도 혹은 인간이 환경과의 적응적인 조화를 이루고자 하는 활동적인 노력을 의미한다. 양자 사이의 적합도가 양호할 경우 '적응이 잘 된 상태'라고 한다.
- 인간과 환경 간 상호작용을 하면서 성취되는데 상호작용은 적응적일 수도 있고 부적응적일 수도 있다. 부적응적 교류가 계속되면 인간발달과 건강, 사회적 기능은 손상되는 반면, 적응적일 때에는 개인이 성장, 발달하며 이 때 적합성은 높아진다.

④ 적응(adaptation)

- '개인 대 환경의 적절한 결합'을 의미한다.
- '적응이 잘 된 상태'는 인간과 환경 사이에 적합도가 좋은 상태이다.

- 적응은 환경을 변화시키기 위한 노력, 개인, 자신을 변화시키기 위한 노력, 환경과 개인 모두를 변화시키기 위한 노력, 이러한 노력들의 결과로 발생한 변화에 적응하기 위한 노력 등을 모두 포함한다.
- 생태체계관점에서 적응상 문제는 병리적인 것이 아니며, 개인의 욕구와 대처가 환경의 자원이나 혹은 지지와 일치하지 못하는 것으로 본다.

⑤ 유능성(competence)

- 개인이 환경과 효과적으로 상호작용할 수 있는 능력이다.
- 유능성은 환경과 성공적인 상호작용을 경험하는 데서 형성되는 것으로 일생에 걸쳐 확대될 수 있는 능력이다.

⑥ 스트레스

- 개인과 환경 간에 상호교류하는 데 불균형이 일어나는 현상이다.
- 사람에 따라 같은 상황을 스트레스로 경험할 수도 있고, 하나의 도전으로 경험할 수도 있다.

⑦ 대처(coping)

- 적응의 한 형태로 문제를 극복하기 위해 노력하는 것을 말한다.
- 적응이 긍정적 또는 부정적인 새로운 조건에 모두 반응하는 것이라면 대처는 부정적인 경험을 다루는 방법이다.

⑧ 공유영역

두 개의 체계가 함께 공존하는 장소이다.

(7) 사회복지실천과 생태체계관점

- 생태체계관점은 환경 속의 인간을 설명할 때 개인과 환경 간의 적합성, 개인과 환경 간의 상호교류, 적응을 지지하거나 또는 방해하는 요소 등을 중요하게 여긴다.
- 사회복지실천에서는 인간과 환경적 힘 사이의 상호작용에 초점을 두게 하며 중요한 이론적 준거틀로 사용되었다.
- 생태체계관점은 개인 · 환경 간의 적합성, 개인과 환경 간의 상호교류 그리고 이러한 교류에 영향을 미치는 힘에 대한 포괄적인 실천지식을 제공해준다.

한걸음 더

체계이론 · 생태학 · 생태체계관점의 관계

1. 각 이론의 비교

각 이론들은 다양한 체계 수준에 관심이 있으며 인간과 환경 사이의 상호작용을 강조하고 체계를 하나의 전체로서 바라본다. 체계 내에서 혹은 체계들 사이에서 발생하는 스트레스와 이에 대처하는 인간의 균형에 관심을 둔다.

체계이론, 생태학, 생태체계관점의 비교

구분	성격	주요 개념	공통점
체계이론 (일반체계이론, 사회체계이론)	유기체와 환경 간의 체계적인 상호작용, 상호관련성에 대해서 전체성, 상호성, 개방성의 개념으로 설명하고 분석하려는 이론	체계, 경계, 전체성, 상호인과성	인간과 환경 간 상호작용 강조
생태학	개인적 수준에서 처리되거나 집단 내에서 유지됨	생태	
생태체계관점	유기체가 환경 속에서 어떻게 역학적인 평형 상태를 유지하고 성장해가는지에 관심	적응, 스트레스, 평형	

2. 체계적 관점과 사회복지실천과의 연관성

- 모든 체계가 유사한 관계속성을 지니고 있다는 인식에 기초해 있는 일반체계이론의 등장으로 원조전문직에서는 이전의 기계적이고 환원적인 사고에서 벗어날 수 있었다.
- 개인과 사회의 문제는 원인-결과의 관계로 해석되기보다는 상호연결된 전체로 파악된다.
- 개인과 환경은 어느 한쪽이 다른 쪽에 일방적인 영향을 끼치는 것이 아니라 양자가 모두 원인인 동시에 결과인 상호적 원인관계로 형성된 전체로 파악된다.
- 문제의 파악 및 개입의 초점을 개인 또는 환경의 어느 한곳에 두기보다는 상호작용하며 영향을 주고받는 전체에 두고 있다. 따라서 체계적 관점은 사회복지실천의 목적과 잘 부합된다고 할 수 있다.

3 사회복지실천의 통합적 접근

기출회차				
1	2	3	4	5
6	7	8	9	10
11	12	13	14	15
16	17	18	19	20
21	22			

강의로 복습하는 기출회독 시리즈

Keyword 072, 076

1. 문제해결모델[12)]

중요도 ★

문제해결모델 자체는 출제비중이 낮은 편이지만, 펄만의 4P 요소는 간간이 출제되고 있으므로 기억해두자.

(1) 문제해결모델의 기원

- 시카고대학 교수였던 펄만(Perlman, 1957)은 클라이언트의 어려움은 문제에 있는 것이 아니라 문제를 해결하는 태도에 있다고 보았는데, 인간의 삶 자체가 지속적인 문제해결과정이라고 전제하면서 사회복지실천의 변화 표적을 '문제'로 제시하였다.
- 문제해결 능력은 인간으로 하여금 환경으로부터 정보를 얻게 하고 생물학적 · 심리적 · 문화적 및 사회적 욕구들을 충족시키는 데 이 정보들을 사용하도록 한다.
- 펄만의 문제해결모델에서는 이러한 인간의 능력에 대한 믿음을 바탕으로 삶 자체를 하나의 지속적 문제해결과정으로 간주한다.
- 펄만은 사회복지실천이 클라이언트가 자신의 문제를 올바르게 평가하고 판단할 수 있도록 문제를 인식하게 하고 주어진 문제를 해결할 수 있는 능력을 향상시켜주는 과정이라고 보고 문제해결모델을 개발하였다.
- 문제해결모델은 초기에는 자아심리학, 실용주의 철학, 역할이론, 사회심리학, 문화인류학 등의 영향을 받았다. 이후 체계이론, 생태체계적 관점을 접목시키기도 했다.
- 사회복지 분야에서는 진단주의와 기능주의 두 가지의 영향을 동시에 받고 있는 절충주의의 대표작이다.

(2) 이론적 배경

① 자아심리학

- 에릭슨(Erikson)은 적극적이며 건강한 자아, 즉 자율적 자아와 외부와 건설적으로 접촉하는 갈등 없는 에너지를 강조하였다.
- 자아기능을 강조하는 자아심리학의 영향으로, 자아가 문제해결에 있어 중요한 역할을 수행하고 인성 문제의 해결을 시도하는 것으로 본다.

② 듀이의 문제해결원칙

- 듀이(J. Dewey)의 영향으로 문제해결모델의 기반이 되는 자아의 인식을 검증하고 구성하는 반성적 사고의 과정 개념과 주체적 존재로서의 인간 개념을 도출하였다.
- 반성적 사고: 외부환경이나 자신의 행위를 판단하고 결정하게 만드는 인지적 과정을 의미하는 것으로 교육이나 학습은 문제해결 과정을 습득하는 것이라고 보는 개념이다.
- 주체적 존재로서의 인간: 인간은 단순히 자극에 반응을 보이는 수동적 존재가 아니라 문제를 일으키는 스트레스를 처리하는 적극적이며 주체적인 존재로 보는 것이다.

③ 역할이론

펄만의 문제해결과 직접적인 관계가 있는 개념은 사회적 역할(social role)이다. 문제해결모델의 사회적 역할 개념은 개인의 사회적 기능을 의미하는 것으로, 개인의 전체적 사회상황을 요약해주고 개인을 사회적 단위로 바라볼 수 있게 하는 데 기여한다.

④ 기능주의와 진단주의

펄만은 사회복지실천의 역사에서 진단주의와 기능주의를 절충한 학자이다. 자아심리학(심리사회모델)의 영향을 받았고 '진단'이라는 용어를 사용하면서 스스로를 진단주의 학파라고 하기도 했지만, 현재를 강조하고 클라이언트의 동기부여를 위해 전문적 관계를 활용하고 초기-중기-종결의 단계를 구분하는 등 기능주의적 개념들을 활용하였다.

⑤ 케이스워크(개별사회사업)

케이스워크는 케이스워커라는 전문가가 사회적 부적응 등의 증상을 가진 클라이언트 및 문제에 대해 면접을 실시하여 클라이언트로 하여금 내면을 강화하게 하고 다양한 사회자원을 활용하게 하여 회복할 수 있도록 원조하는 과정이다. 콤튼과 갤러웨이는 이러한 케이스워크에서의 개념들이 집단, 조직체, 지역사회 등으로 확장되는 데 기여했다.

(3) 문제해결모델의 특징

① 문제 원인에 대한 입장

문제가 클라이언트의 인성에서 비롯되는 것이 아니라 일상생활에서의 다양한 경험에 따른 것으로 본다. 개인이 문제해결에 실패하는 것은 개인의 정신적인 결함이나 병리에 원인이 있는 것이 아니라 문제를 해결해나가는 태도가 잘못되었기 때문이다.

② 개입 목적

개입 목적은 클라이언트의 문제해결 능력을 회복시키는 것이다.

③ 클라이언트에 대한 입장

클라이언트 자신이 문제 해결자이며, 클라이언트의 자아가 중요한 역할을 한다.

④ 개입에서의 사회복지사의 역할

- 변화를 위해 클라이언트의 동기를 개방시키고, 활력을 주며, 방향성을 제시한다.
- 문제에 대처하기 위해 클라이언트의 정신적 · 감정적 · 행동적 능력을 개방시키고 반복적으로 훈련시킨다.
- 문제의 경감 또는 해결에 필요한 자원을 클라이언트가 이용할 수 있도록 원조한다.

⑤ 개입과정: 문제해결의 과정

개인과 환경 간의 상호작용에 초점을 두고 개입한다.

- 접촉단계: 문제규정 및 목표 설정하기
- 계약단계: 활동계획 수립하기
- 활동단계: 계획실행, 종결 및 평가하기

(4) 펄만의 4P이론 꼭!

- 펄만은 문제해결과정을 4P로 표현했다. 문제해결과정은 '문제(Problem)를 가지고 있는 사람(Person)이 어떤 장소(Place)에 자신의 문제를 가지고 도움을 얻기 위해 찾아오게 되며, 사회복지사는 이때 클라이언트와 문제해결 기능에 관여하게 되고, 나아가 문제해결에 필요한 자원을 보완해주는 과정(Process)'이다.
- 펄만은 이후에 전문가(Professional)와 사회적 지지나 재화, 관계 등을 제공하는 제공물(Provisions)의 개념을 추가하여 6P로 확대했다.

① 사람

- 인간의 행동에는 목적과 의미가 포함된다.

잠깐!

펄만의 4P, 6P

- 사람: 상황 속의 인간
- 문제: 클라이언트의 문제
- 장소: 사회복지기관
- 과정: 실천과정
- 전문가: 사회복지사 등
- 제공물: 사회적 지지나 재화

- 행동이 행복을 가져다 주는지의 여부는 성격구조와 관계된다.
- 성격구조와 기능은 그 사람이 경험하는 신체적 · 심리적 · 사회적 환경과의 계속적 상호작용에서 생기는 유전적 · 소질적 능력의 산물이다.
- 사람의 발달단계는 유전적 요소와 후천적 양육의 산물이며 또한 현재와 미래의 연속적인 과정 속에 존재한다.
- 사람의 행동은 지위와 사회적 역할에 대한 기대에 따라 형성되고 평가된다.

② 문제

- 문제는 개인의 사회적 기능에 민감하게 영향을 주고받는 것이다.
- 클라이언트의 문제는 다면적이고 역동적이므로, 사회복지사와 클라이언트는 문제의 한 부분을 작업단위로 선택해야 한다.
- 인간생활의 모든 문제는 연쇄반응을 일으키는 경향이 있다.
- 사람들이 당면한 문제에는 객관적 · 주관적 의미가 있다.
- 문제에는 내적 · 외적 의미가 공존하며, 그 중 어느 하나가 다른 것의 원인이 되기도 한다.

③ 장소

- 사회복지서비스가 제공되는 물리적 공간이며, 이는 사회복지기관을 의미한다.
- 사회와 사회집단의 인간복지에 대한 의지에 의해 형성된 것이다.
- 욕구충족을 위한 프로그램을 개발한다.
- 책임과 역할을 조직화 · 수행하기 위한 기구를 가지며, 일정한 지침과 절차를 가지고 체계적으로 운영한다.
- 변화를 받아들이는 적응적인 유기체이다.
- 기관의 모든 직원은 기관의 기능을 위해 말하거나 행동하며, 사회복지사는 원조과정에서 그 기관을 대표한다.

④ 과정

- 사회복지실천과정에서는 사람들의 일반적 문제해결 노력에서 일어나는 장애의 종류를 우선 검토해야 한다.
- 실천과정은 클라이언트 스스로 문제에 관계하고 대처함으로써 현재뿐 아니라 장래 생활에도 안정성을 갖게 한다.
- 문제해결에 있어 물질이나 기회를 필요로 하는 사람에게 주어야 한다.

2. 4체계모델과 6체계모델 22회 기출

중요도 ★★★

각 체계의 개념을 확인하는 단순한 형태로도 출제되었지만, 사례 속에 나타난 체계들을 구분해보는 꽤 어려운 문제도 종종 출제되어 왔다. 기본적으로 4체계와 6체계를 구분할 수 있어야 한다.

4체계와 6체계

4체계	변화매개체계, 클라이언트체계, 표적체계, 행동체계
6체계	변화매개체계, 클라이언트체계, 표적체계, 행동체계 + 전문체계, 의뢰 - 응답체계

1) 4체계모델

- 핀커스와 미나한(Pincus & Minahan, 1973)은 일반체계이론을 사회복지실천에 응용한 4체계모델을 소개하였다.
- 기존의 이분법적 사고를 뛰어넘어 사회복지사는 여러 수준의 다양한 체계들과 연결되어 일한다는 점을 강조한다. 포괄적인 관점에서 변화매개체계, 클라이언트체계, 표적체계, 행동체계로 나누어 4가지 체계가 어떻게 상호작용하는지에 관심을 둔다.

(1) 4체계의 구성 꼭!

① 변화매개체계

- 사회복지사와 사회복지사를 고용하고 있는 기관 및 조직을 의미한다.
- 변화매개인이란 계획적 변화를 목적으로 특수하게 고용된 '돕는 사람', 즉 사회복지사를 의미한다.

② 클라이언트체계

- 서비스나 도움을 필요로 하는 사람들이다.
- 도움을 요청하여 변화매개인인 사회복지사의 서비스를 제공받는 개인, 가족, 집단, 기관이나 지역사회이다.
- 변화매개체계와 계약이 이루어졌을 때 클라이언트체계가 된다.

③ 표적체계

- 변화매개인이 목표를 성취하기 위하여 영향을 주거나 변화시킬 필요가 있는 사람들이다.
- 변화되어야 할 대상이 클라이언트이거나 클라이언트의 내부체계일 때 표적체계와 클라이언트체계는 중복된다.

④ **행동체계**

- 변화매개인이 변화노력을 달성하기 위해 상호작용하는 사람들로 이웃, 가족, 전문가들이 해당된다.
- 변화매개인은 변화노력 과정에서 단계에 따라 다른 유형의 행동체계와 작업하기도 한다.

예 학교 폭력 피해자가 클라이언트인 경우 가족체계, 학교체계, 동료체계, 청소년 관련 단체 등

(2) 클라이언트체계와 표적체계의 관계 ★꼭!

① **클라이언트체계 = 표적체계**

- 클라이언트체계와 표적체계가 일치하는 경우이다.
- 클라이언트 자체가 문제해결을 위한 변화의 대상이 되거나 영향을 받게 되는 경우로서, 사회복지사는 클라이언트체계와 협력해서 일할 수도 있고, 대신해서 일할 수도 있다.

예 자신의 우울증 문제 해결을 위해 상담을 받으러 온 중년의 클라이언트

② **클라이언트체계 ≠ 표적체계**

- 클라이언트체계와 표적체계가 일치하지 않는 경우이다.
- 변화매개인이 클라이언트를 접수하여 그의 문제를 돕는 경우로서, 클라이언트의 문제해결을 위해 다른 사람이나 대상을 변화시키는 경우이다.

예 담임선생님이 비행청소년을 학교 사회복지사에게 의뢰한 경우(담임선생님–클라이언트체계, 비행청소년–표적체계), 법원의 명령으로 인지행동치료를 받으러 온 학교폭력 가해자의 경우(법원–클라이언트체계, 학교폭력 가해자–표적체계)

2) 6체계모델

콤튼과 갤러웨이(Compton & Galaway, 1994)는 사회복지실천을 구성하는 사회적 체계를 6가지로 나누었는데 이는 핀커스와 미나한이 제시한 변화매개체계, 클라이언트체계, 표적체계, 행동체계에 전문체계와 의뢰–응답체계를 더한 것이다.

(1) 6체계의 구성 ★꼭!

① **변화매개체계**

사회복지사와 사회복지사를 고용하고 있는 기관 및 조직이다.

② 클라이언트체계

서비스의 혜택을 기대하는 사람들, 도움을 요청하여 변화매개인인 사회복지사의 서비스를 제공받는 개인, 가족, 집단, 기관이나 지역사회이다.

③ 표적체계

변화매개인이 목표를 성취하기 위하여 영향을 주거나 변화시킬 필요가 있다고 느끼는 사람들이다.

④ 행동체계

변화매개인들이 변화노력을 달성하기 위해 상호작용하는 사람들로 이웃, 가족, 전문가 등이다.

⑤ 전문(가)체계

- 전문가 단체, 전문가를 육성하는 교육체계, 전문적 실천의 가치와 사회적 인가 등이다.
- 전문체계의 가치와 문화는 변화매개체계인 사회복지사의 행동과 사고에 영향을 준다. 사회복지사는 기관 변화, 사회 변화를 위한 옹호자 또는 대변가로서 역할을 수행할 때 전문체계를 이용하는 경우가 많다.

⑥ 의뢰-응답체계

의뢰-응답체계는 클라이언트가 다른 사람의 요청이나 법원, 경찰 등에 의해 강제로 사회복지기관에 오는 경우, 일반 클라이언트체계와 구별하기 위해 사용된다.

- 의뢰체계: 서비스를 요청한 사람이다.
- 응답(의뢰대상자)체계: 법원이나 경찰, 외부 전문가 등의 요청으로 서비스 기관으로 오게 된 체계이다.

잠깐!

이후에 콤튼과 갤러웨이(1999)는 의뢰-응답체계도 클라이언트체계로 보는 것이 타당하다고 설명하면서 이를 제외한 5가지 체계로 다시 제시한 바 있다.

3. 생활모델(life model)[13]

(1) 등장배경

1970년대 사회변화의 요구에 직면하여 사회복지분야의 책임에 대한 직접실천분야의 저항의 문제와 일반전문직의 실천분야의 확장의 문제가 대두되었다. 이에 대한 반응으로 저메인과 기터만이 생태체계관점을 사회복지실천 분야에 도입하여 생활모델(life model)을 개발하였다.

(2) 개념

- 생활모델은 인간과 환경의 상호작용에 초점을 두고 개인, 집단, 지역사회 등 제반 체계에 개입할 수 있는 실천원칙과 기술을 통합한 모델로서 생활과정 안에서 문제를 해결해 나가도록 하는 실천모델이다.
- 생활과정에서 사람의 강점, 건강을 향한 선천적인 지향, 지속적인 성장, 잠재력의 방출과 환경의 수정 및 최대한의 안녕을 유지하고 촉진시키며, 개인 · 가족 · 집단 · 지역사회에서의 인간과 환경과의 조화 수준 증대 등에 역점을 두는 실천모델이다. 따라서 개인의 병리나 결함을 교정하는 치료에 초점을 두는 접근과 차이가 있다.
- 생활모델의 개입목표는 개인과 그 외 환경 특성, 인간의 욕구와 환경자원 간의 적응수준을 향상시키는 것이다.

(3) 특징

- 클라이언트의 다양성 존중: 클라이언트의 사회경제적 지위, 종교, 성, 연령 등을 있는 그대로 수용하고 존중한다.
- 클라이언트와 사회복지사의 동반자적 관계 강조: 클라이언트는 자신의 삶에 대해 전문가라고 보며, 클라이언트와 사회복지사의 관계를 동반자적 관계로 본다.
- 통합된 양식과 방법 및 기술 사용: 인간과 환경의 상호작용에 초점을 두고 개인, 집단, 지역사회 등 제반 체계에 개입할 수 있도록 실천원칙과 기술을 통합한다.
- 개인과 집단의 강점을 강조: 생활에서 발생하는 스트레스 같은 고통스러운 문제들은 인간-환경 사이의 적응적 교류의 균형이 깨어지면서 발생하는 것이기 때문에 개인과 집단이 잠재능력을 발휘하고 환경의 긴장 요인을 줄여 성장과 촉진적 교류를 회복하고자 한다.

(4) 생활상의 문제들

생활모델은 문제를 생태체계 요소들 간 상호작용의 결과라고 본다. 문제는 클라이언트의 성격장애가 아니라 스트레스를 만들어내는 생활상의 문제로 정의된다. 인간과 환경의 복잡한 상호교류에서 적응균형에 혼란이 나타나고 이러한 혼란은 긴장(stress)을 초래한다. 긴장은 3가지 상호 관련된 생활영역에서 일어나는데, 그것은 생활변천, 환경의 압박, 대인관계상의 문제들이다.

- 생활변천: 사춘기처럼 발달상의 변화, 부모가 되는 것처럼 지위와 역할의 변화, 사랑하는 사람을 잃은 경우처럼 위기에 의한 변화가 속한다.
- 환경의 압박: 사회적 환경, 물리적 환경이 서로 영향을 주고받는 통합적 체

계에서 오는 문제이다. 사회의 기회구조가 성, 인종, 계급 등에 의해 차별적으로 구성되어 있거나, 물리적 장소가 인간에게 적합하지 않은 경우 등이 이에 속한다.

- 대인관계 문제: 가족과 집단이 의사소통과 대인관계에서 비롯된 장애에 부딪칠 수 있다.

4. 단일화모델(unitary model)

- 단일화모델은 통합적 방법론의 대표적 모델로서 사회체계모델, 사회학습모델, 과정모델 등을 결합하여 골드스타인이 체계화하였다.
- 골드스타인은 과정모델을 조사와 평가, 의뢰와 중재 및 평가적 전략이라 하며, 사회복지실천의 여러 가지 다른 단계들, 즉 사회복지의 역할유도단계, 핵심단계 및 종결단계를 통하여 반복적으로 일어나는 것으로 설명하려고 시도하였다. 그리고 전체 과정모델을 여러 가지 표적의 형태인 개인, 가족, 집단 및 지역사회로 구분하여 구체화된 단계와 연계시켰다.
- 이 모델은 유기체로서의 개인과 역동적인 사회관계 및 양자 간의 상호관계에 초점을 둔다.
- 사회복지사의 기능에 관심을 집중시켜, 사회복지사가 자원을 확보하고 활용하는 능력으로 사회변화가 가능함을 강조한다.
- 사회학습을 개인이나 소집단 체계에 국한시키지 않고 조직이나 지역사회 등 보다 큰 체계들이 변화될 수 있음을 강조하였다.

기출회차				
1	2	3	4	5
6	7	8	9	10
11	12	13	14	15
16	17	18	19	20
21	22			

강의로 복습하는 기출회독 시리즈

Keyword 071, 075

4 강점관점 및 다문화 관점

중요도 ★★★

강점관점의 특징을 비롯해 역량강화모델의 특징, 각 단계별 과업 등이 모두 출제범위이다. 이 내용은 실천론뿐만 아니라 실천기술론에서도 종종 출제되었다. <사회복지실천기술론> 6장에서도 다시 한 번 학습하게 된다.

1. 강점관점과 역량강화모델 22회 기출

(1) 강점관점의 의미와 특성 꼭!

- 강점관점이란 모든 인간은 성장하고 변화할 능력을 이미 내면에 가지고 있고, 문제가 생겼을 때 문제를 해결할 능력과 힘을 갖고 있다고 보는 관점이다.
- 사회복지사들이 클라이언트가 가지고 있는 역량을 강화하고 힘을 원조할 때, 긍정적인 성장의 가능성이 촉진된다.
- 강점관점은 사회복지의 근본적 가치인 인본적 가치와 사회정의에 관련된 가치와 일치한다.
- 개입의 초점은 클라이언트의 문제가 아닌 가능성에 둔다.
- 클라이언트를 자기 삶의 전문가로 보아 클라이언트 체계에 대한 존중을 바탕으로 원조 활동을 진행한다.
- 더 나은 미래에 초점을 두어 현재 할 수 있는 것과 이용가능한 자원을 찾고 활용하는 것을 강조한다.
- 문제를 도전과 기회로 보아 새로운 사고와 행동이 가능하도록 한다.

(2) 역량강화(empowerment)의 정의 꼭!

- 역량강화모델은 생태체계관점과 강점관점을 이론적 기반으로 한다.
- 취약한 클라이언트 집단은 무기력하고 무력하여 필요한 환경자원을 스스로 이용하지 못하고 스트레스 상황에 효과적으로 대처하지 못한다. 역량강화란 이러한 클라이언트가 충분하게 자신의 삶을 통제할 수 있는 힘(poewr)을 갖도록 원조하는 것이다.
- 자신이 처한 상황을 스스로 개선하기 위한 행동을 취할 수 있도록 개인적 · 대인적 · 정치적 측면에서 힘을 키워나가는 과정이다.
- 클라이언트가 자기 삶에 대한 결정과 행위에 있어서 힘을 가질 수 있도록 돕는 것이다. 힘을 가진다는 것은 필요한 자원을 환경에서 얻을 수 있다는 것을 의미한다.

합격자의 한마디

임파워먼트는 사회복지사가 클라이언트를 임파워시켜 준다는 개념은 아닙니다. 사회복지사는 클라이언트가 가진 하나의 자원으로서 클라이언트가 임파워하는 과정을 도울 뿐이죠.

병리관점과 강점관점 비교

병리적 관점(Pathology)		강점관점(Strengths)
개인은 진단에 따른 증상이 있는 사람, 즉 하나의 '사례'로 규정된다.	개인	개인은 고유한 특성, 재능, 자원과 강점을 가진 독특한 존재로 규정된다.
개입 혹은 치료의 초점을 '문제'에 둔다.	초점	가능성에 초점을 둔다.
개인의 이야기는 전문가의 해석을 통해 재해석되어 증상의 진단에 활용된다. 실천가는 개인의 이야기에 회의적이다.	개인적 이야기와 실천가의 관계	개인의 이야기는 그 사람을 알기 위한 과정에 있어 필수적인 요소이다. 실천가는 그 내면으로부터 개인을 알아간다.
아동기의 외상은 성인 병리의 전조증상이거나 예측 요인이다.	아동기의 외상	아동기의 외상은 성인 병리를 예측하지 않는다. 그것은 개인을 약하게도, 강하게도 할 수 있다.
실천가가 고안한 치료계획의 실행을 따른다.	활동 내용	가족, 개인, 혹은 지역사회의 열망(바라는 것)을 따른다.
실천가는 클라이언트 삶의 전문가이다.	전문가	개인이나 가족, 혹은 지역사회, 즉 클라이언트가 전문가이다.
선택, 통제, 헌신, 개인적 발달의 가능성은 병리에 의해 제한된다.	가능성	선택, 통제, 헌신, 개인적 발달의 가능성은 열려 있다.
실천을 위한 자원은 전문가의 지식과 기술이다.	자원	실천을 위한 자원은 개인, 가족, 혹은 지역사회의 강점능력과 적응기술이다.
치료 목적은 증상과 행동, 감정과 사고, 관계의 개별적 · 사회적 결과에서 부정적인 영향을 줄이는 것이다.	치료 / 원조	원조는 삶에 대한 확신을 가지게 하고, 가치와 헌신을 발달시키며, 또는 지역사회의 멤버십을 만들거나 지역공동체를 발견하는 데 초점을 둔다.

※ 김혜영 외, 2016: 137 참고.

(3) 역량강화모델의 개입과정 ★꼭!

① **대화단계**(Dialogue Phase)

- 역량강화관계 개발하기
- 파트너십 형성, 현재 상황의 명확화, 방향 설정

② **발견단계**(Discovery Phase)

- 사정, 분석, 계획하기
- 강점의 확인, 자원의 역량 사정, 해결방안 수립

③ **발전단계**(발달단계, Development Phase)

- 실행 및 변화 안정화하기
- 자원 활성화, 기회의 확대
- 성공의 확인, 성과의 집대성

중요도 ★

주류 문화에의 동화가 아닌 존중과 공존, 문화적 민감성을 강조한다는 점은 기억해두자.

2. 다문화 사회복지실천[14)]

(1) 개념 및 특징

① 개념

사람들 사이에 존재하는 문화적 다양성과 차이점을 존중하고 원조관계에서 작용하는 문화적 요소를 인식하는 실천이다.

② 특징

- 다문화 클라이언트와의 관계형성을 위해서는 좋은 라포가 형성될 수 있도록 해야 하며, 클라이언트를 만나기 이전에 관련 지식을 살펴봐야 한다. 다만, 사회복지사는 몇 가지 지식만으로 온전히 클라이언트의 문제를 이해할 수 있는 것처럼 자만해서는 안 되며 잘 모르는 것에 대해서는 클라이언트에게 질문하는 것이 더 좋은 태도일 수 있다. 진지한 마음으로 클라이언트를 이해하고자 하는 태도를 통해 관계를 형성해나가야 한다.
- 문화적 배경이 다른 클라이언트와의 사회복지실천에 있어서는 관습의 차이나 의사소통 유형의 차이, 언어의 차이 등이 장애요인이 될 수 있다. 통역 과정에서 클라이언트의 생각이나 사실이 왜곡될 수도 있으며, 통역을 다른 가족원이 하는 경우 자신의 이야기를 있는 그대로 드러내지 못할 수도 있다는 점 등을 고려해야 한다.

한걸음 더

문화 간 의사소통의 지침(Ford)

- 상대방이 어디에서 왔는지를 이해하려고 하는 것보다 상호 이해를 위해 노력하라
- 마음을 열어라: 자신의 견해이든 다른 사람의 견해이든 여러 관점 중 하나임을 받아들여라
- 관점의 유사성에 매달리기보다 서로 다른 견해를 연결할 수 있도록 노력하라
- 한쪽을 취하기보다는 통합을 통해 합의를 추구하라
- 관계를 구성하는 각 개인에게 초점을 두기보다는 관계 그 자체에 초점을 두어라
- 의사소통을 하면서 상대에게 최대한의 긍정적 관심을 표현하는 방법을 배워라

(2) 관련 개념들

- 문화적 다양성: 다양한 민족집단이 자기 고유의 문화적 정체성을 보유하면서 사회와 공존하거나, 모든 사회구성원이 공유하는 문화를 보전하면서 다양한 민족집단의 상호작용을 표방하는 것을 말한다.
- 문화상대주의: 세계 문화의 다양성을 인정하며, 각 문화는 그 문화의 독특한 환경과 역사적 · 사회적 상황과 맥락에서 이해해야 한다는 관점이다.

- 문화다원주의: 주류 사회의 특성을 인정하면서도 문화적 다원성을 수용하는 관점이다.
- 다문화주의: 주류 사회 및 그 외의 소수 사회를 모두 동등한 자격으로 인정하는 관점이다.

합격자의 한마디

기출문제에 종종 등장하는 동화주의는 사회적 소수자들이 지배 문화 혹은 주류 문화에 순응하도록 하는 것으로 다문화 실천에서는 지양해야 하는 것입니다!

(3) 문화적 역량

- 문화적 역량은 사회복지사처럼 다양한 문화적 배경을 지닌 사람들과 함께 하게 되는 전문가들에게 요구되는 가치로, 기존의 문화적 민감성, 문화적 다양성 등의 개념에서 한발 더 나아간 보다 포괄적이고 복합적인 개념이다.
- 럼(Lum, 2005)은 문화적 역량을 "사회복지실천의 관점에서 각 문화에 내재하는 강점과 자원을 인정하면서 소수문화집단에 대해 갖고 있는 부정적 개념으로부터 근본적으로 전환함을 의미한다"고 정의하였다.
- 사회복지실천에 있어 문화적 역량을 키우기 위해서는 문화적 인식, 문화적 지식, 문화적 기술 등을 갖추어야 한다.
  - 문화적 인식은 사회복지사 자신의 문화적 배경에 대한 인식, 다른 문화의 다양성에 대한 인식, 자신의 문화와 다른 문화의 차이 및 그 차이가 실천과정에 미치는 영향(편견, 선입관 등)에 대한 인식 등을 포함한다.
  - 문화적 지식은 다양한 문화에 대한 지식, 그 문화가 만들어진 배경 및 역사에 대한 지식부터 이주민의 현실상황에 대한 지식(관련 제도, 생활상 등)을 포함한다.
  - 문화적 기술은 다른 문화에 대한 인식과 지식을 바탕으로 적절하게 개입전략을 수립하고 의사소통을 할 수 있는 능력을 말한다.

6장 사례관리

한눈에 쏙!		중요도
❶ 사례관리의 철학 및 개념	1. 사례관리의 등장배경 및 주요 특징	★★★
	2. 사례관리의 개입원칙	★★ 22회 기출
❷ 사례관리의 과정	1. 일반적인 사례관리 과정	★★★
❸ 사례관리자의 역할	1. 사례관리자의 역할	
	2. 사례관리자의 역할별 활동 내용	★★ 22회 기출

기출경향 살펴보기

이 장의 기출 포인트

사례관리의 등장배경 및 주요 특징부터 사례관리의 과정, 사례관리자의 역할까지 3문제 정도는 출제된다고 생각하고 대비해야 한다. 출제비중은 높은 편이지만 기출문제의 난이도가 높은 편은 아니라 정답률도 대체로 안정적으로 나타나는 장이다.

최근 5개년 출제 분포도

연도별 그래프

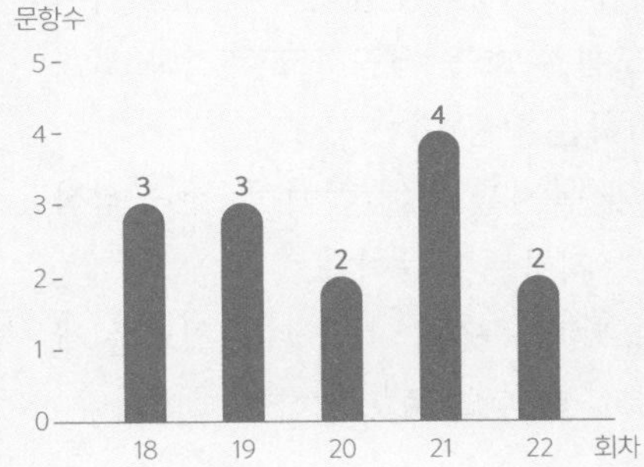

평균출제문항수

2.8 문항

2단계 학습전략

데이터의 힘을 믿으세요!
강의로 복습하는 **기출회독 시리즈**

3회독 복습과정을 통해
최신 기출경향 파악

최근 10개년 핵심 키워드

기출회독 **077**	사례관리의 등장배경 및 주요 특징	15문항
기출회독 **078**	사례관리의 과정	7문항
기출회독 **079**	사례관리자의 역할	6문항

기본개념 완성을 위한 학습자료 제공

기본개념 강의, 기본쌓기 문제, O X 퀴즈, 기출문제, 정오표, 묻고답하기, 지식창고, 보충자료 등을 **아임패스**를 통해 만나실 수 있습니다.

1 사례관리의 철학 및 개념

기출회차				
1	2	3	4	5
6	7	8	9	10
11	12	13	14	15
16	17	18	19	20
21	22			

강의로 복습하는 기출회독 시리즈

Keyword 077

중요도 ★★★

등장배경 및 주요 특징을 살펴보는 문제가 주로 출제되었는데, 등장배경, 주요 특징, 목적 등이 모두 연결되는 내용이므로 차근차근 읽어보기 바란다.

보충자료

일반주의 접근과 사례관리

1. 사례관리의 등장배경 및 주요 특징

(1) 사례관리의 정의

- 사례관리란 대인서비스 실천의 다양한 분야에서 복합적인 욕구를 가진 클라이언트들의 욕구를 사정한 후 욕구들을 충족시키기 위한 적절한 서비스나 기회 또는 급여를 확인하고 포괄적인 서비스 계획을 개발하며 각종 서비스에 대한 클라이언트의 접근이 용이하도록 옹호를 제공하고 적절하고 효과적인 서비스의 전달을 점검하거나 평가하는 활동이다.
- 복합적인 욕구를 가진 사람들의 기능화와 복지를 위해 공식적 · 비공식적 지원과 활동의 네트워크를 조직 · 조정 · 유지하는 활동이다.
- 사회기능상의 문제를 가진 개인의 기능 회복 및 증진을 초래할 수 있도록 개인과 주변환경을 변화시키는 데 지속적이고 통합적으로 개입하는 방법이다.

(2) 사례관리의 등장배경 ★꼭!

① 탈시설화의 영향

- 수용시설의 폐쇄성이 지적되면서 장애인들이 가정과 지역사회에서 거주하며 서비스를 받을 수 있어야 한다는 탈시설화 운동이 정상화 이념에 기초하여 전개되었다.
- 탈시설화 정책의 영향으로 한꺼번에 많은 수의 클라이언트들이 지역사회에 거주하게 되었고 스스로 관리가 어려운 중증 정신장애인들은 흩어져 있는 여러 종류의 서비스에 각각 접근하는 것이 불가능했고 지역사회 내에서 제대로 관리와 보호를 받지 못하였다. 따라서 지역사회에 흩어져 있는 서비스를 통합적으로 제공하는 서비스관리체계가 필요했다.

한걸음 더

탈시설화가 등장하게 된 배경

고프만(Goffman, 1961)은 대규모 시설이 수용자들을 외부생활로부터 차단 · 격리하여 강제적으로 규격화되고 통제된 생활을 하게 함으로써 개인의 개별성을 말살시킬 뿐만 아니라 끊임없는 자기 비하와 굴욕감을 겪게 한다고 보았고, 바턴(Barton, 1959)은 시설에서 생활하는 시간이 길어질수록 시설에서의 경험으로 인해 행동이 변화하게 되고 이는 재활이나 퇴소를 더욱 어렵게 만드는 주요 원인이 된다고 주장했다. 이후 지역사회 안에서 진료 및 재활체계를 수립하는 지역사회 정신건강운동(Community Mental Health Movement)이 태동하게 되었고, 탈시설화 운동이 전개되었다.

② 민영화 및 지방분권화의 영향

- 서비스전달체계가 공공부문에서 민간부문으로 이양되면서 다양한 서비스 간 조정을 담당할 역할장치가 없어지게 되었다. 따라서 서비스 중복을 막기 위해 조정하고 연계하는 기능이 필요했다.
- 1980년대 미국은 신보수주의에 따른 민영화 정책으로 사회서비스가 중앙정부에서 지방정부 중심으로 이동하게 되었는데, 이 과정에서 서비스를 통합적으로 제공할 장치가 마련되지 못했다. 이로 인해 분산되고 단편화된 서비스를 조직화하고 통합하여 클라이언트의 욕구를 충족시킴으로써 지방분권화에 따른 부정적 측면을 해소하기 위해 사례관리가 등장하게 되었다.

③ 클라이언트와 그 가족에게 부과되는 과도한 책임

지역사회 내에 이용할 수 있는 자원이 열악해서 클라이언트의 가족들은 보호부담을 느꼈고, 따라서 클라이언트와 그 가족들이 자원을 개발하고 연결할 수 있도록 돕는 서비스 기능이 필요해졌다.

④ 복합적인 문제와 욕구를 가진 클라이언트의 증가

- 기존의 서비스는 특정 서비스를 한정된 범위에서 특정 인구에게 제공되는 형태로 이루어졌기 때문에 서비스가 단편적이고 세분화되어 있어 복합적인 문제와 욕구를 가진 클라이언트의 욕구를 충족시키기 어려웠다.
- 다양하고 복합적인 문제와 욕구를 가진 클라이언트가 증가하면서 지역사회에 적응하는 데 필요한 서비스를 조직하고 욕구를 충족시킬 수 있는 활동이 필요했다.

⑤ 서비스 비용 억제와 서비스 전달의 효과 극대화 필요

- 사회복지서비스에 대한 정부의 개입 역할이 점차 지방자치단체와 민간기관으로 이양되는 경향에 따라, 대규모 시설의 고비용 서비스를 줄이기 위해

합격자의 한마디

지방분권화와 민영화도 사례관리의 발달에 영향을 미쳤다! 지방분권화와 민영화가 진행되는 과정에서 국가의 중앙집권적 서비스가 분산됨에 따라 이를 통합적으로 조정하고 관리해야 할 필요성이 제기되면서 사례관리가 촉진된 것입니다.

불필요한 시설 입소를 배제하고, 비용효과가 높은 서비스를 중심으로 지역에서 재가서비스를 확대하게 되었다.
- 자원이 한정된 상황에서 서비스 간 중복을 피하고 비용효과를 높이는 전문기술이 필요했다.

⑥ 사회적 지원체계와 지원망의 중요성에 대한 인식 증가
- 대인복지서비스에서 클라이언트의 삶의 질을 높이기 위한 사회적 지원체계와 지원망의 영향이 매우 크다는 인식이 확산되었다.
- 공적 서비스와 비공식적인 사회적 지원체계가 공급하는 서비스에는 양적 혹은 질적 차이가 존재한다는 것을 알게 되었고 공식적이고 전문적인 서비스와 비공식적인 지원체계와 지원망을 조정하고 통합하는 사례관리방법이 주목받게 되었다.

⑦ 클라이언트에게 통합적이고 체계적인 서비스를 제공하고자 하는 필요성

클라이언트와 지역사회의 서비스를 단순히 연결하는 것이 아니라 클라이언트의 욕구에 맞는 서비스가 통합적으로 제공되고 체계적으로 관리될 수 있도록 하는 방법으로서 사례관리가 각광받게 되었다.

보충자료

사례관리의 발달과정

⑧ 지역사회 중심의 재가복지서비스 활성화의 영향 등

거동이 불편한 장애인이나 아동, 노인 등의 경우 시설을 이용하는 것이 어렵다는 문제로 재가복지가 부상하게 되었고, 이러한 재가복지서비스가 활성화되면서 재가복지서비스를 받는 클라이언트를 위한 사례관리가 강조되었다.

(3) 사례관리의 주요 특징 ★꼭!

① 개별사회사업과 지역사회복지의 혼합

전통적인 개별사회사업에 기초하지만 기관 중심이 아닌 클라이언트의 욕구충족에 초점을 두고 기관의 범위를 넘어 지역사회 차원에서의 서비스 제공을 추진한다. 이로 인해 네트워크 및 자원개발이 강조된다.

② 욕구 맞춤형 장기 서비스

전통적 사회복지실천이 클라이언트의 문제해결에 초점을 두었다면, 사례관리는 욕구충족에 초점을 두어 맞춤형 서비스를 제공한다. 이로 인해 사례관리는 장기적으로 이루어지며, 대체로 3개월 이상의 장기 서비스가 요구되는 수급자를 대상으로 한다.

③ 환경 속 인간 관점을 바탕으로 한 역량강화

클라이언트의 욕구를 클라이언트의 삶에 영향을 미치는 가족, 사회, 환경 등을 연결하여 살펴보고 공식적/비공식적 자원을 활용하여 클라이언트의 기능을 최적화한다.

④ 사례관리팀을 통한 전문적 서비스

사례관리자를 중심으로 각 분야별 전문가들로 사례관리팀이 구성된다. 사례관리팀을 통해 복잡한 욕구에 맞춰 다양한 서비스가 효율적으로 제공될 수 있다. 사례관리팀은 그 자체로 서비스 전달체계로서의 기능을 한다.

⑤ 다차원적 접근

- 간접적 실천이면서 직접적 실천이기도 하다.
- 미시적 접근인 동시에 거시적 접근이다.
- 수평적이면서 수직적이다. 현재 클라이언트의 욕구에 초점을 두면서도 장기적으로 변화하는 욕구에 반응한다.

(4) 사례관리의 목적[35] 꼭!

① 보호의 연속성

- 횡단적 차원의 연속성: 특정 시점에서 클라이언트의 다양한 욕구를 충족시키기 위해 포괄적 서비스를 제공한다.
- 종단적 차원의 연속성: 장기간에 걸쳐 변화하는 개인의 욕구에 대해 반응적 서비스를 지속적으로 제공한다.

② 서비스의 통합성 확보

복합적 욕구를 적절히 다루기 위해 다양한 기관의 서비스와 다양한 전문가들의 기능을 통합한 체계를 확보해야 한다.

③ 서비스에 대한 접근성 제고

사례관리를 통해 기관의 수혜자격 기준, 규제, 복잡한 절차 등 서비스에 대한 접근을 제한하는 장벽을 넘을 수 있다. 특히 사례관리는 하나의 기관에서만 서비스가 제공되는 것이 아니라는 점에서 접근성을 제고할 수 있다.

④ 사회적 책임성 보장

클라이언트의 욕구에 적합한 서비스 제공으로 효과성을 확보하고, 다양한 욕구를 충족하기 위해 현명하게 자원을 활용하여 효율성을 확보한다.

(5) 사례관리의 이론적 기초[36)]

① 생태체계이론

- 생태체계이론은 환경 속 인간 관점에 따라 클라이언트와 그를 둘러싼 환경과의 상호작용을 강조한다는 점에서 사례관리의 이론적 기반이 된다.
- 사례관리자는 클라이언트와의 관계와 신뢰를 기반으로 환경 속 인간이라는 이중 초점을 활용하며, 개인과 환경 사이의 적합성을 증진시킬 수 있는 개입방법을 모색한다.

② 강점관점

- 클라이언트의 문제가 아닌 강점에 초점을 둔 관점으로 주로 정신보건 영역에서 적용되어 왔다.
- 사례관리자는 클라이언트의 병리가 아닌 강점에 초점을 두고 문제를 이겨나갈 수 있는 힘에 초점을 둔다. 클라이언트와 함께 목표를 설정하고 목표달성을 위한 협력자가 되며 클라이언트의 자기결정을 존중한다.

③ 임파워먼트 모델

- 역량강화는 클라이언트가 스스로 대처능력과 통제력을 갖출 수 있다는 인식을 바탕으로 자신의 삶에 대한 힘을 갖도록 돕는 것이다.
- 사례관리자는 클라이언트가 자신감을 갖고 내 · 외적 역량을 강화하는 데에 초점을 두며, 사회문제에 대한 의식 고양, 옹호, 자원동원 등을 진행한다.

④ 사회적 지지망 이론

- 사회적 지지망 이론은 비전문적 서비스도 중요한 사회자원임을 인식한 이론이다.
- 사례관리자는 클라이언트의 사회적 지지망 · 관계망에 대한 정보를 체계적으로 수집해야 한다. 도움이 될 만한 공식적 · 비공식적 지지체계를 확인하고 그 체계들이 클라이언트에게 적절히 반응할 수 있도록 교육해야 한다. 클라이언트가 자조집단이나 지지집단 등에 참여하도록 지지 · 격려한다.

2. 사례관리의 개입원칙 22회 기출

중요도 ★★

사례관리의 원칙으로 옳은 것을 찾는 유형의 문제가 종종 출제되었는데 사실상 사회복지서비스를 제공함에 있어 고려해야 할 원칙들과 다를 바 없기 때문에 어려운 내용은 아니다.

① 서비스 개별화

- 클라이언트 개개인과 그가 갖고 있는 욕구를 적절하게 개발하여 서비스를 제공한다.
- 클라이언트마다 다른 욕구와 강점이 있으므로 서비스 계획도 이에 맞춰 수립해야 한다.

② 서비스 제공의 포괄성

클라이언트의 다양한 욕구가 모든 분야에 걸쳐 충족될 수 있도록 포괄적인 서비스를 제공한다. 클라이언트의 다양한 욕구를 충족시키기 위해 광범위한 지지를 연결하고 조정, 점검한다.

③ 클라이언트의 자율성 극대화

- 클라이언트가 선택할 자유를 최대화하고, 지나치게 보호하지 않으며, 클라이언트의 자기결정권을 보장한다.
- 클라이언트가 가능한 한 자립할 수 있도록 돕는 데 초점을 두고, 클라이언트가 자신의 서비스와 관련된 판단을 하는 데 있어서 자기결정 능력을 최대화하도록 한다.

④ 서비스 지속성(연속성)

클라이언트의 욕구를 점검하여 일회적이거나 단편적인 서비스가 제공되지 않고 지속적으로 서비스가 제공되게 한다.

⑤ 서비스 연계성

복잡하고 분리되어 있는 서비스전달체계를 연결한다. 지역사회에 분산되어 있는 서비스 정보를 제공하고 서비스들을 서로 연결하여 서비스의 효과성을 높인다.

⑥ 서비스의 접근성

- 복잡한 프로그램이나 자격조건 등이 다르거나 까다로워서 서비스 접근에 어려움이 있는 경우 사례관리자는 서비스 제공자와 접촉하여 중개역할을 하여 좀 더 쉽게 자원에 접근할 수 있게 한다.
- 클라이언트가 서비스를 이용하는 데 있어 장애가 되는 심리적 조건이나 물리적 요소 혹은 사회문화적 · 경제적 요소들이 존재하는지 살피며, 이를 최

소화하여 서비스에 대한 접근성을 높인다.

⑦ 서비스의 체계성

- 서비스 간 중복을 줄이고 서비스의 비용을 효율적으로 관리하기 위해 서비스와 자원들 간에 조정을 한다.
- 사례관리자는 서비스를 제공하는 공식적 지원체계 간의 조정뿐만 아니라 가족이나 친구, 혹은 친지 같은 비공식적 지원체계를 통합하고 기능적으로 연결하여 다양하고 체계적인 지지망을 구축한다.

2 사례관리의 과정

기출회차

1	2	3	4	5
6	7	8	9	10
11	12	13	14	15
16	17	18	19	20
21	22			

강의로 복습하는 기출회독 시리즈

Keyword 078

학자별 사례관리과정

Steinberg&Carter(1983)	사례발굴 → 사정 → 목표설정, 서비스계획 → 보호계획 → 실행 → 점검
Weil(1985)	클라이언트 확인 및 접근 → 사정과 진단 → 서비스계획과 발굴 → 서비스와 클라이언트 연결 → 서비스 실행과 조정 → 서비스 전달체계 점검 → 옹호 → 평가
Moxley(1989)	사정 → 계획 → 개입 → 점검 → 평가
Doll(1991)	홍보 → 사정의 결정수준 → 욕구사정 → 보호계획 → 보호계획 실행 → 점검 → 재평가

1. 일반적인 사례관리 과정

중요도 ★★★

과정을 나열하는 문제로 출제되기도 하며, 사례관리의 특징을 묻는 문제에 함께 등장하기도 하고, 뒤이어 공부하게 될 사례관리자의 역할 및 과업과 관련하여 출제되기도 하므로 어떤 흐름으로 과정이 진행되는지, 그리고 각 과정 속에서 어떤 활동이 진행되는지 등을 확인해두어야 한다.

(1) 사례발굴

기관방문, 아웃리치, 의뢰 등을 통해 접촉한 모든 사람이 사례관리의 대상이 되는 것은 아니며, 인테이크 과정에서 사례관리가 필요하거나 사례관리가 제공될 수 있다고 판단되는 경우 사례관리의 대상자가 된다.

한걸음 더

아웃리치(outreach)

아웃리치는 도움이 필요한 사람들을 직접 찾아나서는 활동이다. 욕구가 있으나 욕구충족을 위해 직접 기관을 찾지는 않는 잠재적 클라이언트에게 기관과 서비스를 홍보함으로써 접근성을 높일 수 있는 방법이다.

- 효과적인 아웃리치를 위해서는 적합한 장소 및 시간 선택 등이 중요하다. 이를 위해 지역사회의 정보를 충분히 파악하고 네트워크 체계를 활용한다.
- 발견한 잠재적 클라이언트와 개별적인 상호작용을 통해 낙인에 대한 불안감, 정보노출에 대한 두려움, 무기력감 등을 완화하여 서비스 체계 내로 들어올 수 있도록 격려한다.
- 일회적인 활동이 아니라 지속적이고 정기적으로 진행하는 것이 중요하다.

※ 참고: 김성경, 2020: 87-88.

잠깐!

학자마다 사례관리의 과정을 조금씩 다르게 제시하고 있다. 우리 책에서는 여러 교재에서 가장 많이 다루고 있는 목슬리(Moxley)의 사례관리 과정에 사례발굴 과정을 추가하여 정리하였다.

(2) 사정 ★꼭!

클라이언트의 주위 환경을 포함하여 클라이언트의 상황을 이해하는 집중적이고 체계적인 과정이다. 욕구와 문제를 사정하는 것, 자원을 사정하는 것 그리고 장애물 사정 등이 구체적으로 이루어져야 한다.

① 욕구와 문제 사정

클라이언트와 함께 욕구와 문제에 대한 목록을 만들고 개입 우선순위를 정한다.

② 자원 사정

- 문제를 해결하는 데 도움이 되는 공식적 · 비공식적 자원을 클라이언트와 함께 사정한다.
- 이때 자원을 구체화하는 것이 중요하며 이용성, 적정성, 수용성, 접근성을 고려해 만든 자원목록을 활용하는 것이 도움이 된다.

③ 장애물 사정

- 외부장애물: 클라이언트가 처한 환경에 포함된 자원과 관련된 장애물을 말한다.
- 선천적인 무능력: 클라이언트가 통제할 수 없는 것으로 사회복지실천에서 클라이언트와 효과적으로 의사소통하거나 적극적으로 참여하는 데 장애가 될 수 있다.
- 내부 장애물: 클라이언트에게 있는 잘못된 신념, 태도, 가치 등을 말한다.

(3) 계획

① 1단계: 사정 요약하기

클라이언트에 대한 현재 상황을 충분하게 사정한 후 이를 정리한다.

② 2단계: 우선순위 정하기

우선시 할 욕구와 목표에 대해 합의한다.

③ 3단계: 전략 수립하기

목적을 달성하기 위한 전략(개입, 기법)을 살펴보는 단계이다. 클라이언트와 브레인스토밍을 통해 참여를 이끌고 아이디어를 얻을 수도 있다.

④ 4단계: 전략 선택하기

클라이언트의 상황, 능력, 여건 등을 고려해서 그 중 최선의 전략을 선택하고, 실행할 시간과 절차 등을 구체적으로 정한다.

(4) 개입(연계 및 조정)

① 직접적 개입

- 사례관리자가 클라이언트의 기술과 능력을 향상시키거나 문제를 경감시키기 위해 직접적인 활동을 수행하는 것이다.
- 이때 사례관리자는 실행자, 안내자, 교육자, 정보제공자, 지원자로 기능한다.

② 간접적 개입

- 클라이언트 주변체계나 클라이언트와 체계 간의 관계를 변화시키기 위해 활동한다.
- 이때 사례관리자는 중개자, 연결자, 옹호자의 역할을 한다.

(5) 점검 꼭!

- 서비스를 잘 제공하고 제대로 지원하고 있는지 점검하는 과정이다.
- 서비스 계획을 적절하게 실행하고 있는지, 서비스와 지원계획 목표를 어느 정도 성취했는지, 서비스와 사회적 지지를 어느 정도 산출했는지, 클라이언트의 욕구 변화를 점검해서 서비스 계획을 바꾸어야 하는지 등을 검토한다.

한걸음 더

사례관리과정에서의 '점검(=모니터링)과 재사정'

사례관리의 과정 중에 점검과정이 있다. 점검은 사례관리자가 클라이언트에 대한 서비스와 원조계획이 클라이언트 주변체계들에 의해 적절히 수행되고 있는지를 확인하는 것으로, 계획된 내용이 클라이언트에게 적절하게 전달되고 유지되는지 그렇지 않은지를 결정하는 매우 중요한 과정이다. 해당 기관이나 직원들에게 전화하거나 클라이언트를 방문하고 전화하는 데 필요한 시간을 실질적으로 할애해야 점검을 적절하게 수행할 수 있다. 신중하게 점검하면 위기상황을 예측할 수 있고 그에 따라 사례관리자는 시기적절하게 치료적 조치를 취할 수 있다. 장기보호의 경우 지속적으로 재사정하는 것이 필수적이다. 재사정은 공식적이거나 비공식적으로 행할 수 있지만 일정한 시간 간격을 두고 행해야 한다. 그리고 초기 사정단계에서 클라이언트의 문제상황 중 특정 측면에 대한 기초선을 측정하기 위해 사용한 도구들을 재사정할 때 다시 사용하게 되는데 이때 클라이언트가 적극적으로 참여할 수 있게 해야 한다.

※ 참고: 허남순 외 역, 2007: 359.

(6) 평가

- 사례관리자가 만들고 조정한 서비스 계획, 구성요소, 활동 등이 클라이언트 삶에 어떤 영향을 미치는지 측정하는 과정이다.
- 평가는 클라이언트에 관한 서비스와 개입계획에 관한 평가, 목적달성에 대한 평가, 전반적인 사례관리 서비스 효과에 대한 평가, 클라이언트 만족도에 관한 평가가 있다.

3 사례관리자의 역할

기출회차				
1	2	3	4	5
6	7	8	9	10
11	12	13	14	15
16	17	18	19	20
21	22			

강의로 복습하는 기출회독 시리즈

Keyword 079

1. 사례관리자의 역할[37)]

사례관리에서는 사정, 계획, 개입, 점검, 서비스 연계, 중재, 조정, 평가 등의 활동이 이루어진다. 이 과정에서 사례관리자가 수행하게 될 역할을 살펴보면 다음과 같다.

① 기본적 역할

- 클라이언트의 파악, 클라이언트와의 관계 수립
- 클라이언트의 욕구 사정
- 서비스 및 치료계획
- 클라이언트를 적절한 자원에 연결 · 의뢰
- 서비스의 공급 및 이용을 보장하기 위한 점검
- 욕구변화에 대한 재사정
- 서비스 제공자 간 조정 및 중재
- 서비스 과정 및 결과 평가

② 개별서비스 및 치료계획 개발

클라이언트의 욕구와 적절한 자원의 사용방식을 확인하는 개별서비스 및 치료계획을 개발해야 한다. 이 계획은 클라이언트의 서비스 이용을 감독하거나, 특정 목적 또는 결과를 달성하기 위해 클라이언트의 활동을 평가하는 기준이 되어야 한다.

③ 적절한 서비스의 적시 공급

적절한 서비스가 적시에 적정한 수준으로 공급되도록 보장해야 한다.

④ 옹호활동

클라이언트가 자원에 접근하거나 자원을 획득할 능력이 부족할 경우 클라이언트를 대신해서 옹호활동을 한다.

⑤ **관계기관 협력**

연계기능을 강화할 수 있는 외부 기관과 업무를 효과적으로 만들어나가는 데 매우 중요한 기능이다.

⑥ **상담**

일반적으로는 직접 치료나 검사가 아니라 정보 제공이나 조언 수준에 한정한다. 하지만, 상담을 문제해결, 현실성 검사, 사회기술, 주거, 돈 문제, 부모 역할, 취업과 같은 영역의 실제 원조로 보기도 한다.

⑦ **치료**

대체로 정신보건 영역에서 수행되는 사례관리자의 역할이다. 개인이나 집단을 대상으로 치료할 수 있고, 치료는 과거보다 현재에 초점을 맞추어야 한다.

중요도 ★★

사례관리자로서 수행하게 되는 각 역할별 특징을 살펴보는 문제가 출제되곤 한다. 사례관리자로서의 역할은 앞서 4장의 사회복지사의 역할, 11장의 개입단계에서의 사회복지사의 역할 등에서 학습한 내용과 다르지 않다.

2. 사례관리자의 역할별 활동 내용 22회 기출

① **사정자**

사례관리자는 클라이언트의 문제나 약점, 역기능, 질병, 증상과 같은 부정적 요소보다는 강점, 능력, 가능성, 자원, 잠재력과 같은 긍정적 요소에 초점을 두고 클라이언트의 욕구를 수집하고 분석하며 종합하는 활동을 한다.

② **계획자**

클라이언트의 욕구를 충족시키기 위해서 사례관리자는 사례계획, 치료, 서비스 통합, 기관 간 협력 및 서비스 네트워크를 계획하고 조직한다.

③ **상담자**

클라이언트가 새로운 지식이나 기술이 필요하고 문제해결 능력 및 대처능력 향상이 필요할 때 이를 획득할 수 있도록 가르치고 기능 향상을 위해 원조한다.

④ **중개자**

클라이언트가 필요로 하는 자원을 사회기관으로부터 제공받지 못하거나 지식이나 능력이 부족하여 유용한 자원을 활용하지 못할 때 사례관리자는 자원과 클라이언트를 연결한다.

⑤ 조정자

클라이언트의 문제를 사정하고 원조자들로부터 도움이 필요한 욕구를 사정하며, 원조활동을 해나가는 과정에서 클라이언트의 욕구와 자원과의 관계, 클라이언트와 원조자들 간의 관계에서 필요한 활동을 조정한다.

예 다양한 원조자로 이루어진 사회적 지지망의 효과성을 향상시키기 위해 원조자들과 의사소통을 한다.

⑥ 평가자

프로그램의 효과성, 효율성을 평가하여 사례관리과정 전반에 대한 정보를 수집하고 분석한다.

⑦ 옹호자

자신 스스로가 자신을 대변하고 옹호하는 능력이 부족한 클라이언트를 대변하여 클라이언트의 요구사항을 구체화시키고 가능한 한 자원이 클라이언트에게 적절히 공급될 수 있도록 지원활동을 한다.

예 여성 노숙인들의 욕구를 반영한 자원을 개발하거나 서비스 질을 향상시키도록 국가에 대책을 요구하는 활동

7장 관계형성에 대한 이해

한눈에 쏙!

		중요도
❶ 관계형성의 중요성	1. 관계형성의 목적 및 중요성	
	2. 사회복지실천에서 전문적 관계의 특징	★★★ 22회 기출
❷ 원조관계형성의 구성요소	1. 전문적 관계형성의 요소	★★★ 22회 기출
	2. 관계형성의 원칙: 관계의 7대 원칙	★★★ 22회 기출
❸ 관계형성의 장애요인	1. 변화를 방해하는 관계 및 대처행동	★ 22회 기출
	2. 미숙하거나 부적절한 사회복지사의 태도	

기출경향 살펴보기

이 장의 기출 포인트

많이 출제될 때는 5문제까지도 출제되는 비중있는 장이다. 비스텍의 관계형성 7대 원칙은 필수적으로 알아두어야 하며, 자칫 소홀하게 보는 전문적 관계의 특징, 원조관계의 요소 등도 빈출 키워드이므로 놓치지 말아야 한다. 2장에서 배운 갈등 상황 등과 함께 묶어 사회복지사의 태도 등을 묻는 문제가 출제되기도 한다.

최근 5개년 출제 분포도

연도별 그래프

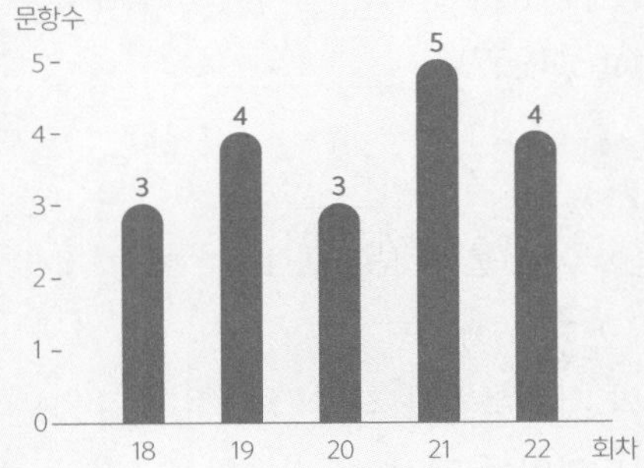

평균출제문항수

3.8 문항

2단계 학습전략

데이터의 힘을 믿으세요!
강의로 복습하는 **기출회독 시리즈**

3회독 복습과정을 통해
최신 기출경향 파악

최근 10개년 핵심 키워드

기출회독 **080**	관계형성의 7대 원칙(Biestek)	11문항
기출회독 **081**	전문적 관계형성의 요소	8문항
기출회독 **082**	전문적 관계의 특징	6문항
기출회독 **083**	관계형성의 장애요인 및 사회복지사의 대처	7문항

기본개념 완성을 위한 **학습자료 제공**

기본개념 강의, 기본쌓기 문제, O X 퀴즈, 기출문제, 정오표, 묻고답하기, 지식창고, 보충자료 등을 **아임패스**를 통해 만나실 수 있습니다.

1 관계형성의 중요성

기출회차				
1	2	3	4	5
6	7	8	9	10
11	12	13	14	15
16	17	18	19	20
21	22			

강의로 복습하는 기출회독 시리즈

Keyword 082

1. 관계형성의 목적 및 중요성

(1) 관계의 개념 [15)]

- 관계란 상호작용, 상호 간의 정서적 교환 및 태도, 역동적 상호작용, 매체, 두 사람의 연결, 전문적 만남, 상호 간의 과정이다.
- 관계란 공통의 이해관계를 지닌 두 사람 간에 장기적 또는 일시적으로 감정의 상호작용이 일어나는 조건이다(Perlman, 1957).

(2) 사회복지실천에서 관계의 의미

- 사회복지실천에서의 관계는 '클라이언트와 사회복지사 간의 태도 및 감정의 역동적 상호작용'을 말한다(Biestek, 1957).
- 사회복지실천에서의 관계는 클라이언트와 사회복지사 간의 정서적 교감을 기초로 이루어지는 관계로서 전문성, 의도적인 목적성, 시간제한성, 권위성 등의 특징이 포함된다.
- 사회복지실천에서 관계는 사회복지사와 클라이언트의 관계에 한정된 개념으로, 본질적으로 도움을 요청하고 도움을 제공하는 통제적 관계라 할 수 있다.

(3) 사회복지실천에서 관계형성의 목적

사회복지실천에서 사회복지사와 클라이언트가 관계를 형성하는 목적은 클라이언트가 환경에 좀 더 잘 적응할 수 있도록 돕는 것이다.

(4) 사회복지실천에서 관계의 중요성

- 사회복지사-클라이언트 관계는 특별히 자발적인 클라이언트를 돕는 과정을 촉진하는 매개물이다.
- 관계의 질은 사회복지사의 영향, 개입에 대한 클라이언트의 수용 정도, 클라이언트를 돕는 과정의 최종 결과를 결정짓는다. 따라서 관계는 성공적인 개입을 위해 가장 중요한 요소이다.

- 사회복지사와 맺은 원조관계는 많은 클라이언트에게 긍정적인 변화의 원인이 된다.
- 클라이언트는 긍정적인 관계에서 자기존중과 자신이 가치 있는 존재라는 느낌을 받게 된다.
- 지속적인 보살핌의 관계를 경험해 보지 못한 클라이언트에게는 사회복지사와 맺은 관계가 정서적 박탈에 대한 보상의 의미에서 교정역할을 하는 정서적 경험일 수 있다.

2. 사회복지실천에서 전문적 관계의 특징 22회 기출

중요도 ★★★

사회복지사와 클라이언트의 관계가 사적인 관계가 아닌 전문적 관계임을 이해하자. 특히 권위성의 의미와 통제적 관계의 의미는 정확히 잡아두지 않으면 문제에서 만났을 때 헷갈리기 쉽다.

사회복지사와 클라이언트의 관계의 가장 큰 특징은 클라이언트는 도움을 요청하고 사회복지사는 전문적 도움을 제공하는 전문적 관계라는 것이다. 전문적 관계는 언제나 클라이언트의 입장에서 출발해야 하며 사회복지사는 관계의 전반적인 과정에 전문적 책임을 지게 된다. 이와 관련하여, 펄만(Perlman)은 전문적 원조과정의 특징으로 다음 다섯 가지를 제시하였다.

(1) 의도적인 목적성
- 클라이언트의 문제와 욕구에 따라 클라이언트와 사회복지사가 서로 합의한 목적이 있다.
- 목적이란 클라이언트의 좀 더 나은 적응 및 문제해결을 위한 원조이다. 클라이언트가 필요로 하는 것, 성취하고자 하는 것을 분명히 함으로써 사회복지사와 클라이언트가 해야 할 것이 명확해진다.

(2) 시간제한적
- 클라이언트와 구체적으로 한정된 기간을 갖고 관계를 맺는다. 사회복지실천과정은 시작단계, 중간단계, 종결단계에 이르는 시작과 종결이 요구되는 과정이기에 관계에서도 시간적인 제한이 필요하다.
- 목적이 달성되면 특별한 관계는 끝을 맺게 된다. 또한 목적을 달성할 수 없을 때에도 관계는 종료된다.

(3) 클라이언트에 대한 헌신
사회복지실천은 근본적으로 클라이언트를 위한 것이다. 사회복지사는 자신의 이익이 아닌 클라이언트의 이익을 위해 자신을 헌신한다.

(4) 권위성 ★꼭!

사회복지사는 특화된 지식 및 기술 그리고 전문직 윤리강령에서 비롯되는 권위를 지닌다. 이는 곧 전문성을 의미하며, 전문적 판단에 대한 책임이 수반됨을 포함한다.

(5) 통제적 관계 ★꼭!

사회복지사는 개입을 진행함에 있어 객관성을 유지하면서 자기 자신의 감정, 반응, 충동을 자각하고 그 책임을 진다는 의미에서 통제적 관계이다. 즉, 통제적 관계란 클라이언트에 대한 통제가 아닌 사회복지사 자신과 원조방식에 대한 통제를 의미하는 것이다.

한걸음 더

학자별 전문적 원조관계의 특징

교재에서 가장 많이 언급되는 전문적 관계의 특징은 펄만이 제시한 내용이지만, 다른 학자들의 내용도 같이 살펴보면서 전문적 관계가 어떤 특징을 갖는지 정리해두자.

① 보고(Bogo, 2006)

- 클라이언트 중심의 관계이다. 사회복지사가 클라이언트에게 서비스를 제공하는 것이 원조관계의 목적이기 때문에 클라이언트의 욕구와 문제해결에 초점을 두고 이를 위해 사회복지사의 전문성을 사용한다.
- 사회복지사는 자신의 개인적 특성과 전문성이 실천의 결과에 영향을 미칠 수 있다는 점을 인식해야 한다. 자기인식을 통해 클라이언트에 대한 자신의 반응이 원래 성격인지, 클라이언트와의 상호작용에 따른 반응인지를 구별하는 것이 필요하다.
- 사회복지사는 의도적으로 반응한다. 사회복지사는 클라이언트가 원조관계를 도움이 된다고 느끼는지, 목표를 달성해가고 있는지 등에 대해 반응하면서 개입을 진행한다.

② 비스만(Bisman, 1994)

비스만은 사회복지사와 클라이언트의 관계를 믿음에 기초한 유대(belief bonding) 관계로 보았다.

- 사회복지사의 능력에 대한 믿음: 사회복지사와 클라이언트 모두 사회복지사가 클라이언트를 도울 수 있다고 믿어야 한다. 이는 사회복지사가 클라이언트의 문제를 완벽하게 해결해줄 수 있다는 의미는 아니며, 사회복지사의 직무수행 능력에 대한 신뢰를 의미한다.
- 클라이언트의 변화 능력에 대한 믿음: 사회복지사와 클라이언트 모두 클라이언트의 변화 능력에 대한 믿음을 가져야 한다. 사회복지사는 클라이언트의 능력에 대한 신뢰의 메시지를 클라이언트에게 전달하는 것이 필요하다.
- 클라이언트의 존엄성에 대한 믿음: 사회복지사와 클라이언트는 한 개인으로서 클라이언트의 가치에 대한 믿음이 있어야 한다. 사회복지사는 클라이언트가 그 자체로 중요한 사람이고, 존중하고 있다는 메시지와 함께 배려와 관심을 전달한다.

※ 참고: 최해경, 2019: 225-227; 김기태 외, 2009: 114-115.

2 원조관계형성의 구성요소

기출회차

1	2	3	4	5
6	7	8	9	10
11	12	13	14	15
16	17	18	19	20
21	22			

강의로 복습하는 기출회독 시리즈

Keyword 080, 081

1. 전문적 관계형성의 요소[16) 22회 기출]

중요도 ★★★

각 요소들의 개념이 어렵지는 않지만 막상 문제를 풀면 다소 헷갈릴 수도 있기 때문에 개념을 명확히 해두어야 한다. 보통 각 개념의 의미를 확인하는 문제로 출제되어 왔다.

(1) 타인에 대한 관심과 원조의지

- 클라이언트에 대한 관심이란 책임감, 타인에 대한 이해 등을 포함하고 클라이언트의 삶과 욕구에 대한 조건없는 긍정적 인정을 의미한다. 클라이언트에게 일어난 일에 대해 진실한 관심을 가지며, 클라이언트가 느끼는 감정에 대해 교류할 수 있어야 한다.
- 원조의지는 원조관계에서 필수적인 자질인데, 클라이언트가 자신의 삶을 스스로 선택하고 통제할 수 있는 능력을 향상시킬 수 있도록 도우려는 자세나 태도이다.

(2) 헌신과 의무 꼭!

- 헌신과 의무는 원조과정에서의 책임감을 의미하는 것으로 신뢰성, 일관성을 포함하는 개념이다.
- 전문적 관계에서 관계의 목적을 달성하기 위해서는 사회복지사뿐 아니라 클라이언트도 관계에 대한 헌신과 의무를 가져야 한다.
  - 사회복지사는 클라이언트의 성장과 변화를 위해 노력하며 어려움이나 좌절이 있더라도 전문직이자 기관의 일원으로서 책임을 다해야 한다.
  - 클라이언트는 회피하지 말고 정직하고 개방적으로 자신의 문제를 제시하면서 관계형성을 위해 노력해야 한다.
  - 사회복지사와 클라이언트 모두 시간 약속 등 절차상의 의무를 진다.

(3) 권위와 권한

- 권위(authority)는 클라이언트와 기관에 의해 사회복지사에게 위임된 권한(power)으로 사회복지사는 전문적 지식과 경험을 보유함으로써, 또한 일정한 지위에 있음으로써 영향력을 미칠 수 있는 권한을 가진다.
  - 제도적 측면에서의 권위: 사회복지기관 내에서 사회복지사의 위치와 기능으로부터 비롯된 권위이다.

– 심리적 측면에서의 권위: 전문가인 사회복지사에게 정보와 조언을 구함으로써 클라이언트가 사회복지사에게 부여하는 권위이다.

• 권위와 권한을 잘못 사용하는 경우 클라이언트가 사회복지사에게 불신과 반감, 저항이 일어날 수 있으므로 사회복지사는 자신이 갖는 권위와 권한의 내용, 범위 및 사용방법 등을 클라이언트에게 설명하여 클라이언트가 안전과 보호의 느낌을 가질 수 있도록 해야 한다.

잠깐!

진실성과 일치성은 같은 개념으로 보기도 한다. 사회복지사는 언행이 일치하고 자신의 감정을 속이거나 과장되게 꾸미지 말아야 하며, 클라이언트를 정직하게 대하고 위선적이지 않은 태도를 가져야 한다. 이러한 측면에서 일치성과 진실성은 상통한다.

(4) 진실성과 일치성 ★꼭!

• 진실성: 클라이언트와의 관계 속에서 실제적이고 순수해질 수 있는 능력을 의미하는 것으로서 담보할 수 없는 약속을 하지 않으며 최대한 진실해지는 것이다.

• 일치성: 사회복지사가 클라이언트와 관계형성 시 일관성 있고 정직한 개방성을 유지하며, 대화의 내용과 행동이 항상 일치하면서도 전문가로서의 자아와 가치체계에 부합하여야 함을 의미한다.

• 클라이언트와의 전문적 관계에서 진실성을 증진하기 위해서 사회복지사는 자기 자신에 대해 끊임없이 인식하고 성찰해야 하며, 타인에 대한 관심, 수용, 헌신 등 전문적 관계에서 필요한 기본적인 요소를 갖추고 이를 향상시키기 위해 노력해야 한다.

(5) 전문적 구체성

클라이언트가 자신의 행동, 사고, 감정을 자신의 독자적인 방법으로 표현할 수 있도록 도와주는 능력이다. 사회복지사는 클라이언트가 구체적인 답변을 할 수 있도록 질문해주어야 한다.

(6) 명확한 의사소통

사회복지사가 클라이언트에게 보내는 메시지는 클라이언트가 충분히 이해할 수 있어야 한다. 사회복지사는 이를 위한 의사소통 능력을 갖추어야 한다.

(7) 사회복지사의 자기노출(자기개방)

• 자기노출(self disclosure)은 사회복지사가 원조과정에서 적절하다고 생각되는 자신의 경험을 클라이언트와 함께 나누는 것이다.

• 사회복지사가 자기노출을 할 때에는 진실해야 하면서도 클라이언트의 반응을 살펴 자기노출의 정도를 조절해야 한다. 자기노출의 목적은 공감, 신뢰, 클라이언트의 표현을 촉진하는 데에 있으며, 자칫 대화의 초점이 클라이언트가 아닌 사회복지사가 되지 않도록 유의해야 한다.

(8) 감정이입 ★꼭!

- 감정이입은 다른 사람의 감정을 깊이 느낄 수 있는 능력이며 동시에 그 감정에서 분리되어 객관적 지식을 활용할 수 있는 능력이다.
- 사회복지사는 클라이언트에게 감정이입을 하면서도 문제 자체와 그 해결 가능성을 객관적으로 분석하고 이성적으로 행동해야 한다.
- 감정이입된 이해는 클라이언트가 자신의 표현과 설명이 이해되지 않을 것 같다는 불안을 없애준다.

> 잠깐!
>
> **감정이입(empathy)**
> - 사회복지사가 원조과정에서 자신의 관점을 유지하면서 클라이언트의 느낌과 경험에 몰입할 수 있는 능력
> - 어떤 이와 '더불어' 느낀다는 것을 내포함

(9) 전문가로서의 사회복지사의 자질

① 성숙함

변화와 성장에 대해 두려움 없이 수용하고, 그 과정에서 자신을 성장, 발전하는 인간으로 키워가는 것이다.

② 창조성

- 클라이언트의 문제상황에 대한 해결책을 찾는 데 있어 개방성을 유지하는 것이다. 이는 이미 알려진 해결책을 찾는 것이 아니라 당면한 상황에서 최선의 해결책을 찾도록 자신을 열어놓는 것이다.
- 클라이언트의 상황은 각자 독특하고 개별적이며 항상 변화하기 때문에 사회복지사의 창조성 혹은 창의적 능력은 매우 중요하다.

③ 자기인식

사회복지사는 의사소통과정에서 클라이언트에게 은연중에 보일 수 있는 자신의 가치관과 편견 등을 정확하게 알고 있어야 한다.

④ 용기

실패, 어려운 상황에 휘말리는 일, 통제할 수 없는 상황에 감정적으로 비난 또는 학대받는 일, 예측할 수 없는 상황에 계속적으로 연관되는 일, 신체적으로 위협받는 일 등을 받아들일 수 있는 힘을 말한다.

⑤ 민감성

- 특정한 단서 없이도 클라이언트의 내면 세계를 느끼고 감지할 수 있는 능력이다. 관찰과 경청을 통해 클라이언트의 언어적 표현뿐만 아니라 비언어적 표현에 담긴 내용들도 민감하게 파악할 수 있어야 하며, 이러한 민감성은 감정이입, 공감의 바탕이 된다.

• 사회복지사가 새로운 상황에 대한 개방성과 변화에 대한 준비자세를 갖추고 있는지 여부와 밀접하게 관련되어 있다. 특히 다문화 클라이언트를 대할 때에는 다양한 문화세계를 인정하고 이해하며 그에 맞는 실천활동을 계획하여 진행할 수 있도록 문화적 민감성을 지녀야 한다.

중요도 ★★★

해마다 출제되고 있는 내용으로 7대 원칙에 대한 모든 내용을 상세히 파악해두어야 한다. 각 원칙의 개념이해를 토대로 원칙이 적용되는 상황, 사회복지사의 역할, 한계 상황이나 예외 상황 등도 살펴보도록 하자.

2. 관계형성의 원칙: 관계의 7대 원칙[17] 22회 기출

비스텍(Biestek)은 관계를 '사회복지사와 클라이언트 간의 감정과 태도의 역동적인 상호작용'이라고 정의하였다. 그는 원조를 구하는 사람들에게는 공통적인 기본 감정 및 태도 유형이 존재한다고 하면서 이를 바탕으로 관계의 7대 원칙을 정립하였다.

합격자의 한마디

'개 - 의 - 통 - 수 - 비 - 자 - 비' 7가지 관계의 원칙을 꼭 기억해두자.

관계의 7대 원칙

클라이언트의 욕구	7대 원칙	내용
1. 개별적인 인간으로 대우받고 싶은 욕구	1. 개별화	각 클라이언트가 개별적인, 독특한 특성을 가지고 있다는 것을 인정하고 이해하여 개별 클라이언트를 원조하는 내용과 방법, 과정에서 개별적으로 다루어져야 한다는 것
2. 감정을 표명하고 싶은 욕구	2. 의도적 감정표현	클라이언트가 감정을 표현하고 싶은 욕구를 인식하여 클라이언트가 자신의 감정을 자유롭게 표현하도록 도와주는 것
3. 문제에 대해 공감적 반응을 얻고 싶은 욕구	3. 통제된 정서적 관여	클라이언트의 감정에 민감성을 가지며, 그것의 의미에 대해 이해하고, 클라이언트의 감정에 대한 의도적이고 적절한 반응을 하는 것
4. 가치있는 인간으로서 인정받고 싶은 욕구	4. 수용	클라이언트를 있는 그대로 이해하는 것
5. 심판받지 않으려는 욕구	5. 비심판적 태도	문제의 원인이 클라이언트의 잘못 때문인지 아닌지, 어느 정도 클라이언트에게 책임이 있는지 등을 심판하지 않으며, 클라이언트의 특성 및 가치관을 비난하지 않는 것
6. 스스로 선택하고 결정을 내리고 싶은 욕구	6. 자기결정	클라이언트가 모든 의사결정 과정에 참여하여 스스로 선택하고 결정하는 자유를 누리게 하는 것
7. 자신의 비밀을 지켜 주기를 바라는 욕구	7. 비밀보장	클라이언트가 전문적 관계에서 노출한 정보를 사회복지사가 전문적 치료 목적 외에 타인에게 알려서는 안 된다는 것

(1) 개별화(individualization) 꼭!

① 의미

- 클라이언트마다 개별적인 독특한 특성을 가지고 있다는 것을 인정하고 이해함으로써 개별 클라이언트를 원조하는 내용, 방법, 과정이 개별적으로 고려되어야 함을 말한다.
- 클라이언트 개개인의 독특한 자질을 알고 이해하는 것, 좀 더 적응을 잘 하도록 원조함에 있어 각자에게 부합하는 원리나 방법을 활용해야 함을 강조한다.
- 인간은 모두 독립적인 개체이며, 불특정한 인간이 아니라 개별적 차이를 지닌 특정한 인간으로 처우되어야 함을 전제로 한다.

② 개별화의 수단

- 클라이언트의 성별이나 직업, 나이에 따라 면접시간을 조정하기
- 클라이언트를 위한 개별 환경 등 비밀이 존중된다는 안도감과 신뢰감 주기
- 클라이언트와 약속시간을 준수하기
- 면접을 위한 사전준비를 철저히 하기

③ 사회복지사의 역할

- 인간에 대한 편견이나 선입관에서 탈피한다.
- 인간행동 및 발달에 대한 지식을 갖고 활용할 수 있어야 한다.
- 클라이언트의 언어적 표현에 대해 귀담아들을 수 있는 경청 능력을 갖춰야 한다.
- 클라이언트의 비언어적 표현을 관찰할 수 있는 능력이 있어야 한다.
- 클라이언트의 진행속도에 맞추어 진행해 나가는 능력을 갖춘다.
- 클라이언트의 미묘한 감정을 포착하고 통찰한다.
- 클라이언트의 현재의 능력을 활용하게 한다.
- 클라이언트의 개성과 상황에 따라 원칙을 융통성 있게 적용한다.

(2) 의도적인 감정표현(purposive expression of feeling) 꼭!

① 의미

클라이언트가 감정을 표현하고 싶은 욕구를 인식하여 클라이언트가 자신의 감정을 자유롭게 표현하도록 도와주는 것을 의미한다.

② 중요성

- 사회복지사는 클라이언트 및 그의 문제인식을 좀 더 잘 하게 되어 정확한 조사, 사정, 개입이 이루어진다.
- 클라이언트의 감정표현을 진지하게 경청하는 것 자체가 클라이언트에게 심리적 지지가 된다.
- 외적인 문제보다 문제를 둘러싼 감정 자체가 클라이언트의 어려움일 수 있으며, 특히 부정적인 느낌이 진정한 문제일 수 있다.

③ 의도적인 감정표현의 방법

- 사회복지사는 클라이언트가 자신의 감정을 자유롭고 안전한 분위기 속에서 표현할 수 있도록 편안한 분위기를 만든다.
- 클라이언트가 부정적인 감정을 가질 수 있다는 것과 그러한 감정을 표현해도 좋다는 것을 알려준다.

잠깐!

비현실적인 보장

'다 잘 될 것이다', '자기만 믿어라'라는 식으로 지나치게 혹은 근거 없이 클라이언트를 안심시키는 것을 말한다. 이러한 비현실적 보장은 사회복지사에 대한 신뢰감을 떨어뜨리고, 무책임해보일 수 있기 때문에 되도록 하지 말아야 한다.

④ 의도적인 감정표현의 장애요인

- 비현실적인 보장
- 너무 성급한 초기의 해석
- 너무 많은 해석
- 클라이언트의 감정표현에 대한 비난 등의 부정적 반응

⑤ 사회복지사의 역할

- 클라이언트의 긴장감을 이완시켜 줄 수 있도록 한다.
- 장소나 공간 등 물리적인 환경이 클라이언트에게 편안함을 줄 수 있도록 신경을 쓴다.
- 사회복지사는 시간적 · 정신적 여유를 가지고 면접을 진행해야 한다.
- 사회복지사는 클라이언트의 감정을 표현하도록 격려한다.
- 면접을 진행하는 클라이언트의 속도를 민감하게 인식한다.

(3) 통제된 정서적 관여(controlled emotional response) 꼭!

① 의미

- 클라이언트의 감정에 대한 사회복지사의 민감성, 이에 대한 감정이입적 이해, 적절한 반응으로 이루어진다. 이러한 사회복지사의 감정적 반응은 원조 목적에 맞게 통제되고 조절되어야 한다.

② 통제된 정서적 관여의 구성요소

- 클라이언트의 감정에 대한 사회복지사의 '민감성'
  클라이언트가 자기의 감정을 직접 말로 표현하지 않더라도 태도에서 드러나는 그의 감정을 잘 파악해야 한다.
- 클라이언트의 감정이 의미하는 것에 대한 '이해'
  문제와 관련하여 클라이언트가 갖는 감정의 의미를 이해해야 하는 것으로 이는 지속적인 과정이다. 인간행동에 관한 지식인 심리학, 정신의학, 기타 사회과학은 감정의 의미를 이해하는 데 필수적이다.
- 클라이언트의 감정에 대해 의도적이고 적절한 '반응'
  클라이언트의 태도에 대한 반응은 클라이언트에 따라 개별화해야 하며, 클라이언트의 마음의 변화에 따라 호응해야 하는 대단히 어려운 기능이다. 반응은 얼마나 마음속에서 우러나오는가에 따라 의미를 갖기 때문에 클라이언트의 이야기에 집중하면서 그의 감정선을 놓치지 않아야 하며, 과도한 반응은 역효과가 날 수도 있다.

(4) 수용(acceptance) 꼭!

① 의미

- 클라이언트의 장점과 약점, 혹은 단점 등을 포함하여, 있는 그대로의 모습을 이해하고 다루어 나가는 것을 말한다.
- 클라이언트가 불평하고 부당한 요청을 하거나 혹은 클라이언트가 자신을 어떠한 모양으로 표현하더라도 그것을 비판하지 않는 것이다. 이는 사회복지사의 인내심, 경청하려는 의지 등을 통해서 나타난다.
- 수용의 목적은 치료적인 것에 있다.

② 수용의 대상과 판단

- 수용의 대상은 선한 것(the good)이 아니라 있는 그대로의 것(the real)이다. 즉, 수용의 대상은 잘하거나 잘못한 것이 아니라 사실 그 자체이며, 있는 그대로의 개인으로 받아들이는 것이다.
- 클라이언트의 일탈 태도나 행동을 허용한다는 것을 의미하지는 않는다. 그것에 대해 좋다, 나쁘다 등을 비판하지 않고, 일단 아무런 판단도 하지 않는다는 정도이다.
- 사회복지사는 윤리와 법, 전문적 가치에 의거하여 바람직한 것과 수용할 수 있는 것에 대한 기준을 가져야 한다.

합격자의 한마디

허용은 허락한다는 의미가 있는데, 수용은 허락해주는 것이 아니라 있는 그대로 받아들인다는 것이다.

③ **수용의 장애요인**

- 인간 행동양식에 관한 불충분한 지식
- 사회복지사로서 어떠한 면을 받아들이지 못하는 태도
- 자기 자신의 감정을 클라이언트에게 맡겨 버리려는 것
- 편견과 선입견
- 보장할 수 없으면서 말로만 안심시키는 태도
- 수용과 허용의 혼동
- 클라이언트에 대한 존경의 결여

④ **사회복지사의 역할**

- 클라이언트에 대한 완전한 이해
- 클라이언트와 가치관 차이 극복
- 수용에 있어 장애물 줄이기

(5) 비심판적 태도(nonjudgemental attitude) 꼭!

잠깐!

수용과 비심판적 태도의 구분

- 수용: 무비판, 비검열
- 비심판적 태도: 클라이언트의 행동을 비난하지 않는 것

① **의미**

문제의 원인이 클라이언트의 잘못 때문인지 아닌지, 혹은 클라이언트에게 책임이 있는지 등을 언어 혹은 비언어적인 것으로 표현하지 않고, 클라이언트의 특성 및 가치관을 비난하지 않는다는 원칙이다.

② **중요성**

- 클라이언트는 대체로 사회복지사의 비판적 판단에 대해 두려워하는 경향이 있다. 특히 죄책감, 열등감 등 심리적 · 정서적으로 예민하고 불안정한 클라이언트에 대해 사회복지사가 심판적 태도를 보이게 되면 관계형성이 어려워질 수 있다.
- 사회복지사의 비심판적 태도는 클라이언트의 억압된 감정을 풀어주어 클라이언트는 자신에게 충실해지며 분열된 자아를 재통합하려는 건설적 힘이 강화된다.
- 클라이언트를 심판하지 않는다거나 클라이언트에 대한 심판을 보류한다는 것이 클라이언트의 불법적인, 비도덕적인, 학대적인 행동을 인정하고 용서한다는 것을 의미하는 것은 아니다.
- 사회복지사는 클라이언트의 행동, 태도, 가치표준 등을 객관적으로 평가해야 하며, 이는 그를 판단하기 위한 것이 아니라 이해하기 위함이다.

③ **비심판적 태도의 장애요인**

- 편견이나 선입견은 클라이언트를 객관적으로 보기 어렵게 한다.
- 성급한 확신은 클라이언트가 자신에게 심판적인 태도를 보인다고 느낄 수 있다.
- 다른 사람과 비교하거나 유형화하는 경우 클라이언트는 자신을 범주화한다고 느낀다.
- 사회복지사에 대해 클라이언트가 적개심과 같은 부정적인 감정을 표현한다.

④ **사회복지사의 역할**

- 사회복지사는 객관성을 가지고 옳고 그름을 판단하는 것보다는 클라이언트를 이해하고 행동의 원인을 규명하는 데 초점을 두어야 한다.
- 클라이언트의 말투나 태도, 행동 등에 대해 어떠한 선입견이나 편견을 가지고 성급하게 결론 내릴 것이 아니라, 클라이언트와 클라이언트의 행동을 구분하여 클라이언트 개인을 이해하는 것이 필요하며 클라이언트에 대한 이해가 바탕이 될 때 그의 행동에 대한 비판도 가능해진다.

(6) 클라이언트의 자기결정(client self-determination) 꼭!

① **의미**

- 사회복지실천과정에 있어서 클라이언트의 자기선택과 결정을 내릴 수 있는 권리와 욕구를 실제로 인식하여 클라이언트가 모든 의사결정 과정에 참여하여 스스로 선택하고 결정하는 자유를 누리게 하는 것이다.
- 클라이언트 스스로 자기가 나아갈 방향을 결정하려는 것을 존중하며 그 욕구를 결정하는 잠재적 힘을 자극하여 활동하게 할 수 있도록 도와준다.
- 클라이언트의 자기결정권은 적극적 · 건설적 결정을 내릴 수 있는 클라이언트의 능력 및 법률이나 도덕의 테두리 또는 사회기관의 기능의 테두리에 따라 제한받는다.

② **자기결정의 한계**

- 지적, 정신적, 신체적 장애로 인해 클라이언트가 스스로 결정할 능력이 없는 경우 자기결정의 기회가 제한될 수 있다.
- 클라이언트의 결정이 법적, 도덕적 규범에 어긋날 경우 자기결정의 원리는 제한을 받는다.
- 사회기관의 규정에 따라야 한다.

③ **사회복지사의 역할**

- 클라이언트가 자기수용을 할 수 있도록 원조한다.
- 클라이언트 자신 속에 내재된 자원을 알게 한다.
- 클라이언트가 자기 문제를 스스로 해결하도록 하며 인격적 성장을 할 수 있는 분위기를 만들어 준다.
- 필요한 자원, 활용할 수 있는 자원들을 찾을 수 있도록 지원한다.
- 클라이언트의 잠재적 능력을 개발할 수 있도록 환경을 조성할 수 있어야 한다.
- 클라이언트가 원하는 것이 무엇인지에 대해 경청하는 태도를 가져야 한다.
- 클라이언트의 선택과 결정에 대해 수용하는 자세를 가져야 한다.
- 정보나 조언을 줄 수는 있지만 최종 결정은 클라이언트가 하도록 한다.

잠깐!

조종(manipulation)

클라이언트가 사회복지사의 판단에 따라 행동을 결정하도록 교묘하게 이끄는 것을 말한다.

④ **자기결정원칙 적용 시 사회복지사의 주의사항**

- 사회복지사가 문제해결을 위한 중요한 책임을 지고 클라이언트에게는 부차적인 역할만 하도록 하지 않는다.
- 직접 혹은 간접적으로 조종하거나 강제적으로 설득해서는 안 된다.

⑤ **사회복지실천에서 4가지 고려사항**

- 직면한 문제를 해결하기 위한 다양한 대안들을 알고 있어야 한다.
- 주요 문제해결자는 사회복지사가 아니라 클라이언트임을 강조한다.
- 사회복지사는 클라이언트의 자기결정을 돕기 위해 문제해결에 대한 다양한 의견을 제시할 수 있다.
- 법적 혹은 기관의 구성원으로서 부여되는 사회복지사의 의무와 역할이 있더라도 클라이언트의 자기결정권을 최대한 보장하고 존중해야 한다.

(7) 비밀보장(confidentiality) ★꼭!

① **의미**

- 클라이언트가 전문적 관계에서 노출한 정보를 사회복지사가 전문적인 치료 목적 외에 타인에게 알려서는 안 된다는 원칙이다.
- 사회복지실천의 가장 기본원칙이며, 사회복지사의 윤리적 의무이다.
- 절대적인 것은 아니고 예외적인 상황이 있다(비밀보장의 한계).

② **비밀의 유형과 사회복지사의 윤리적 의무**

사회복지실천과정에서 다음 세 가지 유형의 비밀이 모두 상존한다. 그러나 대부분 위임된 비밀이 많으며 사회복지사는 윤리적 의무를 가지고 비밀을 지켜야 한다.

- 자연적 비밀(natural secret): 드러나면 대상자의 명예를 손상시키고 해를 주는 정보
- 약속된 비밀(promised secret): 말하는 사람이 듣는 사람과 비밀보장의 확인과 약속을 한 것
- 위임된 비밀(entrusted secret): 드러내지 않을 거라는 이해가 있을 때 전달되는 비밀

③ 사회복지사의 역할

- 사회복지사는 비밀보장이 지켜지지 않으면 전문적 원조관계는 성립 · 유지될 수 없고, 클라이언트가 비밀보장에 대한 믿음이 있을 때 사회복지사와의 의사소통이 촉진될 수 있음을 인식해야 한다.
- 정보공유가 이루어져야 할 때에는 클라이언트에게 어떤 상황인지, 어떤 내용이 공유되게 되는지에 대해 고지해야 하며, 비밀보장의 한계 등에 대해서도 충분히 설명해야 한다.

④ 비밀보장과 관련된 갈등(비밀보장의 제한)

- 클라이언트의 비밀보장에 대한 권리는 클라이언트 권리, 자신보다 더 높은 의무, 타인의 권리, 사회복지사가 속한 기관의 권리, 사회의 권리에 의하여 제한을 받는다.
- 클라이언트 자신의 내적 갈등: 클라이언트의 비밀보장의 권리와 다른 권리 및 의무와의 모순 · 충돌이다.
- 타인의 권리와의 충돌: 양쪽의 권리를 비교하여 중요한 권리를 택해야 한다.
- 사회복지사의 권리와의 충돌: 클라이언트의 비밀을 보호하려면 사회복지사 자신의 권리가 박탈될 경우가 생길 수 있다. 이 경우에도 양쪽 권리를 비교하여 중대한 편을 선택해야 한다.
- 사회기관의 권리와의 충돌: 클라이언트의 비밀을 지키기 위해 기관의 사회적 사명과 권한을 넘는 조치를 강요당하는 경우가 있다.
- 사회의 권리와의 충돌: 사익과 공익, 개인의 권리와 공공복지 간에 충돌이 있을 수 있다. 개인은 사회적인 존재이므로, 자기에게는 불리하더라도 사회공공의 복지를 위해 협력할 의무가 있다.
- 기관 안팎의 타 전문가와 연계할 경우
- 슈퍼바이저에게 보고해야 할 경우
- 기관에 보관되는 기록이나 동료와의 사례회의
- 타인이나 클라이언트의 생명을 보호해야 할 경우

> 잠깐!
> 사회복지사업법을 통해 사회복지사의 비밀누설을 금지하고 있지만, 예외 상황을 구체적으로 규정하고 있지는 않다.

7가지 욕구와 관계의 상호작용 방향

관계의 방향 / 7대 원칙	제1방향	제2방향	제3방향
	클라이언트의 기본욕구	사회복지사의 반응	결과 및 효과
	클라이언트→사회복지사	사회복지사→클라이언트	클라이언트→사회복지사
① 개별화	단 한 사람으로서 대우받고 싶은 욕구	wk는 ct의 독특한 개별적 특성과 욕구에 맞춰 자원, 원칙, 방법을 활용한다.	ct는 자신이 특정한 범주나 유형으로 구분되는 것이 아니라 한 개인으로서 이해받는다고 느낄 때 본격적으로 관계에 몰입할 수 있다.
② 의도적 감정표현	자신의 감정, 특히 부정적 감정을 표현하고 싶은 욕구	wk는 자유롭게 감정을 표현하고자 하는 ct의 욕구를 인식하여 감정표현을 격려하고 촉진한다.	ct는 스트레스나 긴장이 완화되어 문제를 분명하고 객관적으로 보게 된다.
③ 통제된 정서적 관여	자신의 문제에 공감적인 반응을 얻고 싶은 욕구	wk는 ct의 표현된 감정에 반응을 보임으로써 정서적으로 관여한다.	ct는 자신의 문제가 이해되는 느낌을 받으며 심리적 안정을 찾을 수 있다.
④ 수용	있는 그대로의 가치를 인정받고 싶은 욕구	wk는 ct의 장점과 약점, 바람직한 성격과 그렇지 못한 성격, 긍정적인 감정과 부정적인 감정 등을 다 포함하여 있는 그대로 인정하고 존중해 준다.	ct는 안정감을 느끼면서 스스로를 있는 그대로 보고 드러내며, 자신의 문제를 현실적이고 객관적인 방법으로 대처할 수 있게 된다.
⑤ 비심판적 태도	심판받고 싶지 않은 인간적 욕구	ct에게 문제의 원인이나 책임이 있는지를 심판하지 않고, 클라이언트의 특성 및 가치관을 비난하지 않는다.	치료적 관계의 성립을 도와준다. ct는 방어 없이 편안하게 자신의 문제와 욕구에 대해 논의할 수 있게 되며, 문제해결도 원활해진다.
⑥ 자기결정	스스로 선택하고 결정하고자 하는 욕구	ct가 스스로 자신의 나아갈 방향을 결정하려는 것을 존중하며 그 욕구를 결정하는 잠재적 힘(강점)을 자극한다.	ct가 자신에 내재되어 있는 인격적 자원을 발견하고 활용할 수 있게 되며, 문제해결에 적극적으로 참여하게 된다.
⑦ 비밀보장	자신과 관련된 비밀이 지켜지길 바라는 욕구	wk는 전문적 관계에서 알게 된 ct의 정보를 보호하고, 전문적 치료 목적 외에 타인에게 알리지 않는다.	ct가 원조 관계 및 과정에 신뢰감을 갖고 적극적으로 참여할 수 있게 된다. ct가 방어기제를 사용하여 자신을 왜곡하는 현상을 줄일 수 있으며, wk와 ct 간 상호작용이 촉진된다.

*표 안에서 ct는 클라이언트를, wk는 사회복지사를 말함.

한걸음 더

비스텍이 말하는 관계의 상호작용이란,

사회복지실천에서 상호작용은 클라이언트와 사회복지사 간에 태도와 감정의 역동적 상호작용으로 이루어진다. 이러한 상호작용은 빨라지거나 느려질 수는 있지만 사회복지사와 클라이언트의 관계가 지속되는 한 끝나지 않는다.

상호작용의 첫 번째 방향은 클라이언트에서 사회복지사에게로 향하는 것이다. 클라이언트는 사회복지사에게 자신의 문제와 약점에 대해 말할 때 두려움과 불안을 가지고 있다. 그러한 두려움과 불안을 직접적으로 표현하기도 하고 암묵적으로 표현하기도 한다. 또한 표현하지 않아도 사회복지사는 그러한 감정을 알아차린다.

두 번째 방향은 사회복지사에게서 클라이언트에게로 가는 것이다. 사회복지사는 클라이언트가 보낸 첫 번째 신호에 대한 반응을 보여주어 클라이언트에게 응답하고 클라이언트가 이러한 응답을 느끼기를 원한다.

세 번째 방향은 다시 클라이언트로부터 사회복지사에게로 가는 것이다. 클라이언트는 대개 비언어적 방법으로 사회복지사가 자신의 감정과 욕구를 받아들여 주었다는 것을 전한다.

이러한 역동적인 상호작용은 개념적으로는 분리될 수 있지만 대인관계의 전반에 걸쳐 지속되는 힘이고 어떤 경우에는 관계가 종결된 이후에도 남아서 계속될 수 있다.

3 관계형성의 장애요인

기출회차				
1	2	3	4	5
6	7	8	9	10
11	12	13	14	15
16	17	18	19	20
21	22			

강의로 복습하는 기출회독 시리즈

Keyword 083

중요도 ★

전이와 역전이의 개념을 구분하고, 침묵, 양가감정 등은 그 자체로 문제로 단정할 수 없지만 저항으로 이어질 수 있다는 점을 함께 기억해두어야 한다. 관계형성을 어렵게 하는 상황을 생각해보면서 사회복지사가 어떻게 대처해야 할지를 생각해보자.

1. 변화를 방해하는 관계 및 대처행동 22회 기출

(1) 사회복지사에 대한 클라이언트의 불신

① 불신의 원인

- 사회복지사를 클라이언트가 불신하는 것은 대부분 과거에 경험한 다른 관계에서 비롯되는 경우가 많다.
- 사회복지사의 온정, 관심, 공감하는 좋은 의도에도 불구하고, 어떤 클라이언트는 수 주 내지는 수개월 동안 사회복지사를 시험하며 방어를 철회하지 않는 경우가 있다.

② 사회복지사의 대처

- 사회복지사를 신뢰하지 않는 클라이언트를 만나면 사회복지사는 인내하고 참아야 한다. 신뢰와 긍정적 관계가 성립하기 전에 자기를 드러내게 하는 것은 클라이언트를 소원하게 하거나, 사회복지사를 시험하는 기간을 더 길게 하거나, 클라이언트가 관계 중단을 재촉하는 결과를 가져온다. 이러한 클라이언트 중 많은 이들이 절박하게 도움이 필요하며, 약속을 제대로 지키지 않는 것은 동기가 부족하기보다 회피하는 경향임을 인식하는 것이 중요하다.
- 사회복지사가 클라이언트의 회피행동 뒤에 숨어 있는 두려움에 맞설 수 있도록 돕는다면 치료에 도움이 된다.

(2) 전이(transference) 꼭!

① 개념

- 클라이언트가 다른 사람(대개 부모, 부모를 대신하는 사람, 형제자매)과의 과거의 경험에서 비롯된 소망, 두려움, 그리고 다른 감정을 사회복지사에게 보이는 것이다.

- 클라이언트가 과거 서비스를 받는 과정에서 다른 사회복지사에게서 수치심, 모욕감 등 부정적 감정을 겪었다면 사회복지사에 대한 전이반응이 나타날 수 있다.
- 대처기술이 제한되어 자신의 문제에 대해 도움을 받기 원하며 의존하고자 하는 한편, 두려움과 부정적 감정이 강해서 전문가와 관계 맺는 것이 어렵다.
- 전이반응은 상황에 맞지 않는 비현실적인 왜곡을 낳아 변화에 대한 저항을 일으킨다.

② 전이반응 다루기

- 클라이언트의 반응이 비현실적임을 지적하고 사회복지사에 대한 현실적인 관점을 갖도록 도와야 한다.
- 사회복지사에 대한 감정을 과거에 다른 사람에게도 느낀 적이 있는지 알아보고 그 근원에 대해 클라이언트가 깨닫도록 도와준다.
- 클라이언트가 어린 시절, 신체적 또는 성적 학대 등 외상성 스트레스를 경험했다면, 과거 경험을 차분하게 설명하게 하고 탐색하는 것이 중요하다.

> **합격자의 한마디**
>
> 실천기술론에서 배울 정신역동모델에서는 클라이언트의 전이 반응을 분석하고 해석함으로써 치료에 활용하기도 하며, 클라이언트의 감정표현을 끌어내기 위해 의도적으로 전이를 유도하기도 한다.

(3) 역전이(countertransference) 꼭!

① 개념

- 사회복지사가 클라이언트를 마치 자신의 과거 어떤 시점의 인물이나 관계로 느끼고 무의식적으로 그렇게 반응하는 것이다.
- 사회복지사가 과거에 경험한 관계에서 파생된 감정, 소망, 무의식적 방어유형과 관련이 있는 것으로서, 사회복지사의 객관적 인식을 방해하고 클라이언트와의 긍정적인 상호작용을 차단한다.
- 역전이는 왜곡된 인식과 감추어진 부분, 소망과 치료를 방해하는 감정반응과 행동을 만들어내면서 관계를 악화시킨다.

  예 부모의 이혼으로 인해 할머니 집에서 자란 사회복지사가 아이를 시부모에게 맡기고 이혼하려는 클라이언트를 비난하는 것이다.

② 역전이 다루기

- 사회복지사는 자신의 감정의 기원에 관심을 갖고 클라이언트와의 현실적인 관계에 관점을 갖도록 노력해야 한다.
- 역전이로 인해 관계를 지속할 수 없을 경우에는 클라이언트에게 사회복지사 자신의 문제로 인해 관계를 지속할 수 없음을 알리고 다른 사회복지사에게 의뢰해야 한다.

(4) 저항(resistance) 꼭!

① 개념

- 사회복지사와 클라이언트의 관계에서 변화를 방해하는 힘을 저항이라고 한다.
- 저항은 마음을 터놓고 논의하지 않고, 고의적이든 아니든 변화 노력을 방해하는 것, 주저하는 것, 중지하는 것, 또는 치료적 작업 과정을 방해하는 행동이나 태도 등이 해당된다.

② 저항의 유형

- 침묵: 클라이언트가 갑자기 말을 하지 않거나 할 말이 생각나지 않는다고 하거나 말하고 싶지 않다고 하는 경우
- 주제와 관련 없는 이야기하기: 핵심에서 벗어난 이야기를 하거나 쓸데없는 이야기를 하는 경우
- 비관적이고 무력한 태도: “난 아무것도 못해요”, “해 봤자 소용없죠”라는 식의 무력감을 나타내는 경우
- 문제를 축소하거나 마술적 해법을 기대함: “다 잘되겠죠”라고 말하면서 문제를 직면하지 않고 회피하는 것, 변화에 대한 의지를 보이지 않는 것
- 저항을 행동화함: 지각하거나 면담에 오지 않는 것, 면담 중 딴 짓을 하면서 산만한 행동을 하는 것 등

③ 저항의 진행단계: 갈등 → 방어 → 해결 → 통합

- 갈등단계: 클라이언트는 자신의 문제와 관련되어 생각, 태도, 행동 등에 변화가 필요하다는 것을 느끼면서도 지금까지 익숙한 것들을 그대로 유지하고 싶은 양가감정으로 갈등상황에 놓여 있다.
- 방어단계: 익숙한 양식이 위협을 받게 되자 이에 대해 방어하게 된다. 변화의 필요성을 느끼는 클라이언트는 방어적 감정을 빨리 극복하지만 기존의 패턴을 고수하거나 그러한 자신을 합리화시키는 클라이언트도 있고 사회복지사의 제안을 불신하는 클라이언트도 있다.
- 해결단계: 사회복지사가 클라이언트의 상태를 이해하고 지지해주면 클라이언트는 변화에 대해 희망을 갖기 시작하고 시도해보려는 결심을 하게 된다.
- 통합단계: 클라이언트는 새로운 행동과 생각들을 기존의 것과 통합시키게 되고 곧 새로운 것이 익숙해져 언젠가는 다시 이것을 변화시키려는 순환단계를 밟게 된다. 이 순환단계를 되풀이하면서 클라이언트는 성장하고 발전한다.

④ **저항의 원인**

- 양가감정
  - 사회의 모든 체계들은 자신이 가지고 있는 속성을 그대로 유지하고 싶어하기 때문에 변화에 대해서 저항하게 되며 양가감정을 느끼게 된다.
  - 양가감정은 변화를 원하는 것과 원하지 않는 마음이 동시에 공존하는 것이다.
- 서비스 개입에 대한 오해와 선입견
- 사회복지사에 대한 부정적 감정

⑤ **저항 다루기: 전반적인 태도**

- 저항이 변화로의 진전을 심각하게 방해할 경우에만 다루는 것이 바람직하다.
- 저항의 저변에 있는 현재의 감정에 초점을 둔다.
- 클라이언트가 익숙하지 못한 상황에 직면하거나 압도될 때 경험하는 염려와 두려움 등에 대해서 클라이언트의 두려움을 탐색하고 시범과 역할극을 통해 상황에 익숙해지도록 돕는다.
- 서비스와 개입의 절차를 클라이언트가 잘못 이해하는 것에서 비롯된 저항은 서비스와 기관의 특성을 명확히 설명해 주고 서로의 역할을 분명히 하며, 클라이언트의 자기결정을 옹호하는 것이 필요하다.
- 저항을 부정적인 것으로만 받아들이지 않고 변화의 자연스러운 과정으로 생각하는 것도 중요하다.

⑥ **클라이언트의 침묵 다루기**

- 침묵을 방해물로 여기게 되는데 침묵에는 여러 가지 의미가 있기 때문에 침묵의 의미를 파악하는 것이 필요하다.
- 적절한 침묵은 클라이언트에게 생각을 공유하도록 용기와 기회를 제공한다.
- 침묵은 클라이언트에게 공유할 내용을 선택하고 생각을 정리할 여유를 준다.
- 짧은 순간의 침묵도 견디기 힘들어 다른 주제로 바꾸려는 시도를 하게 되는데 이는 삼가야 한다.
- 짧은 침묵은 정중한 침묵으로 대응하는 것이 좋다. 만약 침묵이 길어지면 사회복지사는 그 침묵을 탐색해야 한다.

⑦ **클라이언트의 양가감정 다루기**

- 사회복지사는 클라이언트에게 양가감정은 자연스러운 것임을 알려주어 클라이언트가 양가감정을 수용하고 자유롭게 표현할 수 있도록 돕는다.
- 양가감정을 수용하고 표현하면 저항이 줄어들게 된다.

합격자의 한마디

양가감정은 저항의 원인이 되기도 하며 침묵은 저항의 표현일 수도 있지만, 이 둘 모두 자연스럽게 나타나기도 하는 것이기 때문에 양가감정이나 침묵을 그 자체로 저항이라고 단정해서는 안 됩니다!

한걸음 더

비자발적 클라이언트의 저항 다루기

저항은 비자발적 클라이언트에게서만 나타나는 것은 아니지만 비자발적 상황이 갖는 특수성을 고려해야 한다는 점에서 비자발적 클라이언트의 저항에 관한 설명을 따로 다룬 교재들이 있어 추가적으로 소개하고자 한다.

① 분노 다루기

- 비자발적 클라이언트의 경우 자신을 강제적으로 참여시킨 부모, 배우자, 이웃, 경찰 등에 대한 분노를 가지고 있을 때가 있으며 이러한 분노를 사회복지사에게 표출하기도 한다.
- 사회복지사는 클라이언트의 분노가 자신을 향한 것이 아님을 분명히 알고 자신의 감정을 점검해야 한다. 사회복지사가 클라이언트가 표출하는 부정적이고 공격적인 감정에 대해 잘못 대처하게 되면, 개입을 소극적으로 하게 되거나 반대로 지나치게 강압적이고 엄격한 모습을 취하게 되기도 한다.
- 사회복지사는 클라이언트의 분노에 대한 이해와 공감적 반응, 수용 등을 통해 긍정적 관계를 형성할 수 있도록 해야 한다.

② 직면 활용하기

- 비자발적 클라이언트 중에서도 법원의 판결로 의뢰된 클라이언트는 수강명령 등으로 인해 강제적으로 프로그램에 참여하게 된다. 프로그램에 성실히 참여하지 않을 경우 받게 될 불이익, 처벌 등에 대해 직면하도록 하는 것도 저항을 다루는 방법이 된다.
- 다만, 이러한 직면을 활용할 때에는 사회복지사의 권력적 권위로 밀어붙이는 모양이 되어서는 안 된다. 클라이언트에게 양보할 수 없는 필수적인 조건을 강조하되 돕고자 하는 의도를 분명히 해야 한다.

③ 중립적 자세 취하기

- 비자발적 클라이언트 중에는 '사회복지사는 의뢰인의 편이지 내 편이 아니다'라는 생각에 소극적, 방어적 태도를 보이는 경우도 있다.
- '클라이언트의 문제상황에 대해 아직 잘 모르겠습니다. 앞으로 이야기 나누면서 문제를 찾아보고 싶습니다'와 같이 의뢰된 문제가 있더라도 중립적인 자세를 취하면서 클라이언트의 생각을 들어보고 문제를 함께 탐색해가는 것이 필요하다.

2. 미숙하거나 부적절한 사회복지사의 태도

- 클라이언트가 경험하는 중요한 감정을 인식하지 못하는 것
- 클라이언트가 비난이나 비방이라고 해석할 수 있는 메시지를 보내는 것
- 태만해지거나 클라이언트를 무시하는 것
- 클라이언트가 성장하고 있음을 인식하지 못하는 것
- 적절치 않게 직면을 사용하는 것
- 클라이언트의 중요한 정보를 기억하지 못하는 것
- 피곤해하거나 침착하지 않는 것
- 반대하거나 논쟁하거나 과도하게 충고하는 것

- 클라이언트의 반대 입장에 서 있는 것
- 토의를 좌지우지하거나 클라이언트를 자주 방해하는 것
- 클라이언트가 행하기에 어려운 조언이나 과제를 주는 것
- 비자발적 클라이언트에게 법적 명령을 넘어서는 힘을 생활영역에 사용하는 것
- 말이 잘 통하는 클라이언트나 계획대로 잘 진행되는 클라이언트에게만 집중하고 변화가 어려운 클라이언트를 회피하는 것
- 자신의 역전이를 인식하지 못한 채 클라이언트에게 부정적인 메세지를 보내거나 인식했음에도 불구하고 개선하지 못한 채 관계를 유지하는 것
- 클라이언트가 처한 상황 및 그 상황을 인식하는 기준, 그 상황을 대하는 태도 등에 대한 개별화된 이해 없이 유사한 사례에 같은 서비스를 제공하는 것

8장 면접의 방법과 기술

한눈에 쏙!		중요도
❶ 면접의 특징 및 기록	1. 면접의 개념	★
	2. 면접의 유형	22회 기출
	3. 효과적인 면접의 구성요소	★
	4. 면접 기록	★
❷ 면접의 기술	1. 관찰	
	2. 경청	22회 기출
	3. 질문	★★
	4. 기타 면접기술	★★★

기출경향 살펴보기

이 장의 기출 포인트

이 장에서 집중적으로 봐야 할 내용은 면접기술이다. 대체로 정답률이 높게 나타나는 편이지만, 해석, 환언, 초점화, 명료화, 반영 등 혼란스러운 개념들을 잘 잡아가는 것이 필요하다. 이후 개입과정에서의 기술로 출제되기도 하고 기술론을 통해 출제되기도 한다. 그 밖에 면접의 특징이나 목적, 기록 등도 간헐적으로 출제되곤 한다.

최근 5개년 출제 분포도

연도별 그래프

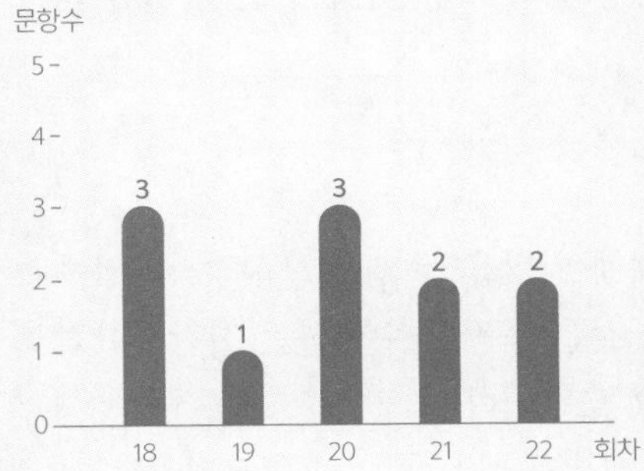

평균출제문항수

2.2 문항

2단계 학습전략

데이터의 힘을 믿으세요!
강의로 복습하는 **기출회독 시리즈**

3회독 복습과정을 통해
최신 기출경향 파악

최근 10개년 핵심 키워드

기출회독 **084**	다양한 면접 기술 및 유의할 점	14문항
기출회독 **085**	면접의 특징 및 유형	5문항

기본개념 완성을 위한 **학습자료 제공**

기본개념 강의, 기본쌓기 문제, O X 퀴즈, 기출문제, 정오표, 묻고답하기, 지식창고, 보충자료 등을 **아임패스**를 통해 만나실 수 있습니다.

1 면접의 특징 및 기록

기출회차				
1	2	3	4	5
6	7	8	9	10
11	12	13	14	15
16	17	18	19	20
21	22			

강의로 복습하는 기출회독 시리즈

Keyword 085

중요도 ★

면접은 일방적으로 이루어지는 것이 아니기 때문에 사회복지사와 클라이언트 간 합의를 통해 계약된 활동이며, 목적지향적, 공식적 활동이라는 점은 중요하게 다뤄진 내용이다.

1. 면접의 개념[18)]

(1) 일반적 개념

- 면접은 최소한 두 사람 이상이 특정한 목적을 가지고 함께 이야기를 나누는 것이다.
- 면접은 언어적 · 비언어적 의사소통의 다양한 방식 중 하나이며, 특별한 의사소통 방식이라 할 수 있다.

(2) 사회복지면접의 개념

- 사회복지실천에서의 면접은 전문적 관계에 바탕을 두고 정보수집, 과업수행, 클라이언트의 문제나 욕구해결 등과 같은 목적을 수행하는 시간제한적인 의사소통으로서 사회복지 개입의 주요 도구이다.
- 사회복지실천과정에서의 면접은 인간의 행동과 반응에 대한 전문적 지식과 인간관계의 기술을 갖춘 사회복지사가 클라이언트와 그의 문제를 이해하고 원조한다는 목적을 가지고 의도적으로 이끌어나가는 전문적 대화이다.
- 면접은 일방적인 활동이 아니라 상호적인 활동이다. 이러한 상호적 관점은 사회복지면접에서 중요한 의미를 지닌다.
- 사회복지실천에 있어 면접은 클라이언트의 문제 파악 및 실행, 평가의 전반적인 실천과정에 있어 기본적인 수단이다.
- 사회복지실천에서의 면접은 실천을 위한 정보수집의 도구이기도 하며 그 자체가 치료적 효과를 갖기도 한다.

합격자의 한마디

면접은 때로 치료적 효과를 가져오기도 하지만, 면접 그 자체가 치료나 상담을 의미하는 것은 아닙니다.

(3) 사회복지면접의 특징 ★꼭!

① 면접을 하기 위한 세팅과 맥락

- 특정 클라이언트에게 규정된 제공하는 기관(=세팅)이 있다.
- 면접 내용은 특정 상황(=맥락)에 한정되어 있기 때문에 특정 상황과 관련되지 않는 요인들은 제거된다.

② **목적과 방향**

- 면접은 목적지향적인 활동이다.
- 의사소통은 개입목적에 관련된 내용들로 제한된다.

③ **계약**

- 면접은 계약에 의한다.
- 사회복지사와 클라이언트가 목적 달성을 위해 함께 활동하며, 상호 합의한 상태에서 진행된다.

④ **특정한 역할관계**

- 면접자(=사회복지사)와 피면접자(=클라이언트)는 각각 특정한 역할관계를 규정하고 그 역할에 따라 상호작용한다.
- 면접에서 사회복지사와 클라이언트의 특수한 역할관계가 수반된다. 즉, 사회복지사와 클라이언트의 역할이 서로 다르다.

⑤ **공식적인 활동**

개인적이거나 사적인 차원에서 이루어지는 것이 아니라 공식적이고 의도적인 활동이다.

(4) 면접의 목적: 이해와 원조

- 면접은 클라이언트의 문제해결을 위한 정보를 얻는 것뿐만 아니라 클라이언트에게 어떤 도움을 줄 수 있는가를 파악하기 위해 진행된다.
- 클라이언트와 문제에 대해 충분히 이해하여 적절한 원조를 제공하기 위한 것이다.
- 면접을 통해 클라이언트 개인, 가족, 사회적 환경 등에 관한 여러 가지 정보를 수집하고, 서비스 결정을 위한 사정을 진행하거나 클라이언트의 기능 향상 및 환경변화를 위한 개입을 진행할 수 있다.

2. 면접의 유형 22회 기출

(1) 구조화 정도에 따른 면접의 종류[19]

- 면접의 구조화 정도에 따라서 구조화된 면접(=표준화된 면접), 반구조화된 면접, 비구조화된 면접(=비표준화 면접)으로 구분된다.
- 세 가지 방법은 각각 장점과 단점이 있으므로 면접의 목적이나 상황에 따라

잠깐!

여러 면접 유형은 한 번에 한 가지만 실시되는 것은 아니며 다양하게 혼합되어 이루어질 수 있는데, 면접의 목적 및 상황 등에 따라 면접의 주요 초점이 달라진다.

잠깐!

구조화

구조화란 일정한 형식이나 틀 등이 정해진 정도를 말한다. 면접은 구조화될 수도 있고 그렇지 않을 수도 있다.

선택적으로 혹은 상호보완적으로 사용해야 하며, 어떠한 방법을 선택하느냐에 따라 정보의 양과 질이 다를 수 있다.

① 구조화된 면접(structured interviews)

- 면접자가 표준화된 면접조사표나 질문들을 만들어서 면접상황에 관계없이 모든 피면접자에게 동일한 절차와 방법으로 면접을 수행한다.
- 면접자는 임의로 질문의 내용이나 형식, 순서를 변경할 수 없으며, 미리 정해진 면접계획과 내용에 따라 순서를 기계적으로 진행한다.
- 사전에 준비한 똑같은 순서나 동일한 내용으로 질문하므로 서로 다른 피면접자 간의 면접 내용을 비교할 수 있다.
- 구조화된 면접이 적절한 경우: 수집한 자료를 비교하는 것이 중요할 때, 한 명 이상의 면접자가 면접을 수행할 때, 면접자의 면접 경험이 부족할 때 등에 적절하다.
- 한계
  - 논리적인 반응을 하게 되는 경향이 있어 정서적 내용은 거의 없다.
  - 피면접자에 따라 특정 질문이 해당되지 않거나 부적절할 수 있어 면접시간을 낭비할 수 있다.

② 반구조화된 면접(semistructured Interviews)

- 지침이 있는 면접(guided interview)으로, 미리 결정된 질문이나 주요 단어(key word)가 있다.
- 구조화된 면접과는 달리 특정 질문을 미리 만들지는 않으며, 피면접자의 반응에 따라 적절한 시점에서 개방형의 질문을 한다.
- 비구조화된 면접이나 구조화된 면접 양자의 장점을 취한다.
- 반구조화된 면접은 사람들이 갖고 있는 정보를 비교하고자 할 때나 각각의 개인 경험에 대한 심층적 이해를 원할 때 적절하다.

③ 비구조화된 면접(unstructured Interviews)

- 개방형 면접(open-ended interview)으로, 구조화된 면접에서 사용하는 표준화된 질문들로 구성된 면접목록을 사용하지 않는다.
- 사람들의 견해를 이해하는데에 가장 좋은 방법 중의 하나이다.
- 비구조화된 면접이 적절한 경우: 피면접자의 세계에 대해 심층적이며 자세한 묘사와 이해를 얻고자 할 때 적용할 수 있다.

(2) 목적에 따른 사회복지실천의 면접[20)]

① 정보수집을 위한 면접(사회력 조사 면접)

- 정보수집을 위한 면접의 목적은 클라이언트와 그의 상황을 이해하는 데 필요한 정보를 수집하는 것이다. 클라이언트 개인이나 클라이언트를 둘러싼 상황에 대해 정보를 수집하고 이해하면 클라이언트의 문제를 더 잘 이해할 수 있다.
- 객관적인 사실과 주관적인 감정, 태도 등이 포함되며, 클라이언트의 개인적 · 사회적 문제와 관련된 사회적 배경이나 개인의 성장 발달사에 관한 정보를 얻는다.
- 정보수집 면접은 클라이언트의 유형, 문제영역, 기관의 성격에 따라 초점이 달라질 수 있다.

  예 아동보호기관 – 부모의 학대 및 방임의 형태, 아동의 신체적 손상, 정신적 외상 등
- 면접에 포함되는 내용
  - 일반적 사항: 나이, 성별, 학력, 결혼상태, 주소 등
  - 현재 문제: 현재 문제상황, 현재 문제와 관련된 과거력 등
  - 가족력: 클라이언트와 원 가족과의 관계, 부모형제관계, 부부관계, 자녀관계 등
  - 개인력: 아동기 성장과정, 발달단계상의 문제, 학교생활, 교우관계, 직장생활, 결혼생활
  - 사회적 · 직업적 기능: 클라이언트의 사회적 · 직업적 기능 정도 등

② 사정을 위한 면접

- 사정은 자료를 해석하고 의미를 부여하여 실천방향 및 개입방향을 결정하는 일이므로, 사정을 위한 면접은 서비스에 대한 의사결정을 하기 위한 면접으로서 정보를 수집하기 위한 면접보다 목적지향적이다.
- 사정을 위한 면접을 통해 클라이언트가 처해 있는 현재 문제상황, 문제해결 목표, 목표를 달성하기 위해 어떤 개입방법을 선택해야 할지 결정하게 된다.

  예 정신장애인의 경우, 사정면담을 통해서 어떤 치료방법을 사용할 것인지 결정하게 된다. 이 경우, 장애정도, 장애의 심각성, 장애유형과 진단명, 약물치료와 재활치료 효과 결과에 대한 예측, 가족과 지역사회자원 등을 평가한다.

③ 치료를 위한 면접

- 치료를 위한 면접은 클라이언트를 도와서 그 자신이 변화하거나 클라이언트의 기능 향상을 위한 사회적 환경을 변화시키기 위해 실시한다.

- 면접을 통해 클라이언트에게 자신감과 자기효율성을 강화하고, 필요한 기술을 훈련하며 문제를 해결할 수 있는 능력을 키운다.
- 환경을 바꿀 목적으로 면접하는 경우도 있는데, 클라이언트와 관련이 있는 중요한 사람들 혹은 클라이언트의 이익과 권리를 옹호하고 대변할 수 있는 사회복지기관, 지역사회, 공공기관, 관련 공무원 등이 면접의 대상이 된다.

3. 효과적인 면접의 구성요소

중요도 ★

장소, 시간, 태도 등은 단독으로 출제되기도 하고, 면접에서의 사회복지사의 과업이나 면접의 특징 등을 묻는 문제에서 함께 다뤄지기도 한다.

합격자의 한마디

장소가 꼭 기관 상담실에 한정되어야 하는 것은 아니라는 점, 시간을 계획적으로 사용해야 한다는 점은 기억해두세요.

(1) 장소[21]

① 일반적 조건

- 일반적으로 면접인의 사무실과 같이 주위 조건을 제어할 수 있는 공식적인 장소
- 개인 사생활을 보장할 수 있고 안락하고 조용하며 갑작스런 방해를 받지 않는 곳

② 클라이언트와 사례의 특성에 따른 면접장소

- 면접의 장소는 클라이언트의 선호와 사례의 특성에 따라 달라진다.
- 질병 등으로 인해 거동이 어려운 클라이언트는 그의 집에서 진행하기도 하며, 입원환자의 경우 병동에서 진행하기도 한다.
- 긴박한 상황에서는 면접 대기실이나 버스정류장, 공항에서도 면접을 하게 된다.
- 청소년의 경우 공원이나 운동장 같은 장소가 활용된다.

면접장소에 따른 장·단점

	사무실에서 이루어지는 면접	가정에서 이루어지는 면접
장점	• 클라이언트가 조용함이나 편안함, 안정감을 느낄 수 있도록 물리적 상황을 통제할 수 있다. • 외부로부터 비밀보장이 되고, 방해를 최소화할 수 있다.	• 클라이언트의 생활에 대해 좀 더 풍부한 정보를 얻을 수 있다. • 일상적인 가정생활을 관찰하여 클라이언트의 행동에 대한 유용한 정보를 얻을 수 있다.
단점	클라이언트에게 낯선 환경이기 때문에 긴장하고 불안해 할 수 있다.	• 면접자가 클라이언트의 집까지 가야 하기 때문에 시간과 에너지를 소비하게 된다. • 클라이언트가 집에 없을 가능성도 있다. • 생활소음이나 가족원의 방해 등으로 인해 면접이 중단되거나 방해를 받을 수 있다. • 사교적인 만남과 구별 짓기 어렵다.

③ **기타 고려할 사항**

- 너무 어둡거나 밝지 않은 채광과 조명, 춥거나 덥지 않은 적당한 온도
- 넓은 공간, 면담에 적절한 가구와 분위기, 등을 기댈 수 있는 의자
- 참여자들 사이의 개방적 공간(접수창구 형태의 공간에서는 옆 사람의 상담 내용이 들리지 않을 정도의 공간 확보가 필요함)
- 비밀보장이 되는 안전하고 독립적 공간
- 외부인이 출입하여 방해받지 않는 분위기 등

(2) 시간

① **면접단계**

면접은 목적적이고 의도적인 활동이기 때문에 면접과정을 나누고 각 과정에 적합한 질문을 하여 정보를 얻는 것이 좋다.

- 시작단계: 인사 나누기, 관계 설정하기, 문제에 관해 확실히 언급하기
- 중간 · 진행단계: 문제 정의를 위한 더욱 상세한 정보 얻기, 도움을 주기 위해 노력하기
- 종결 · 마무리단계: 서로 수용할 수 있는 관계 유지하기, 면접 내용의 개괄로써 이해의 폭 넓히기, 다음 면접으로 이어지도록 다리역할 하기

② **시간제한의 계획**

면접은 시간적으로 제한을 두는 것이 더 효율적이다. 면접을 위한 전체 기간, 회차 수, 회당 시간 등을 클라이언트에게 미리 알리고 합의해야 한다. 시작하는 시간과 진행시간을 미리 약속하고 면접을 진행하면 좀더 목적에 부합하고 초점에 집중하는 면접이 이루어질 수 있다.

- 통상적인 면접시간은 50~60분 정도이나, 클라이언트의 연령, 집중력, 체력 등을 고려하여 정한다. 면접시간이 너무 짧으면 이야기를 제대로 나누지 못할 수 있고 너무 길면 지칠 수 있다.
- 종결시간은 면접인과 피면접인, 양자의 동의와 참여로 끝마치는 것이 좋다.
- 면접이 끝날 무렵 클라이언트가 아주 중요한 문제를 꺼낼 때도 있는데, 면접자는 그 중요성을 인정하면서 다음 면접 때 그 내용을 함께 나눌 것을 제안하며 면접을 종료하면 된다.
- 면접시간이 끝날 때가 되면 면접인은 비언어적 행동을 취하여 클라이언트가 면접시간이 다 되었음을 알 수 있게 해주는 것이 좋다.

③ 상황에 따른 시간과 횟수

문제의 긴급성, 클라이언트의 현재 상황 등을 고려하여 면접 시간과 횟수를 정한다.

- 사안이 위급하지 않고 일정한 거주공간을 가지고 있는 클라이언트에게는 일주일에 한 시간씩 몇 달 동안 면접을 하기도 한다.
- 입원 · 퇴원 등의 상황에서는 되도록 짧은 시간 동안 환자와 가족을 간헐적으로 만난다.
- 응급상황이나 위기의 개입은 보통 짧은 시간 동안 집중적인 접촉을 요구한다.
- 그다지 긴급한 상황이 아니라면, 한 달에 한 번 꼴로 혹은 비정기적으로 몇 주 내지 몇 달을 면접할 수도 있다.

(3) 면접자의 태도 [22)]

① 옷차림과 행동

옷차림이나 행동에 관련해서 사회복지사는 기관의 조직문화나 클라이언트의 기대를 고려해야 한다.

- 옷차림(피어싱, 타투 등을 포함하여)에 대한 관례는 사회적 기준의 변화에 영향을 받기도 하고 지역적 특성이 반영되기도 한다.
- 클라이언트에 대한 관심과 염려를 보여줄 수 있는 행동을 한다.
- 면접 중에 등을 기대거나 눈을 감거나, 책상 위의 물건을 만지작거리거나, 전화통화를 계속 한다거나, 창문 밖을 계속 주시한다거나 하는 행동은 금지한다.
- 신체적 접촉도 고려해야 한다. 성인이 눈물을 흘릴 때는 화장지를 건네주는 편이 낫고, 손을 붙잡거나 어깨에 손을 올리는 등 신체접촉 행위는 주의해야 한다.

② 호칭

- 사회복지사와 클라이언트는 사교적인 관계가 아니라 전문적인 관계이므로 형식성을 띤다.
  - 예 "사회복지사 선생님", "최○○ 선생님"
- 클라이언트의 익명성 보장이 필요한 경우 클라이언트의 이름을 부르거나 별칭을 사용하기도 한다.
  - 예 알코올 단주 모임에 참여하는 중독자들이 자신을 소개할 때, "저는 양입니다."

③ 개인적인 질문

- 클라이언트가 사회복지사에게 개인적인 질문을 하는 동기
  - 단순한 사회적 호기심, 처음 만난 사회복지사를 탐색하는 의도
  - 사회복지사로서 자질과 도움이 될 만한 점이 있는지 알아보기 위한 시도
  - 사회복지사와의 관계를 주도하면서 사적인 우정을 만들기 위해서, 또는 전문적 관계에서 야기되는 문제를 피하기 위해 사적인 관계를 만들려는 시도
  - 사회복지사에 대한 감정의 표현 등
- 개인적인 질문에 대한 면접자의 태도
  - 일상적인 맥락의 질문이고 사회적으로 충분히 수용될 수 있는 질문이라면 간략하게 직접적으로 대답하고, 얼른 클라이언트에게 초점을 옮긴다.
  - 사회복지사의 전문적 혹은 인간적 자질에 관해 질문하는 경우도 있다. 이때 사회복지사는 잘 알지 못하거나 경험하지 못한 것을 꾸며서는 안 된다. 클라이언트의 경험에 대한 완벽한 이해는 어려움이 있음을 솔직히 말해도 괜찮으며, 자신의 전문성에 대해서는 자신감 있게 이야기하는 것도 필요하다.
  - 사회복지사의 나이를 묻는 경우도 있다. 보통은 호기심이나 탐색 차원이지만, 클라이언트가 주도권을 잡으려는 목적이나 불신의 양상을 보이는 경우에는 "제가 ○○○씨의 일을 이해하기에는 너무 젊다고 생각하시는군요"라거나 "제가 좀 어려보이죠?"라는 식의 대답을 하면서 분위기를 잘 만들어가야 한다.
  - 사회복지사가 클라이언트와 전문적 관계를 맺고 있는 동안에는 사적인 우정은 피해야 한다. 기관에 따라서는 클라이언트에게 전화번호나 주소를 가르쳐 주지 않는 것을 명시적으로 정해 놓기도 하기 때문에 이 규칙을 알려주는 것이 좋다.

④ 관심 · 따뜻함 · 신뢰 보여주기

- 관심, 따뜻함, 신뢰의 자세는 클라이언트에 대한 존중을 내포한다.
- 면접인은 클라이언트의 욕구에 관심을 보이고 그를 도와준다는 것을 나타냄으로써, 또 클라이언트의 얘기에 경청하고 끊임없이 반응해 줌으로써 긍정적인 존중의 관계를 맺을 수 있게 된다.
- 면접인은 클라이언트를 정형화된 존재로 인식하기보다 개인의 특성을 인정하면서 개별화해야 한다.

중요도 ★

실천론보다는 실천기술론에서 자주 등장하는 내용이다. 여기서는 기록의 유형만 간단히 다루었으며, 자세한 내용은 <사회복지실천기술론> 12장을 통해서 확인하기 바란다.

4. 면접 기록

(1) 과정기록

- 사회복지사와 클라이언트의 상호작용을 있는 그대로 모두 기록하는 방식이다. 대화 내용만을 기록하는 것이 아니라 면접 중에 일어난 일, 클라이언트의 비언어적 메시지를 모두 포함한다.
- 과정기록은 대화 내용을 모두 담는 것이기 때문에 대체로 대화체(직접인용)로 기록하는 경우가 많지만, 이야기체(간접인용)로 기록할 수도 있다.
- 장점: 모든 것을 있는 그대로 기록하기 때문에 슈퍼비전이나 교육적 도구로 유용하다. 어려운 사례를 다루거나 새로운 기술 등을 개발할 때 유용하다.
- 단점: 작성하는 데 시간과 비용이 너무 많이 소요되어 비효율적이기 때문에 많이 사용되는 방식은 아니다. 실제로 일어났던 일을 완벽하게 기록하는 것은 불가능하므로 정보가 불완전하며 왜곡될 수 있다.

(2) 요약기록

- 기록의 내용은 일반적으로 개시일, 사회력, 행동계획, 시간의 경과에 따라 변화된 상황, 개입활동, 중요한 정보 등이 포함되며 요약하여 기록한다(보통 기관마다 정해진 양식이 있다).
- 장점: 사례가 장기간 지속될 경우 유용하다. 전체 서비스 과정을 고려하면서 쉽고 짧게 사용할 수 있다. 기록에 융통성이 있어서 사회복지사가 중요하다고 판단한 것을 포괄할 수 있다.
- 단점: 면담 내용이 지나치게 단순화되어 초점이 불명확할 수 있으며, 클라이언트의 표현이 사실적으로 정확하게 전달되지 않을 수도 있다.

(3) 문제중심(문제지향적) 기록

- 단순한 기록의 차원을 넘어 문제해결 접근방법을 반영한다.
- 흔히 SOAP의 형식을 사용한다.
  - S(Subjective Information): 클라이언트나 가족으로부터 얻는 주관적 정보(기초 자료)
  - O(Objective Information): 검사와 관찰로부터 얻은 객관적 정보(전문가의 관찰, 검사 결과)
  - A(Assessment): 사정(주관적 정보와 객관적 정보를 통해 추론된 전문가의 해석이나 결론)
  - P(Plans): 계획(문제를 해결하기 위한 방법이나 계획)
- 장점: 타 전문직과의 의사소통을 촉진하며, 여러 분야 간의 공조를 원활히

한다. 개입의 초점을 명확히 하며 효율성을 향상시킨다.

- 단점: 클라이언트의 강점보다는 문제에 중점을 둔다. 심리사회적 관심보다는 의학적 관심에 초점을 맞춘다. 문제의 사정이 부분적이거나 지나치게 단순화되며, 클라이언트의 장점이나 자원이 중시되지 않는다.

2 면접의 기술[23)]

기출회차				
1	2	3	4	5
6	7	8	9	10
11	12	13	14	15
16	17	18	19	20
21	22			

강의로 복습하는 기출회독 시리즈

Keyword 084

잠깐!

면접 기술 중 관찰이나 경청보다는 뒤에 배울 질문기술 및 기타 면접기술의 출제율이 월등히 높다. 하지만, 관찰과 경청은 면접과정에서 가장 기본이 되는 기술이라는 점에서 한번쯤은 꼼꼼히 읽어보는 것이 좋다.

1. 관찰

(1) 관찰의 개념과 중요성

- 관찰은 사회복지실천의 모든 과정 동안 사용하는 기술로서 클라이언트가 말하고 행동하는 것에 주의를 기울이는 것이다.
- 면접 중에는 언어적 표현뿐만 아니라 비언어적 표현에도 관심을 기울여야 하는데, 비언어적 표현(클라이언트의 표정, 손놀림, 눈 맞춤, 얼굴 붉힘, 억양 등)은 사회복지사가 클라이언트의 감정과 표현의 차이를 분명히 하고 클라이언트를 이해하는 데 매우 중요하다.

(2) 관찰의 내용: 무엇에 주목할 것인가?

① 클라이언트의 언어적 · 비언어적 표현

클라이언트의 표정, 손놀림, 눈 맞춤, 얼굴 붉힘, 억양

② 시작하는 말과 종결하는 말

클라이언트가 자신의 자아나 환경에 대해 어떤 태도를 가지고 있는지 암시해 준다.

③ 대화 중 화제바꾸기

- 클라이언트가 갑자기 화제를 바꾸는 경우가 있는데 이때 면접자는 클라이언트가 이전에 했던 이야기와 이후에 시작한 이야기의 주제를 파악해야 한다. 클라이언트의 무의식 중에 그 두 이야기는 밀접하게 관련되어 있을 가능성이 크기 때문이다.
- 일반적으로 클라이언트가 화제를 바꾸는 경우는 말하기 곤란하거나 고통스러워서 말하기 싫다는 것을 의미한다.

④ 반복되는 언급

클라이언트가 어떤 일정한 주제를 반복해서 이야기하거나 우회적으로 이야기

하는 경우가 있다. 클라이언트가 계속해서 반복적인 주제를 제시하는 것은 매우 중요하거나 도움을 원하는 문제이므로 주의깊게 들어야 한다.

⑤ 비일관성: 진술의 불일치

- 클라이언트의 이야기는 한결같지 않은 경우가 많다. 또한 클라이언트가 정직하게 이야기해도 예기치 않은 반응이 있어서 면접자가 정보를 얻을 수 없는 경우가 있다. 이때 이러한 것이 지속적으로 계속된다면 이는 주목할 필요가 있다.
- 클라이언트의 진술이 불일치하는 것은 면접의 내용이 위협적이거나 공개하고 싶지 않음을 의미한다.

⑥ 감춰진 의미

- 면접자는 클라이언트가 말하는 것만큼 클라이언트가 의미하는 것을 듣는데 주의해야 한다. 특히 클라이언트의 말실수나 태도 등을 잘 관찰하면 클라이언트의 입장에서 감추어진 의미 파악이 가능하다.
- 클라이언트는 실제로 감추어진 것이 있음을 알리기도 한다.

⑦ 침묵

클라이언트가 침묵을 하는 것은 이야기할 주제가 자신에게 위협적이라고 느끼거나 말하기 어렵거나 곤란하다는 것을 나타낸다.

2. 경청 22회 기출

(1) 경청의 개념

- 경청은 클라이언트가 무엇을 표현하는지, 감정과 사고는 어떤 것인지를 이해하고 파악하면서 듣는 것이다.
- 단순한 듣기가 아닌, 클라이언트의 사고와 감정을 이해하기 위한 적극적인 활동이다.
- 면접에서 클라이언트를 이해하기 위한 가장 중요한 기술로, 클라이언트가 무엇을 말하는지, 면접자의 질문에 어떻게 반응하는지를 듣는 것을 포함한다.

(2) 경청의 중요성

- 클라이언트의 어려움에 공감하고 필요한 반응을 하면서 듣는 것으로, 경청만으로 클라이언트는 감정의 정화와 마음의 안정을 경험할 수 있다.

잠깐!

경청은 면접에 있어 기술이 아닌 소양이라고 할 만큼 기본적으로 갖춰야 할 자세이기도 하다. 단순히 듣는다는 것도 아니며, 사회복지사의 의견을 내세우는 것도 아니며, 치료나 교정을 목적으로 하는 것도 아니다.

- 사회복지사가 클라이언트의 이야기를 주의깊게 듣고 반응함으로써 클라이언트와 신뢰관계 형성이 쉬워지고, 클라이언트의 자기개방이 증진되어 문제해결에 도움이 된다.

(3) 경청의 방법

- 클라이언트에게 자신이 잘 듣고 있다는 표현을 하기 위해서, 또는 클라이언트로 하여금 자신의 메시지가 사회복지사에게 정확히 전달되었는지 알 수 있도록 하기 위해서 들은 것에 대해 반응을 보여준다.
  예 고개를 끄덕임, "아, 그랬구나."
- 사회복지사는 클라이언트의 언어적, 비언어적 메시지에 모두 주의를 기울인다.
- 클라이언트가 말한 단어의 뜻보다는 말 속에 담긴 잠재된 감정에 주목한다.
- 목소리는 분명하고, 조용하고 흥미를 가지고 있는 어조를 사용한다.
- 클라이언트의 이야기를 잘 듣고 있으며, 그의 이야기에 관심을 가지고 있다는 몸짓을 보여준다.
- 클라이언트가 말한 것을 명확히 하는 질문을 사용한다.
- 논지를 잡거나 의견을 제시하기 위해서가 아니라 클라이언트에 대한 이해를 높이기 위해 질문하거나 이야기한다는 것을 명심한다.
- 클라이언트가 이야기할 때 너무 많이 끼어들거나 아예 개입하지 않는 것은 좋지 않다.

중요도 ★★

면접에서 피해야 할 질문 기술을 확인하는 단순한 문제도 출제되었지만, 사례와 연결하는 문제도 종종 출제되었다.

3. 질문[24)]

개방형 질문	클라이언트가 중요하다고 생각하는 것은 무엇이든지 말할 수 있게 하며 다양하게 대답하게 할 수 있는 질문 예 "그 일로 어떤 영향들이 있었나요?"
폐쇄형 질문	'예', '아니요' 대답만 요구하는 질문, 답변이 단답형으로 제한되는 질문 예 "가족과의 관계는 좋았나요?", "결혼은 몇 살에 하셨나요?"
폭탄형 질문	여러 내용을 동시에 질문하여 원하는 정보를 얻기 어렵거나 클라이언트를 당황하게 만드는 질문 예 "당신이 상황을 통제할 수 없다고 느낄 때, 당신 마음은 어떠했나요? 그것에 대해서 어떻게 생각했죠? 그리고 무엇을 했습니까?"(세 가지 질문을 동시에 함)
유도형 질문	클라이언트에게 특정한 방향의 응답을 하도록 이끄는 질문 예 "당신은 아내를 사랑하지 않죠? 그렇죠?"
왜? 질문	이유를 따지듯이 물어서 클라이언트가 방어적인 대답을 하게 만드는 질문 예 "그때 왜 그렇게 하셨죠?"

• 질문은 클라이언트로부터 필요한 정보를 얻기 위해 가장 많이 사용하는 면접기술이다.
• 질문과 대답은 사회복지사와 클라이언트 간 상호작용을 촉진하고 클라이언트에 대한 이해와 문제해결에 필요한 정보를 효과적으로 얻을 수 있게 해준다.
• 면접자는 많은 질문을 하기보다는 몇 마디의 질문으로 클라이언트가 많은 이야기를 할 수 있게 하며 클라이언트의 속도에 맞춰서 질문한다.

(1) 개방형 질문 꼭!

① 개념

• 클라이언트에게 선택의 자유를 주고 자신의 생각이나 감정을 자유롭게 표현할 수 있게 하는 질문이다.
• 면접 초기에는 개방형 질문을 많이 하는 것이 좋지만, 면접 전반에 걸쳐서는 폐쇄형 질문과 섞어서 하는 것이 좋다.
• 장점: 클라이언트가 중요하다고 생각하는 것은 무엇이든지 말할 수 있게 하며 다양하게 대답할 수 있다.
• 단점: 자신의 생각이나 감정을 언어로 표현하는 데 익숙하지 않은 클라이언트에게는 불안감을 야기할 수 있다.

② 적용

• "결혼생활에서 어떤 어려움이 있나요?"
• "ㅇㅇ씨의 어머니에 대해 이야기 해주시겠어요?"
• "ㅇㅇ씨는 가족과의 관계가 어떠합니까?"

(2) 폐쇄형 질문 꼭!

① 개념

• 클라이언트의 초점을 제한하고 확실한 사실에 대해서만 묻는 방식으로서 일반적으로 '예', '아니요' 대답만 요구하거나, 간단한 단답형 질문만을 하는 것이다.
• 클라이언트에 관한 기본적인 사실관계를 확인할 때나, 단편적인 내용을 얻기 위해서 사용한다.
• 상세한 내용을 부각시키기 위해, 또는 좀 더 확실히 이해하기 위해 사용하기도 한다.

합격자의 한마디

폐쇄형 질문은 피해야 할 질문 유형이 아니다!

• 단점: 클라이언트가 대답할 수 있는 방법을 제한하기 때문에 클라이언트에 대한 이해의 폭을 좁힌다.

② 적용

• "자녀의 학교 선생님은 체벌을 많이 하나요?"
• "가장 최근에 싸운 건 언제인가요?"
• "졸업은 언제 하셨나요?"

(3) 면접에서 피해야 할 질문[25] 꼭!

① 폭탄형 질문(중첩 질문)

• 한꺼번에 많은 질문을 하면 클라이언트는 질문의 요점을 파악할 수 없어 피상적인 답을 하게 될 수 있다. 이로 인해 클라이언트로부터 제대로 된 정보를 구할 수 없어 면접이 비효과적으로 흐르게 된다.
• 클라이언트를 당황하게 만들 수 있으므로 한 번에 하나씩 질문을 하는 것이 좋다.

예 "당신이 어디에서 살아야 하는지 생각해보신 적이 있으십니까? 그것이 당신의 가장 큰 걱정거리인가요? 아니면 그보다 더 큰 문제가 있습니까?"

② 유도형 질문

• 유도 질문은 클라이언트가 바람직한 결과를 이끌어 나가기를 바라는 마음에서 사회복지사의 감정이나 견해를 해결책의 형태로 간접적으로 나타내는 것이다. 이는 사회복지사가 클라이언트와 논의해야 하는 진정한 관심사를 모호하게 만든다.
• 클라이언트에게 특정한 방향의 응답을 하도록 이끄는 질문이다. 솔직한 자신의 의견보다는 사회복지사가 원하는 혹은 기대하는 방향으로 거짓말을 할 수 있다.

예 "ㅇㅇ씨와 친하다고 했지만 사실은 그 사람이 싫은 거죠?"

예 "당신은 너무 어려서 독립할 수 없었던 게 아닙니까?"

예 "당신이 어머니와 싸우게 되면 어머니가 당신을 위축되게 할 것이라 생각하지는 않나요? 과거에 어머니가 그러했던 것처럼 말이에요."

③ '왜?'라는 질문

• 클라이언트를 방어적인 태도로 만드는 경향이 있기 때문에 질문을 받으면 사회적으로 허용하는 대답을 하게 된다.

예 "왜 그 직업을 선택했나요?", "왜 그렇게 행동했나요?"

• 클라이언트의 행동이나 상황에 대해서 '왜?' 대신에 '무엇', '언제', '어디서', '어떻게' 등에 초점을 두는 질문을 사용하는 것이 좋다.

예 "그와 같은 결정을 내리게 된 배경은 무엇인가요?"

④ **모호한 질문**

대명사를 많이 사용하거나 상황에서 벗어난 질문을 하는 것이다.

(4) 질문기술 사용 시 유의할 점

• 잘못된 질문은 클라이언트의 잘못을 추궁하거나 대화의 흐름을 막는 역효과를 초래할 수 있다. 대화 중 핵심 주제로 급히 전환할 경우 클라이언트는 사회복지사가 자신을 전혀 이해하지 못한다고 생각할 수 있어 관계형성에 방해 요소로 작용된다.

• 질문은 너무 많이 해서도 또 너무 적게 해서도 안 된다. 클라이언트에게 질문을 너무 많이 하면 클라이언트는 혼란을 느끼는 반면, 너무 적게 하면 클라이언트에게 면접의 부담을 너무 많이 지우게 된다.

• 직접적인 질문보다는 간접적인 질문을 하고, 예/아니요로 대답하게 되는 질문은 되도록 피한다. 이를 통해 클라이언트는 자유롭게 말할 수 있고 질문을 하는 사람은 그의 욕구를 더 잘 파악할 수 있다.

• 클라이언트의 답변이 다소 느리더라고 클라이언트의 속도에 맞추는 것이 중요하다.

• 클라이언트가 자신이 분석되고 있다고 느끼게 하거나 클라이언트를 필요 이상으로 깊게 조사해서는 안 된다.

한걸음 더

캐어묻기

캐어묻기(probing)란 피면접자(=클라이언트)의 대답이 충분하지 않거나 정확하지 않을 경우 충분하고 정확한 대답을 듣기 위해 추가질문을 하는 것을 말한다.

캐어묻기에는 여러 가지 형태가 있다. 하나는 '무언의 캐어묻기'이다. 이는 피면접자의 대답이 불완전하거나 충분하지 않을 때 면접자가 명시적으로 말을 하기보다는 클라이언트의 눈을 보면서 "이야기를 더 해주세요"라는 메시지를 보내는 것이다. 다른 방식으로는 '드러내어 놓고 요구하는 방법'인데 이는 피면접자의 대답에 대해 언어적 혹은 비언어적 반응을 보여줌으로써 피면접자가 더 이야기를 할 수 있게 하는 것이다. 예를 들어, 고개를 끄덕이거나 "네. 정말 흥미로운 이야기군요"라고 말하는 것이다. 또한 피면접자의 대답이 서로 모순되거나 내용이 모호할 경우 좀 더 분명한 대답을 요구하는 것도 캐어묻기의 한 형태이다.

중요도 ★★★

여기에 정리해둔 면접기술들은 개인, 가족, 집단 등 그 실천대상을 막론하고 기본적으로 사용되는 기술이기 때문에 출제빈도와 상관없이 기본적으로 알아두어야 한다. 이후에 학습할 12장 개입과정에서도 출제되며, 실천기술론 영역에서 출제되기도 한다.

4. 기타 면접기술

(1) 명료화 꼭!

① 개념

- 클라이언트가 표현을 분명하게 할 수 있도록 격려하거나 클라이언트가 말한 내용을 사회복지사가 정확하게 이해하고 있는지 확인하는 기술이다.
- 클라이언트가 자신의 처지에 대해 좀 더 분명하고 객관적인 인식을 갖도록 도와주며 클라이언트가 이야기하는 내용의 의미를 분명히 해준다.
- 클라이언트의 진술에 일관성이 없거나 모호한 경우 좀 더 분명히 대답을 요구하는 방법이다.
- 클라이언트에게 상황에 대한 자신의 견해를 재구성하도록 도와줌으로써 미처 생각하지 못했던 변화 가능성을 인식할 수 있도록 해준다.
- 주로 질문 형식으로 이루어진다.

② 적용

- 클라이언트: "ㅇㅇ는 자신의 생각에 대해 당당하게 드러내는데, 제 마음속에는 그렇게 하는 게 좀 그런 것 같아요."
  사회복지사: "'그렇게 하는 게 좀 그렇다'는 건 구체적으로 어떤 의미일까요?"
- "아이를 심하게 야단친다고 하셨는데, 어떻게 야단친다는 얘기인가요?"
- "가부장적 행동이라고 말씀하셨는데, 구체적으로 어떤 상황들이 있었는지 예를 들어주시겠습니까?"

(2) 초점화(focusing) 혹은 초점맞추기 꼭!

① 개념

- 클라이언트가 두서없이 말을 장황하게 하거나 어떤 주제를 회피하고자 할 때 사회복지사가 간단히 질문을 하거나 언급함으로써 원래 주제에 초점을 맞추도록 이끄는 기술이다.
- 클라이언트의 표현이 산만하고 혼란스럽거나 모호할 때 초점맞추기 기술을 통해 면담에서 관련 있는 주제로 면담 방향을 되돌린다.
- 클라이언트가 자기 문제를 언어로 표현할 때 산만한 것을 점검해주고 말속에 숨겨진 선입견, 가정, 혼란을 드러내어 자신의 사고과정을 명확히 볼 수 있도록 해준다.
- 제한된 시간 내에 최대의 효과를 추구해야 하는 전문적 관계에서 불필요한

방황과 시간낭비를 막아준다.

② **적용**

- "우리가 오늘 따님의 학교생활에 대해 이야기해보기로 했는데, 이제까지는 학교에서 친구들과의 관계를 주로 살펴보았습니다. 그렇다면 따님이 담임 선생님과는 어떻게 지내는지 말씀해주시겠습니까?"
- "따님의 학교생활 가운데 친구관계를 이야기하다가 학원친구와의 관계에 대해서 이야기를 했네요. 그럼 다시 학교친구와의 관계로 돌아가서 이야기를 계속 나누어 보겠습니다."

(3) 직면하기 꼭!

① **개념**

- 클라이언트의 말과 행위 사이의 불일치, 표현한 가치와 실행 사이의 모순을 클라이언트 자신이 인식하도록 하는 기술이다.
- 사회복지사가 직면시킴으로써 클라이언트는 자신이 말한 내용과 이와 관련된 비언어적 행위 사이의 불일치, 언급한 계획과 실제 행동 사이의 불일치, 표현한 가치와 실행 사이의 불일치에 대해 인식할 수 있다.
- 클라이언트에게 직면하도록 하는 것은 사회복지사가 클라이언트를 더 잘 이해하기 위한 도움의 제안으로 사용하는 것이다.
- 시기적으로나 기술적으로 부적절하게 실시된 직면은 클라이언트로 하여금 적대감을 갖게 하거나 죄책감, 수치심이 들게 할 수 있기 때문에 대체로 라포 형성이 이루어진 이후에 실시할 것을 권장하며, 공감이 병행되어야 한다. 다만, 긴급한 위험이 있을 때에는 초기단계에 실시할 수도 있다.

② **적용**

- 진술과 행동 사이의 불일치: "'별로 중요한 일이 아니라서 딱히 화가 나는 건 아니다'라고 말씀하셨는데, 그 사건을 이야기하시는 내내 주먹을 불끈 쥐고 계셨어요."
- 생각(가치)과 행동 사이의 불일치: "아내 분이 세상에서 제일 소중하다고 하시면서 아내 분한테 폭언 하는 건 당연하게 생각하시는군요."
- 자기인식과 경험 사이의 불일치: "친구들이 자신을 안 좋아한다고 반복적으로 말씀하고 계신데, 지난 주말에 친구들이랑 꽃구경 다녀오지 않으셨나요?"

(4) 도전하기

> 잠깐!
> 교재에 따라서는 직면 기술을 도전 기술의 하나로 설명하기도 하지만, 보통은 구분하여 소개되고 있다. 직면은 클라이언트가 보이는 불일치를 스스로 인식할 수 있게 하는 데에 초점이 있고, 도전은 클라이언트가 보이는 회피나 부정적 감정 같은 것들을 되돌아보게 하는 데에 초점이 있다.

① 개념

- 도전기술을 사용하는 상황은 클라이언트가 문제를 문제로 인식하지 않을 때, 문제를 해결할 수 있는 형태로 정의하지 못할 때, 중대한 경험 · 행동 · 감정 등에 대해 잘못 해석하고 있을 때, 문제를 회피 · 왜곡하거나 장난 식으로 대응할 때, 새로운 관점을 실행할 의지가 없을 때 등이다.
- 도전을 잘못 사용하면 클라이언트는 비난으로 느낄 수 있다. 부드러운 말투, 재치있는 표현 등 전달하는 형식도 중요하다. '무엇이 잘못되었다'가 아니라 '이런 것도 생각해볼 필요가 있다'는 방식으로 접근해야 한다.

② 적용

법원 명령으로 가정폭력 가해자 상담을 받게 된 클라이언트가 "아내가 집안일은 제대로 안 하고 자꾸 밖으로 나돌아서 그랬다"며 자신의 문제를 회피할 때 폭력이 정당화될 수 있는 것인지에 대해 묻는 방식으로 진행할 수 있다.

(5) 해석하기 ★꼭!

① 개념

- 클라이언트의 표현과 행동상황 저변의 단서를 발견하고 그 결정적 요인들을 이해하여 클라이언트가 깨닫도록 도와주는 기술이다.
- 사회복지사는 클라이언트와 이야기되었던 내용을 분석하고 내용과 관련된 이론, 전문가적 경험, 클라이언트의 문제에 대한 정보에 따라 문제에 대한 또 다른 접근방법을 제안할 가능성이 있는 상황의 가설을 세우게 되는데 이것이 해석하기이다.
- 특정 상황에 대한 해석이 다양할 수 있기 때문에 클라이언트가 받아들일 수 있는 해석을 적절한 시기에 제공하는 것이 중요하다.

② 적용

[사례 1]

- 클라이언트: "제 남편은 가정적인 것과는 거리가 너무 멀어요. 요즘 남자가 어디 그래요? 친구들 이야기를 들어보면, 자상하고 애들한테도 잘해주고, 살림도 많이 거들어 준대요."
- 사회복지사: "남편에 대한 불만이 그동안 많이 쌓여 있었네요."

이 경우, 사회복지사의 해석은 여러 가지가 있을 수 있다. 남편에 대한 불만을 가정적이지 않다는 것으로 대신해서 표현할 수도 있고, 어린 시절 자신과 어머니를 버린 아버지에 대한 분노를 남편에게 전치한 것일 수도 있다. 혹은 자신의 열등감을 남편에 대한 불만으로 늘어놓는 것일 수도 있으므로, 이 중 한 가지를 단정적으로 적용하지 않아야 한다.

[사례 2]

정신역동모델에서는 교사–학생의 갈등을 학생이 부모와의 갈등을 학교에서 전치(displacement)한다고 해석하지만, 행동주의모델에서는 권위적인 부모를 통해 학습된 행동을 학생이 학교에서 되풀이하는 것으로 볼 수 있다. 따라서 사회복지사는 해석기술을 사용하기 전에 그에 관련된 정보와 이론적 근거를 충분히 검토한 후 언제, 어떤 방법으로 해석을 제공할 것인지에 대해 결정해야 한다.

(6) 환언하기(부연하기, 바꿔 말하기, paraphrasing)

① 개념

- 클라이언트가 한 이야기의 내용을 사회복지사가 다른 표현으로 바꾸어 진술하는 것이다.
- 사회복지사가 클라이언트의 이야기 중 핵심적인 내용과 진짜 의미를 제대로 파악하고 있는지를 확인하기 위한 것이다.
- 사회복지사가 자신의 언어로 클라이언트의 이야기를 다시 진술하는 방식이기 때문에 자칫 주요 내용이나 초점이 바뀌어 진술될 수 있는데, 이러한 실수를 사회복지사와 클라이언트 모두 알아채지 못한 채 면접이 계속 진행될 위험도 있다.

② 적용

- 클라이언트: 나는 이걸 먼저 하고 그 다음에 저걸 하고 그런 다음에 정리가 되면 가족들한테 얘기하려고 했는데, 누가 또 갑자기 뭔 일이 있다고 그래서 거기를 급하게 가야 하니까 가족들한테 말할 타이밍을 놓쳐버렸어요. 정말이지 내 맘대로 되는 일이 어쩜 이렇게 하나도 없을까 싶어요.
- 사회복지사: 계획을 다 세워두셨는데 예상치 못한 상황 때문에 계획한대로 진행되지 않아서 답답하셨군요.

(7) 요약하기

① 개념

- 면접을 시작하거나 마칠 때, 혹은 새로운 주제로 전환하려 할 때 클라이언트가 이전 면접에서 언급한 것을 간략히 요약하고 내용을 분명히 하는 기술이다.
- 요점을 되풀이하여 말하는 것, 또는 면접의 제한적인 단위(세션이나 전반, 후반부 등)를 짧게 다시 살펴보는 것으로 중요한 것을 부각시키면서, 무엇이 적절히 다루어졌고 또 부가적인 주의가 필요한 것이 무엇인지를 말하는 것이다.
- 면접 동안 다루어진 내용이나 진전된 사항을 파악할 수 있고, 중요 이슈나 요점을 다시 한번 생각할 수 있는 기회를 가지며, 면접 내용이 정확한지를 확인하는 기회를 제공한다.
- 사회복지사가 클라이언트의 말을 주의 깊게 경청하고 있음을 보여주는 동시에 사회복지사 자신이 정확히 이해했는지도 확인할 수 있다.

② 적용

사회복지사: "지난 시간에 유빈이는 엄마가 유빈이에게 좀 더 많은 관심을 보여주고 사랑해주기를 원하지만, 엄마가 꾸짖거나 혼자 남겨둘 때는 몹시 화가 나고 엄마가 유빈이를 사랑하지 않는다는 생각이 든다고 얘기했어요. 유빈이가 한 이야기를 선생님이 정리해 보았는데 맞나요?"

(8) 반영하기

① 내용 반영하기

- 클라이언트의 메시지나 정보에 대한 이해를 전달하기 위한 감정이입기술이다.
- 클라이언트가 말한 내용을 부연하고 다시 클라이언트에게 표현한다.
- 내용 반영하기 기법은 클라이언트의 이야기를 사회복지사가 경청하고 이해하는 노력을 보여주고, 두 사람 간 신뢰관계 형성에 도움을 주며, 클라이언트의 이야기를 제대로 이해했는지 점검하는 기회를 주고, 클라이언트가 자신의 생각을 구체화시켜볼 수 있는 기회를 제공한다.
- 내용 반영하기 적용 시 유의점
  - 클라이언트의 말 속에 담긴 주된 생각을 재진술한다.
  - 클라이언트 말의 의미에 덧붙이거나 의미를 바꾸지 않는다.

잠깐!

환언과 내용반영

환언하기와 내용 반영하기는 모두 클라이언트의 이야기를 이해하고 사회복지사의 언어로 다시 말한다는 점에서 유사하다. 다만, 환언하기가 내용을 확인하기 위한 기술이라면, 반영하기는 적극적 경청을 위한 기술이라는 차이가 있다.

– 클라이언트 말을 앵무새처럼 따라하지 않는다.

② 감정 반영하기

- 말하고 있는 개인의 감정을 분명하게 파악하고 그것을 다시 그 사람에게 전달하는 것으로, 말 속에 내포되어 있는 클라이언트의 감정과 태도를 표면으로 이끌어 냄으로써 클라이언트가 마치 거울을 보듯 자신의 내면을 보게 하는 것이다.
- 사회복지사가 "그 생각을 하니 지금 너무 슬프신 거죠", "아, 그렇군요", "많이 힘드셨겠어요"라고 말하거나 혹은 울고 있는 클라이언트의 손을 잡아주는 것이다.
- 감정 반영하기 적용 시 유의점
  - 적절한 표현방식으로 클라이언트가 느끼는 감정을 명확하고 간결하게 요약하기
  - 혼재된 심정을 반영해주기
  - 현재 시제를 사용하면서 현재 감정에 초점 두기
  - 몇 가지 단어만을 계속 사용하지 말고 광범위한 표현방식을 사용하기

(9) 감정이입(공감, empathy)

- 다른 사람의 입장에서 생각하거나 다른 사람의 감정 · 욕구 · 사고 · 행위들을 이해하는 능력이나 그러한 태도를 의미하는 것이다.
- 클라이언트의 주관적 경험과 감정을 정확하게 인지하고 표현하는 것이다.
- 상대방을 위한다는 동정과 달리, 상대방과 '더불어' 느낀다는 점을 내포한다.
- 감정이입할 때 면접인은 클라이언트의 느낌을 나누고, 결과적으로 클라이언트의 느낌과 마음의 상태를 더 잘 이해할 수 있는 위치에 있게 된다.
- 사회복지사는 자신의 관점과 객관성을 잃지 않으면서 클라이언트의 감정을 깊이 느낄 수 있어야 한다.
- 감정이 이입된 이해는 클라이언트가 자신의 표현과 설명이 이해되지 않을 것이라는 걱정을 없앨 수 있다.

잠깐!

감정 반영하기에서는 사회복지사가 클라이언트의 감정을 파악하여 그것을 다시 표현하여 전달하지만, 감정이입은 그 사람의 상황과 기분을 이해하고 같이 느낀다는 것에 초점이 있다.

(10) 관심 보여주기: 클라이언트에게 집중하기

① 개념

클라이언트에게 계속 관심을 유지하는 것으로서 클라이언트의 언어적 · 비언어적 메시지를 주의깊게 듣고 알아차리는 능력이 필요하다.

② **적용-SOLER 기법**(Egan)

- Sit squarely: 바르게 앉아 클라이언트와 정면으로 마주보기
- Open posture: 개방적이고 공손한 자세 취하기
- Lean: 클라이언트를 향해 몸을 살짝 기울여 집중하기
- Eye contact: 클라이언트의 눈을 직시하며 주목하기
- Relax: 긴장을 이완하여 편안한 분위기를 만들기

(11) 지금-여기에 초점맞추기(here and now)

① **개념**

- 초점을 과거에서 현재로, 즉 지금 여기로 옮기는 것이다.
- 현재의 감정과 과거 경험이 공존할 때 현재 감정에 초점을 맞춤으로써 사회복지사가 직접적으로 클라이언트의 반응과 행동을 관찰할 수 있다.

② **적용**

- 클라이언트: "주변 사람들이 그렇게 말하는 게 신경쓰였어요. 너무 싫었거든요."
- 사회복지사: "제가 방금 ○○에 대해 피드백을 했는데 지금은 기분이 어떤가요?"

(12) 지지하기(sustainment) 꼭!

① **개념**

- 클라이언트에 대한 사회복지사의 신뢰나 존중, 돕고자 하는 태도 등을 직접적인 표현으로 전달하며, 클라이언트가 문제해결 능력이 있다는 확신을 표현하는 것이다. 지지하기에는 재보증과 격려 등이 있다.
- 긴장이나 스트레스 또는 위기상황에서 클라이언트에게 적절한 후원자가 되어줄 수 있고, 클라이언트가 계속 대처하고 나아갈 수 있게 해주는 사람에게 언제든 기대고 싶은 욕구에 사회복지사가 반응하는 것이다.
- 클라이언트가 원조를 요청할 때 느끼게 되는 긴장이나 불안감을 덜어주고 동기화를 촉진한다. 자기의 상황에 대해 솔직하게 이야기할 수 있게 해주며 자기존중감을 증진시킨다.

잠깐!

재보증은 과거에 대해, 격려는 미래에 대해 하는 것으로 이해하되, 이런 구분은 절대적인 것은 아니다.

② **재보증**(안심, reassurance)

- 클라이언트의 능력에 대해 사회복지사가 신뢰를 표현함으로써 클라이언트

에게 불안과 불확실성을 제거하고 위안을 주는 것이다.

- 합리적이고 현실적인 생각 또는 결정에 대해 클라이언트가 의구심을 갖고 있을 때 사용된다.
- 근거 없는 확신을 주어 클라이언트를 너무 안심시키면 문제의 본질을 탐색할 기회를 상실할 수 있으므로 주의해야 한다.

예 "잇따른 사고 속에서도 좌절하지 않고 지금까지 잘 해내신 것을 보니 A씨가 성실하고 열심히 살았다는 것을 알겠네요."

③ **격려(encouragement)**

- 클라이언트가 특정 행동이나 경험 혹은 생각에서 벗어나도록 하거나 그런 쪽으로 행동을 취할 수 있도록 도움을 주는 것이다.
- 클라이언트가 자신감이 거의 없거나 자존감이 낮을 경우 또는 경험이 별로 없어서 두려워할 때 유용하다.
- 주로 어떤 일이 발생하기 전에 클라이언트를 동기화시킴으로써 행동을 취하도록 하는 데 초점이 있다. 클라이언트의 문제해결 능력을 향상시키는 기법으로서 클라이언트의 행동이나 태도를 인정하고 칭찬해주는 것이다.

예 "A씨는 충분히 잘할 겁니다. 그동안 준비를 잘했으니 긴장을 풀고 침착하게 하면 잘할 수 있어요."

(13) 환기

- 클라이언트로 하여금 문제와 상황에 관련된 감정을 표출하도록 한다.
- 클라이언트가 미처 의식하지 못하거나 억압하려는 분노, 증오, 슬픔, 죄의식, 불안 등의 감정을 인식하고 클라이언트가 자신의 감정을 자유롭게 드러낼 수 있게 이끈다. 이를 통해 감정의 강도가 완화될 수 있도록 하고, 억눌린 정서가 바람직한 방향으로 해소될 수 있도록 한다.

(14) 정보 · 제안 · 조언

① **정보주기**

의사결정이나 문제해결에 필요한 정보를 제공하는 것이다. 클라이언트가 이해하고 수용할 수 있는 수준에서 말이나 문서로 정보를 제공한다.

② **제안하기**

클라이언트가 생각하는 데 도움을 줄 수 있는 관련된 요인이나 아이디어에 집중할 수 있게 한다. 면접자가 선호하는 접근방법을 단순히 표현하는 것이 아니라, 클라이언트에게 생각할 여지를 주는 것이다.

③ **조언하기**

- 클라이언트가 해야 할 것을 추천하는 것이다. 사회복지사는 정확한 정보와 그에 따른 결과를 설명하고 클라이언트가 스스로 결정을 내리는 데 도움을 주어야 한다.
- 사회복지사는 클라이언트가 자유롭게 조언을 받아들이거나 거절할 수 있다는 것을 전달하는 것이 중요하다.

MEMO

9장 접수 및 자료수집 과정

한눈에 쏙!

	중요도
❶ 접수단계	
1. 접수단계의 개념 및 과제	★★
2. 접수양식과 접수내용	★
3. 접수단계의 지침	
❷ 자료수집단계	
1. 자료수집단계의 특징	
2. 자료의 영역 및 출처	★ (22회 기출)

기출경향 살펴보기

이 장의 기출 포인트

접수단계의 주요 과업, 초기면접지에 포함될 내용, 자료의 출처 등이 주로 출제되고 있으며, 간혹 의뢰에 관해 구체적으로 출제되기도 한다. 크게 어려운 내용은 아니어서 정답률도 꽤 높게 나타나는 장이다.

최근 5개년 출제 분포도

연도별 그래프

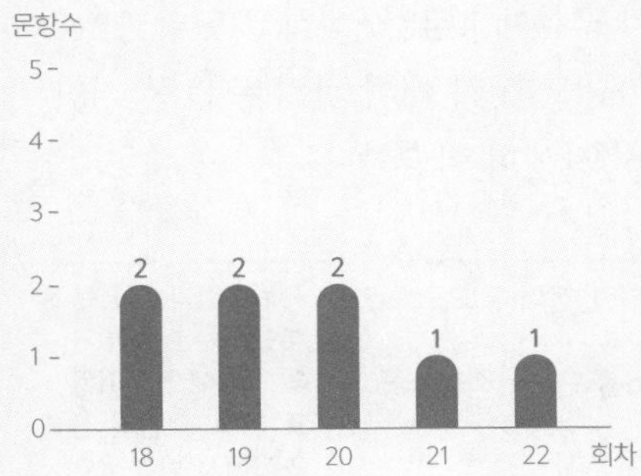

평균출제문항수

1.6 문항

2단계 학습전략

데이터의 힘을 믿으세요!
강의로 복습하는 **기출회독 시리즈**

3회독 복습과정을 통해
최신 기출경향 파악

최근 10개년 핵심 키워드

기출회독 **086**	접수단계의 주요 과업	7문항
기출회독 **087**	자료수집	6문항

기본개념 완성을 위한 **학습자료 제공**

기본개념 강의, 기본쌓기 문제, O X 퀴즈, 기출문제, 정오표, 묻고답하기, 지식창고, 보충자료 등을 **아임패스**를 통해 만나실 수 있습니다.

사회복지실천과정

사회복지실천과정은 도움이 필요한 개인과 가족 및 집단에 대해 전문적 지식과 기술을 갖춘 사회복지사가 계획된 원조를 단계적으로 제공하여 문제해결을 돕는 일련의 과정이다. 사회복지실천과정을 학자에 따라 달리 구분하는데 3단계 구분, 4단계 구분, 혹은 5단계 구분이 존재한다. 각 과정은 명확하게 구분되기보다는 내용이나 과제가 중복되기도 하고 순환되기도 한다.

- 3단계 구분: 초기 – 중간 – 종결
- 4단계 구분: 접수 및 자료수집 – 사정 및 계획 – 개입 – 종결 및 평가
- 5단계 구분: 접수 및 자료수집 – 사정 – 계획수립 – 개입 – 평가와 종결단계

● 사회복지실천과정 5단계

5단계의 구분도 학자마다 다른데, 우리 교재에서는 다음의 구분에 따라 구성하고 있다.
1단계 접수 및 자료수집 과정은 9장, 2단계 사정과정은 10장, 3단계 계획 과정은 11장, 4단계 개입 과정은 12장, 5단계 종결 및 평가 과정은 13장에서 자세히 학습한다.

<table>
<tr><td>1. 접수 및
자료수집</td><td>• 접수: 클라이언트의 문제확인, 적격 여부 판단 및 의뢰, 참여 유도, 초기면접지 작성
• 자료수집: 클라이언트의 문제를 이해하기 위한 자료를 모으는 과정</td><td rowspan="5">자료수집과 사정은 뚜렷한 구분 없이 거의 동시에 진행되기도 하며, 개입의 전 과정에서 반복적으로 진행되기도 한다.</td></tr>
<tr><td>2. 사정</td><td>• 문제발견 → 정보수집 → 문제규정(문제형성)
• 주요 사정도구: 사회적 관계망 격자, 가계도, 생태도, 가족조각, 생활력표, 생활주기표, 소시오그램 등</td></tr>
<tr><td>3. 계획</td><td>• 목표설정: 표적문제 선정, 목적 및 목표 설정
• 계약: 개입 과정 및 내용 등에 대한 공식화</td></tr>
<tr><td>4. 개입</td><td>• 변화전략 수립, 점검, 변화창출
• 직접 개입
- 의사소통기술: 재보증, 일반화, 환기, 재명명, 초점화, 직면 등
- 행동기술: 모델링, 행동조성, 시연 등
- 문제해결기술 - 사회기술훈련 - 자기주장훈련 - 이완훈련
• 간접 개입: 사례관리, 의뢰, 옹호 등</td></tr>
<tr><td>5. 종결 및 평가</td><td>• 종결: 종결 시점 정하기, 종결에 대한 감정적 반응 다루기, 사후관리 계획
• 평가: 개입의 효율성, 효과성 등을 검토</td></tr>
</table>

기출회차				
1	2	3	4	5
6	7	8	9	10
11	12	13	14	15
16	17	18	19	20
21	22			

강의로 복습하는 기출회독 시리즈

Keyword 086

1 접수단계

사회복지실천과정 1: 접수와 자료수집

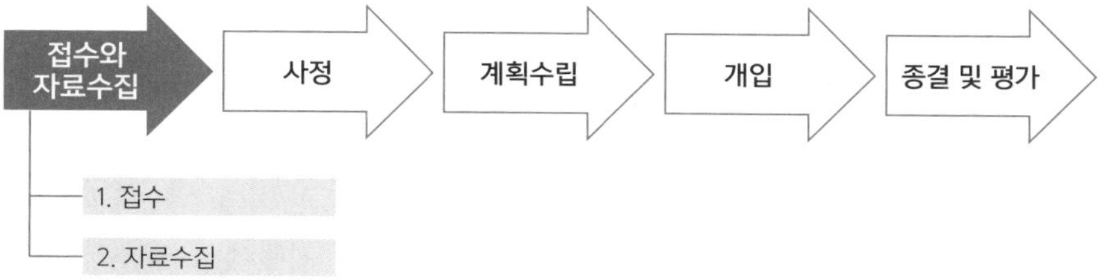

1. 접수단계의 개념 및 과제

중요도 ★★

주로 접수단계에서의 과업을 확인하는 문제가 출제되며, 간혹 이 단계에서의 의뢰나 동기화, 양가감정 등이 세부적으로 출제되기도 했다.

접수단계의 내용과 사회복지사의 과제

문제나 욕구를 가진 사람이 사회복지기관을 방문했을 때 그의 문제와 욕구를 확인하고 기관에서 서비스를 제공할 수 있는지에 대해 판단하는 과정(잠재적 클라이언트 → 클라이언트)

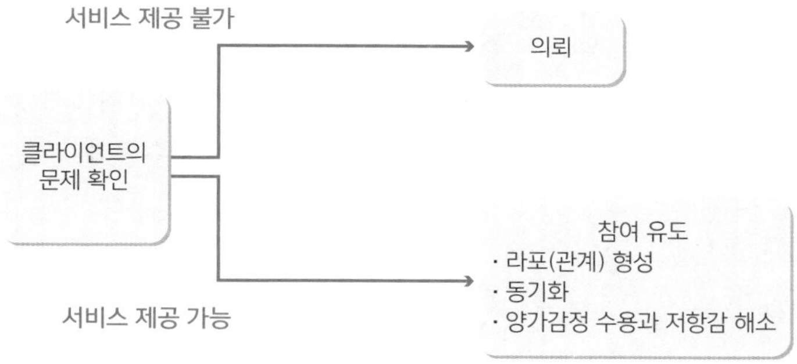

- 문제나 욕구를 가진 사람이 사회복지기관을 방문했을 때 그의 문제와 욕구를 확인하고 기관에서 서비스를 제공할 수 있는지 여부를 판단하는 과정을 접수(intake)라고 한다. 적격성 혹은 적격 여부 판단과정이라고도 한다.
- 접수를 통해 기관에서 서비스를 제공할 수 있다고 판단되면 기관을 찾아 온 사람은 클라이언트가 되며 적합한 서비스를 받게 된다.

잠깐!

잠재적 클라이언트

접수단계에서 기관에 방문한 사람은 엄밀히 이야기하면 신청자 혹은 잠재적 클라이언트라고 표현해야 옳지만, 일반적으로 클라이언트라고 한다.

(1) 클라이언트의 문제 확인

- 잠재적 클라이언트(=신청자)의 문제가 무엇인지 확인한다. 기관을 찾아온 이유가 바로 문제일 수 있으므로 잠재적 클라이언트의 실제 문제가 무엇인지 정확하게 파악하고, 기관에서 서비스를 제공할 수 있는지 평가한다.
- 심층적인 분석보다는 표면적으로 드러나거나 잠재적 클라이언트가 호소하는 문제를 중심으로 시작해서 점차 깊이 있는 이해로 들어간다. 분석은 다음 단계에서 이루어진다.

(2) 의뢰

- 잠재적 클라이언트의 문제를 확인하여 클라이언트 욕구가 기관의 서비스 방향이나 내용과 맞지 않거나, 더 적합한 기관이 있을 때 클라이언트에게 그 기관을 소개하여 연결시켜 주는 일이다.
- 의뢰할 때는 클라이언트의 동의가 필요하므로 다른 기관에서 제공되는 서비스와 기관에 대한 충분한 토론이 있어야 하고, 클라이언트가 거부감을 느끼지 않도록 정서적으로 지지해주고 적절한 정보를 제공해야 한다.
- 클라이언트에게 ○○기관으로 가라고 말로만 끝내는 것이 아니라 새로 가게 되는 기관 이름과 위치, 담당자 이름 등에 대한 구체적 정보를 제공하고, 가능하다면 그 기관의 담당자와 직접 연결해주어야 한다.
- 사회복지사는 자신이 속한 기관 근처의 다양한 사회복지기관의 기능과 역할, 제공하는 서비스 내용, 강점과 약점, 접촉 가능한 담당자 등에 대한 정보를 가지고 있어야 한다.

(3) 참여 유도

클라이언트가 개입과정에 적극적으로 참여하도록 유도하기 위해서는 클라이언트와의 관계형성, 동기화, 저항감 해소, 양가감정의 수용과 같은 과업이 필요하다.

잠깐!

라포

사회복지사와 클라이언트가 의사소통을 효과적으로 함으로써 신뢰감을 형성할 수 있는 긍정적 관계

① 관계형성

- 관계형성이란 기관을 찾는 클라이언트들이 일반적으로 보이는 두려움과 불안 등을 해소하기 위해 사회복지사와 상호 긍정적인 친화관계, 즉 라포를 형성하는 것이다.
- 라포를 형성하면 클라이언트와 사회복지사는 의사소통을 효과적으로 할 수 있는데, 이는 원조관계에서 중요하다. 클라이언트는 자기 문제를 좀 더 노출하고 앞으로의 과정에 지속해서 참여하려는 동기를 갖게 된다.
- 라포형성은 클라이언트를 개입과정에 적극적으로 참여하게 하므로 성공적

인 개입의 필수조건이 된다.

- 사회복지사는 클라이언트를 따뜻하게 이해하고 진정으로 도우려는 의지가 있으며, 진실성을 보여 주어야 관계가 형성될 수 있다.

관계형성이 어려운 클라이언트와 사회복지사의 태도

비자발적인 클라이언트	변화 가능성을 부정하는 클라이언트
• 법원 혹은 학교에서 의뢰된 클라이언트 • 자발성을 보일 때까지 사회복지사는 인내심을 갖고 기다리면서 클라이언트가 조금만 노력을 보여도 격려하고 지지한다.	• 그동안 겪은 클라이언트의 고통을 이해하고 지금까지 견뎌온 의지를 격려한다. • 클라이언트 자신의 능력을 스스로 인지하도록 돕는다.

② 동기화

- 원조과정은 기본적으로 변화를 일으키는 과정이기 때문에 클라이언트가 변화하고자 하는 동기나 의지가 없다면 매우 어렵거나 실패하게 된다. 따라서 클라이언트가 원조과정 동안 적극적으로 참여할 수 있도록 동기를 부여해야 한다.
- 지나치게 낙담하고 더 이상의 변화를 기대하지 않는 클라이언트에게는 그 동안의 고통을 이해하고 이제까지 견뎌 온 의지를 격려하며, 문제가 해결될 수 있다는 희망을 갖게 하여 동기화시킨다.

③ 양가감정 수용과 저항감 해소

- 양가감정이란 '변화를 원하는 마음과 원하지 않는 마음이 동시에 공존하는 것'인데 변화에 앞서 누구나 양가감정을 가질 수 있다.
- 저항은 양가감정, 도움을 받는 것이 불편한 마음, 지위나 자원의 상실에 대한 두려움, 변화가 불가능하리라는 생각 등에서 기인하는데 원조과정에 비협조적인 태도 등으로 표현된다.
- 양가감정은 저항으로 이어질 수 있으며, 사회복지사는 클라이언트의 양가감정을 수용하고 자유롭게 표현하여 저항감을 해소해 주어야 한다.

잠깐!

저항, 양가감정 등에 대해서는 앞서 7장에서 학습한 바 있다.

2. 접수양식과 접수내용

중요도 ★

접수단계에서 파악할 내용에 관한 문제가 이따금씩 출제되곤 하는데 이와 관련하여 초기면접지 작성에서 어떤 내용들을 다루어야 하는지에 대해 출제되기도 했다.

(1) 초기면접지(intake sheet)

- 초기면접지란 사회복지사가 신청자를 접수한 내용을 기록하는 양식이다.
- 각 기관마다 구체적인 내용이나 형식은 다르지만 일반적으로 공통된 내용이 있다.

• 클라이언트가 기본적인 내용을 기록하기도 하고, 사회복지사가 면접을 하면서 혹은 면접이 끝난 후에 기록하기도 한다.

보충자료

초기면접지 양식 예

(2) 접수양식/초기면접지(intake sheet)에 포함되는 내용 꼭!

① 기본정보

이름, 성별, 나이, 결혼관계, 주소, 전화번호, 직업 등

② 주요 문제

• 사회복지사의 도움을 청하게 된 문제가 무엇이며, 문제가 언제부터 어떤 과정 속에서 지속되었는지에 대한 내용
• 신청자가 자기 문제를 보고 느끼는 방식

③ 기관에 오게 된 동기

기관을 어떻게 알고 찾아오게 되었는가 하는 것으로서 타 기관의 의뢰인지, 기관소개 광고를 보고 왔는지, 누구로부터 소개를 받았는지 등

④ 의뢰 이유

타 기관 혹은 가족으로부터의 의뢰일 경우에 의뢰한 이유 등

⑤ 이전의 사회복지서비스를 받은 경험

과거 어떤 기관에서 어떤 서비스를 받았는지에 대한 내용

⑥ 기본적인 가족관계

현재 동거 중인 가족을 중심으로 가족원의 이름, 나이, 직업, 교육정도, 종교, 관계 등

3. 접수단계의 지침

• 클라이언트는 흔히 자신의 기대를 명확하게 표현하지 않기 때문에 사회복지사는 이를 명확히 해야 한다.
• 클라이언트의 요구는 종종 가장 사적인 자기노출일 수 있기 때문에 관계가 형성되기 전에는 지나치게 캐묻지 않는 것이 중요하다. 자기노출을 지나치게 빨리 요구하는 것은 클라이언트를 방어적으로 만들 수 있다.

- 클라이언트가 자신의 어려움을 표현하고 사회복지사의 민감한 이해와 선의의 의지를 인정하도록 충분한 기회를 준 후에, 자연스러운 이야기를 통해 클라이언트의 기대를 탐색해야 한다.
- 클라이언트에게 기관의 목적과 사회복지사의 역할, 기관에서 제공 가능한 서비스에 대해 명확히 설명한다.
- 돕고자 하는 의도를 표현한다.
- 클라이언트의 비현실적인 기대가 충족될 수 없는 이유를 설명한다.
- 클라이언트가 문제해결을 위해 활발하게 참여하고 계속해서 선택하도록 클라이언트의 책임을 정하여 원조과정을 분명히 하고 개입활동의 협력관계를 정의한다.
- 클라이언트의 약속 준수와 클라이언트의 책임을 강조한다.
- 변화의 과정에서 어려움은 당연하다는 것을 알려준다.
- 사회복지사는 클라이언트를 도와 자신의 문제를 더욱 잘 이해하도록 하는 조력자임을 스스로에게 강조하는 것이 바람직하다.
- 클라이언트의 긴장감, 두려움, 양가감정 등을 완화시키고 비자발적인 클라이언트는 동기를 가질 수 있도록 도와야 한다.
- 클라이언트 문제가 기관에서 다룰 수 있는 문제인지 판단해서 서비스 제공 여부를 결정해야 한다. 만일 기관에서 다루기 적합하지 않은 문제일 경우, 적합한 기관으로 의뢰할 수 있다.
- 클라이언트는 모두 개별화해야 한다. 특정 문제를 가진 사람으로 유형화해서는 안 된다.

2 자료수집단계

기출회차

1	2	3	4	5
6	7	8	9	10
11	12	13	14	15
16	17	18	19	20
21	22			

강의로 복습하는 기출회독 시리즈

Keyword 087

1. 자료수집단계의 특징

수험생들이 자료수집단계와 사정단계를 많이 헷갈려하는데, 이 둘은 거의 동시에 반복되어 진행되는 특징이 있어 실제적으로 구분하기가 상당히 어렵다. 다만, 자료수집은 클라이언트의 문제를 파악하는 데 주목적이 있고, 사정은 문제의 규정을 통한 개입방향 설정에 주목적이 있다는 차이가 있다.

(1) 자료수집의 개념

- 자료수집은 개입 가능성을 판단하고 개입에 도움이 될 수 있는 자료를 마련하는 것이다.
- 클라이언트의 문제를 이해하고 분석 · 해결하는 데 필요한 자료를 광범위하게 모으는 과정이다.
- 자료수집은 지속적 과정이지만 이 단계에서 집중적으로 수행한다.
- 수집된 자료를 바탕으로 사정이 진행되지만, 실제로는 뚜렷한 구분 없이 거의 동시에 진행된다.
- 사정을 진행하면서 새로운 문제가 발견되면 추가적으로 자료를 수집하게 되므로 자료수집과 사정 과정이 순환되기도 한다.

(2) 자료수집단계의 과제

① 목표

개입 가능성을 판단하고 개입에 도움이 될 수 있는 자료를 마련한다.

② 사회복지사의 과제

클라이언트의 문제와 욕구를 명확히 한다.

2. 자료의 영역 및 출처 22회 기출

(1) 자료의 영역[26)]

① 접수단계에서 파악한 클라이언트에 대한 기본적인 정보

접수단계에서는 클라이언트에 대한 기초적인 정보와 클라이언트가 호소하는 문제, 즉 클라이언트가 문제라고 인식하는 것이 무엇인지를 파악한다.

② 문제에 대한 깊이 있는 정보

자료수집단계에서는 접수단계보다 더 깊이 클라이언트의 문제에 대한 정보들을 수집한다.

- 현재 상황과 클라이언트가 기관에 오기 이전까지의 노력
- 문제의 직접적인 요인과 상황을 급격히 악화시킨 요인
- 클라이언트가 이 문제에 대해 과거에 대처한 방식
- 문제에 관련되어 있는 중요한 타인에 대한 정보
- 클라이언트가 환경 속에서 어떤 영향을 주고받았는지에 관한 정보
- 사회적 · 경제적 · 심리적인 제 요인이 클라이언트나 가족에 대하여 영향을 주는 사실

③ 개인력

- 클라이언트가 살아온 역사를 살펴본다.
- 유아기, 학령기, 청소년기, 성인기, 노인기 등 발달주기에 따른 인간관계, 생활 사건, 클라이언트의 감정 등

④ 가족력

가족상황과 가족관계, 현재의 가족구성, 가족관계 등

⑤ 클라이언트의 기능

지적 · 정서적 · 행동적 · 신체적 기능 정도 및 대인관계 · 업무 능력 · 문제해결 능력 등

⑥ 클라이언트의 자원

생활 속에서 현재 이용하고 있는 서비스, 현재 활동 가능한 자원 등

중요도 ★

자료의 출처, 즉 무엇이 자료로서의 기능을 할 수 있는지, 자료를 어떻게 수집할 것인지 등에 관한 문제가 이따금씩 출제되고 있다.

잠깐!

자료와 정보가 혼용되기는 하지만, 엄밀히 구분해서 말하자면 수집한 자료들을 활용할 수 있도록 정리한 것이 정보이다.

⑦ 클라이언트의 강점, 한계 등

- 문제해결을 위한 클라이언트의 강점, 한계 등을 살펴본다.
- 클라이언트와 클라이언트를 둘러싼 환경 속에 있는 한계, 동기 등

⑧ 클라이언트의 환경

- 사람 및 문제를 둘러싸고 있는 환경에 대한 정보를 수집한다. 이러한 정보는 사회복지사는 개인과 환경이 어떤 영향을 주고받으며 환경 내 어떤 체계가 클라이언트 및 클라이언트의 문제와 연관이 있는지 파악하는 데 도움이 된다.
- 클라이언트를 둘러싼 환경 특성, 친밀한 관계 및 이웃과 지역사회에 대한 정보, 사회적 관계망, 주요 사회제도 및 서비스 프로그램에 대한 수혜 경험, 차별 및 소외 경험 등

(2) 자료의 출처

① 클라이언트 자신에게서 얻는 자료

- 클라이언트의 이야기와 클라이언트가 작성한 자료, 클라이언트의 태도 등 비언어적 행동
- 클라이언트는 일차적인 정보제공자로서 가장 중요하다. 클라이언트의 진술을 통해 얻을 수 있는 정보는 클라이언트가 이야기하는 문제, 감정, 문제해결을 위해 가지고 있는 자원, 지금까지의 문제해결 노력, 문제의 원인과 지금까지의 전개과정 등이다.
- 클라이언트의 진술은 주관적인 경향이 있어 본인의 편견이나 감정에 의한 왜곡 등에 주의해야 한다.

② 클라이언트 가족에게서 얻는 자료

가족성원과의 면접자료, 가정방문을 통한 관찰

③ 객관적인 자료

- 의사, 사회복지사, 심리학자, 교사 및 사회기관, 행정기관 등에서 얻는 자료
- 의학적 자료, 심리검사 결과

④ 클라이언트의 개인적 관계에서 얻는 자료

고용주, 연고자, 친구 등과 면접을 통해 얻은 자료

⑤ 클라이언트에 대한 사회복지사의 개인적 경험

클라이언트와 이야기를 나누는 등 상호작용을 하면서 느끼는 사회복지사의 주관적 경험

⑥ 기타

사례와 관련된 신문자료, 투서 또는 소문, 클라이언트의 자기 모니터링 등

합격자의 한마디

사회복지사가 클라이언트와 대화를 하다보면 '아, 이런 성격이구나'라고 느끼게 되는데 그런 것도 자료가 될 수 있다는 것!

10장 사정과정

한눈에 쏙!		중요도
❶ 사정과정의 개요	1. 사정의 개념과 특성	★★ 22회 기출
	2. 사정단계의 과제	★
	3. 사정의 내용: 사정을 통해 알고자 하는 내용	★
❷ 사정도구	1. 개인의 사회지지체계를 위한 사정도구	
	2. 가족차원의 사정도구	★★★
	3. 집단차원의 사정도구	★

기출경향 살펴보기

이 장의 기출 포인트

사정도구는 기술론을 통해 출제되기도 하므로 꼼꼼히 봐야 한다. 가계도와 생태도의 차이점을 비교하는 문제가 가장 많이 출제되었고, 간혹 가계도와 생태도의 작성법을 확인하는 문제가 출제되기도 했다. 사정의 특성, 문제형성의 개념, 사정단계의 과업을 묻는 문제 등도 출제된 바 있다.

최근 5개년 출제 분포도

연도별 그래프

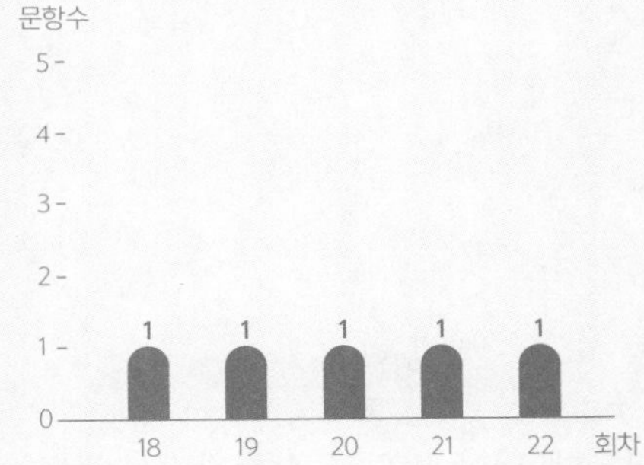

평균출제문항수

1.0 문항

2단계 학습전략

데이터의 힘을 믿으세요!
강의로 복습하는 **기출회독 시리즈**

3회독 복습과정을 통해
최신 기출경향 파악

최근 10개년 핵심 키워드

기출회독 **088**	사정도구	8문항
기출회독 **089**	사정의 특징 및 내용	4문항

기본개념 완성을 위한 **학습자료 제공**

기본개념 강의, 기본쌓기 문제, O X 퀴즈, 기출문제, 정오표, 묻고답하기, 지식창고, 보충자료 등을 **아임패스**를 통해 만나실 수 있습니다.

1 사정과정의 개요

기출회차

1	2	3	4	5
6	7	8	9	10
11	12	13	14	15
16	17	18	19	20
21	22			

강의로 복습하는 기출회독 시리즈

Keyword 089

사회복지실천과정 2: 사정

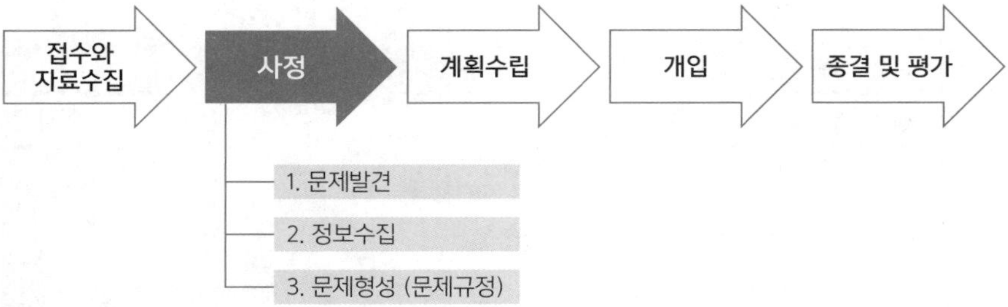

중요도 ★★

최근 출제빈도는 낮아졌지만, 사정의 주요 특징은 언제든 출제될 가능성이 높다.

합격자의 한마디

사정을 진행한다고 해서 클라이언트를 100% 알 수는 없다는 한계, 의료모델에서의 '진단'을 대신하는 용어로 등장했다는 점, 클라이언트의 문제 및 그 해결방안 등을 판단하기 위한 과정이라는 점 등이 중요합니다.

1. 사정의 개념과 특성 22회 기출

(1) 사정의 개념

- 1970년대 이후 사회사업실천에서 의료모델에 대한 비판이 강해지면서 '진단'이라는 용어 대신 '사정'이라는 용어가 일반화되기 시작했다.
- 사정은 자료를 수집하여 분석 · 종합하는 과정, 혹은 사실적 자료를 해석하고 의미를 부여함으로써 최종적으로 문제를 규정하여 실천/개입의 방향을 결정하는 일이다. 클라이언트와 관계형성이 이루어진 후에 클라이언트의 문제를 이해하고 분석하고 해결하는 데에 필요한 자료를 수집/관찰하여 이를 기초로 해석하고 추론하는 활동이다.
- 사정은 클라이언트의 문제와 상황을 이해하여 개입을 위한 계획을 연결시키는 것으로, 클라이언트의 문제가 무엇인지 이해하고 문제의 원인을 규명하며 이것을 해결하거나 감소시킬 수 있는 방법에 대해 전문적인 판단을 하는 것이다.

(2) 사정의 목표

① 자료 정리 및 해석

자료수집 단계를 통해 모인 자료들을 분석하고 클라이언트의 욕구와 연결하여 의미있는 정보로 만든다.

② 계획의 기반 마련

사정은 계획을 위한 준비로서의 성격을 갖는다. 사정 단계에서 클라이언트의 문제를 어떻게 규정하느냐에 따라 개입목표, 구체적인 활동 등 계획의 내용이 달라질 수 있다.

(3) 사정의 특성 꼭!

① 지속적인 과정

- 사정은 접수와 자료수집이 끝난 후에 수행되는 활동이 아니라 실천과정 동안 계속되는 활동이다.
- 실천과정 동안 새로운 정보가 드러남에 따라 자료를 수집하고 분석하며 종합적으로 판단하는 유동적이고 역동적인 과정이다.

② 이중초점

- 클라이언트를 사회, 환경적인 맥락에서 이해하고 계획과 행동의 토대를 준비한다.
- 모든 인간은 그를 둘러싼 작은 체계와 좀 더 큰 체계에 속해 있다는 개념을 반영한 것이다. 즉, '상황 속의 클라이언트'를 이해하는 것이다.

③ 상호작용

- 사정은 클라이언트와 사회복지사의 상호작용으로 이루어진다.
- 사회복지사의 일방적인 판단이 아니라 클라이언트의 반응을 이해하고 반영시킨다.

④ 사고 전개과정

- 사정은 사회복지실천과정 전체를 통해 필요한 정보를 수집하고, 그 정보를 중심으로 클라이언트의 상황을 이해하며, 이것을 전체적인 과정에서 통합하여 사고하는 과정이다.
- 사정은 부분적인 정보들을 전체적인 맥락 속에서 통합해서 사고를 전개하는 과정이다.

⑤ 수평 · 수직 탐색

- 초기과정에서는 수평적인 정보(현재의 인간관계, 능력, 기능 등)를 중심으

로 클라이언트의 욕구를 발견하고, 시간이 경과하면서 수직적인 정보(과거력, 개인력, 문제력 등)를 수집한다.
- 사회복지사는 필요에 따라 수평 · 수직 탐색을 적절하게 사용할 수 있어야 한다.

⑥ 지식에 근거
- 클라이언트의 상황을 이해하는 수단으로 전문적 지식을 이용해야 한다.
- 인간행동, 가족관계, 집단과 지역사회, 정책, 행정, 특정 관련 분야에 대한 지식(정신의학, 심리학, 아동, 노인 등)이 필요하다.

⑦ 생활상황에서의 이해
사정은 병리적이거나 독특한 상황에서만이 아니라 자연스럽고 일반적인 생활상황 가운데서 욕구를 발견하고 규명하며, 그 의미와 패턴을 설명하는 것이다.

⑧ 개별화
- 클라이언트마다 독특한 상황에 처해 있는 개별적인 사례이다.
- 인간의 상황은 모두 다르므로 개별화되어야 한다.

⑨ 판단
어떤 지식을 적용할 것인지, 클라이언트와 어떻게 연결할 것인지 등을 판단하는 과정이 필요하며 중요하다.

⑩ 한계 인식
- 클라이언트를 완전히 이해하는 데는 언제나 한계가 있기 마련이다.
- 사정으로 클라이언트를 완벽하게 이해할 수는 없다.
- 사정은 클라이언트를 이해하는 보조적인 수단 또는 방법이다.

합격자의 한마디

자료수집에서 클라이언트가 말한 문제를 중심으로 자료를 모은다면, 사정에서는 다른 문제는 없는지, 다른 문제가 더 중요하지는 않은지 등을 생각하면서 수집된 자료를 검토하며 궁극적으로는 문제를 규정하는 데에 목적이 있습니다.

(4) 자료수집과 사정의 관계
- 사정은 수집된 자료를 해석하고 자료로부터 추론하는 활동이다.
- 자료수집이 클라이언트와 클라이언트의 문제를 이해하는 데 도움이 될 자료를 모음으로써 문제를 확인하는 데에 주목적을 둔다면, 사정은 자료를 분석하여 문제를 규정해내고 그 문제를 해결하기 위한 방안을 모색하는 데에 주목적이 있다.
- 자료수집과 사정은 전후의 관계가 아니라 순환적으로 일어난다. 사정을 하기 위해 자료수집을 하지만, 사정을 하다가도 필요하면 자료수집단계로 다

시 돌아갈 수 있다.

• 자료수집과 사정은 특정 단계에서만 이루어지는 활동이 아니라 사회복지실천과정 전반에 걸쳐 일어난다. 다만, 자료수집은 접수단계와 사정단계의 중간에, 사정은 자료수집 이후에 집중적으로 진행된다.

2. 사정단계의 과제

중요도 ★

문제발견, 문제형성의 개념을 확인해두어야 한다.

(1) 문제발견

• 클라이언트가 제시한 문제에 초점을 두고 시작하여 탐색해 나간다.
• 클라이언트가 제시한 문제는 바로 클라이언트가 가장 시급하게 느끼고 있는 문제이며, 그것 때문에 도움을 청하는 경우가 많다.
• 제시된 문제를 곧바로 '문제'라고 단정하지 말고 더 깊이 탐색해야 한다. 클라이언트가 제시하는 문제보다 더 본질적인 문제가 있을 수 있다.

한걸음 더

사정단계에서의 문제발견이란?

접수단계에서 클라이언트의 문제를 확인했기 때문에 사정단계에서 왜 다시 문제를 파악해야 하는가에 대한 의문이 생길 수 있다. 접수단계에서는 잠재적 클라이언트가 기관을 방문했을 때 그가 호소하는 문제를 파악하게 되는데, 이 문제에 대한 심도 있는 탐색까지 이루어지지는 않는다. 이로 인해 사정단계를 통해 클라이언트가 호소한 문제가 핵심적인 문제라면 접수된 문제와 사정된 문제가 동일하게 되지만, 그렇지 않은 경우 사정을 통해 본질적인 문제가 드러나면 접수된 문제와 사정된 문제가 다르게 된다.

예를 들어, 부모가 자녀를 데리고 기관을 방문, 접수할 때 호소한 문제가 자녀의 학교 부적응 문제라 하더라도, 사정을 통해 부모의 잦은 야근으로 인해 자녀가 느끼는 감정적 고립, 무관심 등이 본질적 문제일 수 있다. 즉 사정단계에서의 문제발견은 접수단계에서 클라이언트가 호소한 문제에서 그치는 것이 아니라 더 심층적인 탐색을 통해 본질적인 문제를 발견하는 것이다.

(2) 정보/자료수집

① 정보/자료수집과 동시적 진행

• 자료수집과 사정은 동시적이며 순환적인 과정이다.
• 사정단계에서도 자료나 정보를 지속적으로 수집한다.

② 사정 시 정보수집에 유용한 질문

• 클라이언트는 어떤 사람인가?

- 클라이언트는 자신의 문제를 무엇이라고 생각하는가?
- 클라이언트는 문제에 어떤 의미를 부여하는가?
- 클라이언트의 반응은 어떠한가?
- 어디서, 언제, 얼마나, 언제부터 문제가 발생했는가?
- 문제에 대해 클라이언트는 어떤 노력을 해왔으며 효과는 있었는가?
- 누가 이 문제에 관여되어 있는가?
- 클라이언트의 장점과 기술은 무엇인가?
- 클라이언트의 욕구는 무엇인가?
- 클라이언트의 강점과 약점은 무엇인가?
- 문제를 해결하는 데 필요한 혹은 동원 가능한 자원은 무엇인가?

(3) 문제형성(=문제규정)

- 수집한 정보들을 분석하여 사회복지사가 전문적인 시각에서 문제를 판단하는 과정이다.
- 클라이언트가 호소한 문제와 충족되지 못한 욕구, 욕구 충족을 방해하는 요인을 고려하여 문제를 규정한다.
- '충족되지 못한 욕구가 구체적으로 무엇인가?'라는 질문은 사정단계에서 문제를 형성하기 위해서 가장 중요한 질문이다. 클라이언트가 제시한 문제를 충족되지 못한 욕구와 필요로 바꾸어 재진술한다.

  예 남편이 회사 일에만 몰두하고 가정에 소홀히 하는 것에 불만을 느끼는 클라이언트의 경우 '남편의 일중독'이라는 문제를 '남편으로부터 사랑받고 존중받고 싶은 욕구'로 바꾸는 것이다.

중요도 ★

사정의 영역 및 대상, 정보의 출처 등은 단독으로 출제되기도 하지만, 앞서 공부한 사정의 개념 및 특징 등과 함께 출제되기도 하므로 차분히 읽어보자.

3. 사정의 내용: 사정을 통해 알고자 하는 내용

(1) 사정의 영역

클라이언트의 정서 · 심리상태, 역할 수행상의 문제, 생활력, 자기방어기제, 클라이언트의 강점과 대처방안, 가족구조와 가족기능, 사회적 지지와 관계망 등

(2) 사정의 대상 ★꼭!

① 문제 표명

- 자발적인 클라이언트의 경우 대부분 자신의 문제를 직접 설명한다.
- 비자발적인 클라이언트의 경우 종종 자신의 문제를 의뢰한 기관과는 다르게 묘사한다.

• 문제에 대한 정확한 사정을 하기 전에 좀 더 상세한 정보를 끌어낼 필요가 있다.

② 강점과 자원, 장애물 사정

클라이언트의 잠재적 강점과 자원, 잠재적 약점과 도전, 장애물을 개인적인 요소에서 환경적(가족과 지역사회)인 요소에 이르기까지 복합적으로 사정한다.

• 클라이언트는 문제에 어떻게 대처하였으며, 문제해결을 위해 요구되는 기술은 무엇인가?
• 클라이언트의 기술과 강점은 무엇인가?
• 민족문화적 · 사회적 · 사회계층적 요소는 문제와 어떤 관련이 있는가?
• 어떤 지지체계가 존재하며 클라이언트를 위해 생성되어야 할 지지체계는 무엇인가?
• 클라이언트에게 필요한 외부자원은 무엇인가?

보충자료

강점 사정

③ 관련된 자와 상호작용 방법

• 문제와 관련된 핵심적인 사람을 확인하고, 더 깊이 있게 탐색함으로써 클라이언트의 어려움에 관련된 개인 · 집단 · 조직 등을 알 수 있다.
• 문제를 야기하는 상호작용의 방법을 고려한다.

④ 문제에 대한 클라이언트의 태도

문제를 유발하는 요소에 관한 클라이언트의 생각은 문제 개선을 위한 변화에 장애를 일으킬 수 있으므로 클라이언트의 참 의미가 무엇인지 결정하는 것이 매우 중요하다. 변화에 장애가 되는 클라이언트의 생각을 다음과 같이 범주화할 수 있다(Hurvitz, 1975).

• 비과학적인 설명

예 "우리는 바이오리듬이 잘 맞지 않는 것 같아.", "우리가 할 수 있는 일이라곤 아무 것도 없어.", "아마도 우린 서로 잘 맞지 않는가 봐."

• 심리적 낙인

예 "어머니는 편집증 환자에요. 그래서 난 어머니에게 어쩔 수 없이 지금까지 거짓말만 해왔지요."

• 다른 주요 당사자의 능력이나 변화의 열망이 부족하다는 믿음

예 "그는 우리 결혼생활이 지속되기를 원한다고 말하지만 나는 잘 알고 있어요. 그는 이혼을 원하고 있는 거예요."

• 변하지 않는 외부 요소

예 "우리 선생님에게 이야기할 필요 없어요. 선생님은 항상 나를 이해하려고 하지도 않아요."

• 변화될 수 없다는 신념

예 "나는 본래 실패자입니다. 정비사가 되려고 공부한 것은 이야기할 필요가 없어요. 난 또 실패했을 뿐이에요."

• 비현실적 절망감

예 "내가 할 수 있는 일은 전혀 없는 것 같아요. 내가 무엇을 할 수 있겠어요?"

⑤ 문제행동의 현장

문제행동의 장소를 알아봄으로써 문제행동과 관련된 요소에 대해서 좀 더 깊은 탐색을 할 수 있다. 단기간의 고통스러운 상황, 즉 두려움, 불안, 우울증, 외로움, 불안정 등과 같은 상황에 유용한 자원을 확인할 수 있다.

⑥ 문제행동의 빈도

• 문제행동의 빈도는 문제행동의 만연과 그 주체에 미치는 영향을 확인하는 지수가 된다.
• 문제행동의 빈도는 역기능적 행동의 정도와 그것이 클라이언트 및 가족의 일상적 기능에 어느 정도로 영향을 미치는지 명확하게 해준다.
• 문제행동의 빈도는 변화를 위한 표적행동의 기초선을 제공해준다.

⑦ 문제행동의 지속기간

문제행동의 이력을 살펴본다.

• 클라이언트의 문제행동이 일어난 기간에 따라 서비스 내용이 달라질 수 있다.
• 장기간의 복합적인 문제가 가속화된 결과라면 목표를 완만하게 잡고 간헐적인 서비스를 마련한다.
• 문제발생이 갑작스럽게 시작된 경우라면 단기간의 위기개입으로도 가능할 수 있다.

⑧ 기타 내용

• 클라이언트의 개인적 기능
• 표적문제에 대한 클라이언트 동기화
• 부부 · 가족체계와 관련된 역기능
• 문제체계에서 참가자와 충돌하는 환경요소

(3) 사정에 필요한 정보의 출처

① 언어적 보고

• 언어에 의한 보고는 문제 묘사, 감정 표현, 사건 보고, 관점 제시 등으로 구성된다.

• 거짓으로 재구성하거나 편견과 제한된 자기인식이 있을 수 있기 때문에 언어에 의한 보고는 종종 이 점을 고려해야 한다.

② 비언어적 행동의 직접관찰

• 비언어적 신호는 분노, 상처, 당혹, 두려움 같은 감정상태나 반응에 대한 가치있는 지표이다.
• 말투나 목소리의 떨림, 눈물, 주먹을 불끈 쥔 모습이나 손의 떨림, 팽팽해진 턱, 다문 입술, 표정 변화 등 몸짓의 비언어적 신호에 민감한 인식을 발달시키는 것이 중요하다.

③ 상호작용 관찰

• 배우자, 가족구성원, 집단성원 사이의 행동을 관찰한다.
• 상담하는 동안 갈등적 사건을 재현할 때 클라이언트를 관찰하는 것이 필요하며, 사회복지사는 사건이 일어난 그대로 같은 단어, 행동, 어조를 사용하여 상황을 재창조하도록 해야 한다.
• 사회복지사의 가정방문은 클라이언트의 상황과 상호작용을 관찰할 수 있는 방법이기는 하지만 이동수단, 방문시간 등의 제한이 있을 수 있으며, 사회복지사라는 관찰자가 있으므로 인해 평소와 다른 상호작용을 보일 수도 있다.

④ 클라이언트의 자기모니터링

• 자기모니터링은 클라이언트가 표적문제의 발생과 관련하여 글로 기록한 느낌이나 행동, 생각 등을 포함한다.
• 자기모니터링의 첫 번째 단계는 사건의 인식이다. 다음 단계는 행동의 기초선을 결정하는 정보를 도표나 그래프로 나타내는 것이다.
• 자기모니터링 결과가 바탕이 되기 때문에 자신의 상황에 대한 안목을 획득하고, 변화에 대한 욕구를 자발적으로 조직화하고 제시할 수 있게 된다.

⑤ 정보의 이차적인 출처

• 친척, 친구, 타 전문가 그리고 클라이언트의 삶에 관련한 필수적인 정보를 소유한 다른 사람들에 의해서 제공되는 정보를 말한다.
• 직접적인 가족구성원처럼 감정적인 유대를 가진 사람들은 감정적인 편견을 가진 경향이 있기 때문에 주관적일 수 있다.
• 감정적 · 정신적으로 안정성이 의심되는 사람이나 또는 행동경향이 매우 변덕스러운 사람으로부터 얻은 정보는 조심스럽게 다루어야 한다.

⑥ 각종 기록

- 초기 면접지 혹은 서비스 신청서
- 심리검사나 신체검사 등 각종 검사 결과
- 병원기록이나 학교생활기록
- 이전 상담일지

⑦ 상호작용 시 사회복지사의 주관적 경험

클라이언트와 면담하거나 다른 사람과 상호작용하는 것을 관찰하면서 느끼는 주관적 경험이나 느낌 등도 사정을 위한 정보로 사용된다.

기출회차				
1	2	3	4	5
6	7	8	9	10
11	12	13	14	15
16	17	18	19	20
21	22			

강의로 복습하는 기출회독 시리즈

Keyword 088

2 사정도구

1. 개인의 사회지지체계를 위한 사정도구[27)]

(1) 개인의 사회지지체계 사정의 필요성

- 클라이언트를 정확하고 폭넓게 이해하기 위해서는 클라이언트를 둘러싼 사회환경에 대한 사정이 필요하다.
- 클라이언트들은 사회적 지지가 없거나 사회적 지지가 부족한 경우가 많은데, 클라이언트의 문제를 효과적으로 해결하기 위해서는 클라이언트의 잠재적인 사회적 지지의 사정 및 확인이 필요하며 이를 확인하기 위해 사회적 관계망표가 사용된다.

(2) 사회적 관계망 격자(social network grid)

① 사회적 관계망 격자(혹은 그리드)의 활용

- 사회적 관계망 격자는 개인의 사회지지체계의 사정 및 가족의 사회적 지지체계의 사정에 사용된다.
- 사회적 관계망을 그림이나 표로 보여줌으로써 클라이언트의 관계망을 전체적으로 볼 수 있게 해준다.

② 사회적 관계망 격자의 내용

- 사회적 관계망의 중요한 인물, 지지를 받는 생활영역, 지지의 특정 유형
- 지지 정도의 중요도
- 지지의 성격: 상호적 · 일방적
- 개인적 친밀감 정도, 접촉빈도
- 관계 기간

잠깐!

사회적 관계망 격자(표)

사회적 관계망 격자는 개인의 사회적 지지체계를 사정하는 도구이지만 가족을 사정하는 데에도 사용할 수 있다. 분석의 대상 자체는 한 사람이지만 가족원 여러 명을 차례로 분석하면 가족에 대한 사정도 가능하기 때문이다.

사회적 관계망 격자의 예

- 클라이언트 이름: 송혜교
- 조사일자: 년 월 일

사회적 관계망에서 중요한 인물 (지지제공자)	생활영역	물질적 지지	정서적 지지	친밀감	만나는 빈도	알고 지낸 기간
	① 가족원 ② 다른 가족 ③ 직장/학교 ④ 조직 ⑤ 친구 ⑥ 전문가 ⑦ 기타	① 거의 없음 ② 가끔 ③ 자주	① 거의 없음 ② 가끔 ③ 거의 자주	① 거의 친하지 않음 ② 가까운 정도 ③ 매우 친함	① 1년에 서너 번 ② 한 달에 한 번 ③ 매주마다 ④ 매일	① 1년 이하 ② 1년에서 5년 사이 ③ 5년 이상
어머니						
동아리 선배						
친구(전지현)						
할머니						
언니						
이모						

중요도 ★★★

우리 교재에서 소개하는 사정도구는 모두 출제된 적 있는 도구들로, 실천론뿐만 아니라 실천기술론에서도 출제된다. 특히 가계도와 생태도는 어느 영역에서든 출제될 수 있다. 각각의 사정도구는 무엇을 알아보기 위한 것인지에 초점을 두어 정리해두어야 한다.

2. 가족차원의 사정도구

(1) 가족사정의 4가지 차원 [28)]

① 가족이 제시하는 문제

- 가족은 문제 혹은 욕구를 무엇으로 보는가?
- 누가 이런 욕구 혹은 문제를 인식하는가?
- 다양한 가족원들은 문제를 어떻게 규정하며, 가족원들 간에 생각의 차이가 있는가?
- 가족을 둘러싼 환경체계들은 가족의 문제를 무엇으로 규정하는가?

② 생태학적 사정

- 가계수입, 음식, 거주지의 안전 등 가족의 기본적 욕구는 충족되고 있는가?
- 거주지역의 안전, 교육 및 보건의료자원, 교통과 통신에 대한 접근 등은 어떠한가?
- 이웃이나 친구, 지역사회와 의미 있는 상호 교류를 하며, 적응적 균형을 이

루는가?
- 가족원과 환경체계들 간의 경계는 어떠한가?
- 환경체계들과의 관계에서 개별성원들 간의 차이가 있는가?

③ 세대 간 사정

- 가계도 분석을 통해 드러난 가장 중요한 가족 유형은 무엇인가?
- 사고나 죽음, 별거 같은 주요 상실을 경험했는가?
- 확대가족과의 관계는 어떠한가?
- 여러 세대를 거치면서 반복되어 내려오는 가족의 유형이나 관계, 문제 등은 무엇인가?
- 해결되지 않은 세대 간 가족문제가 있는가?

④ 가족 내부에 대한 사정

- 가족구조와 기능, 의사소통, 가치, 신념체계는 무엇인가?
- 가족 내 하위체계들이 각각 적절한 기능을 수행하고 있는가?
- 가족외부와의 경계는 어떠한가? 개방적인가 폐쇄적인가?
- 가족성원 간 경계는 밀착되었는가 혹은 경직되었는가?
- 가족 의사소통을 지배하는 규칙들이 있는가?
- 의사소통은 명확한가?

(2) 가계도(family genograms)[29] 꼭!

- 특정 기간 동안의 클라이언트 가족의 역사와 그 과정에서의 주된 사건을 한눈에 볼 수 있게 해주는 사정도구이다.
- 가족계보를 중심으로 그 가족의 2~3세대 이상에 관한 정보를 도표상에 정리한다. 결혼이나 별거, 이혼, 질병, 사망 등 중요한 생활사건이나 인종, 민족, 종교, 직업 등 인구사회학적 특성을 함께 표기한다.
- 사회복지사와 가족성원들이 세대 간 맥락에서 정서 · 행동상의 문제행동 패턴을 검토하는 데 유용하다.
- 각 세대의 가족에 대한 중요한 정보를 얻을 수 있다.
- 가계도를 통해 가족의 문제와 문제에 기여하는 중요 요인 및 가족의 패턴을 알 수 있다.
- 가족 내 역동이나 여러 세대에 걸쳐 발전된 가족역할, 유형, 관계 등을 알아볼 수 있다.
- 클라이언트와 사회복지사가 가계도를 같이 그려봄으로써 가족을 하나의 단위로 보는 기회를 제공한다.

합격자의 한마디

가계도에서는 가족 간 관계만 표시하는 것이 아니라, 종교, 인종, 직업 등 인구사회학적 특징을 같이 적어서 공통된 특징들을 파악할 수 있다.

보충자료

가계도 작성의 예

합격자의 한마디

가계도는 세대 간에 걸쳐 반복적으로 나타나는 패턴, 양상을 살펴보는 것이고, 생태도는 한 가족이 환경과 맺는 상호작용을 살펴보는 데에 초점이 있다.

보충자료

생태도 작성의 예

(3) 생태지도/생태도(ecomap)[30]

- 앤 하트만에 의해 고안된 것으로서, 클라이언트 및 클라이언트와 관련된 사람, 직접적으로 관련된 사회체계와의 상호작용 상태를 그림으로 나타내는 도구이다.
- 클라이언트 가족에게 유용한 자원이나 환경이 무엇인지 알 수 있으며, 가족체계에 스트레스가 되는 체계는 무엇인지, 이들 체계와 가족은 어떤 관계를 맺고 있는지에 대한 정보를 얻을 수 있다.
- 환경 속의 인간에 초점을 두기 때문에 클라이언트를 생태학적 관점에서 이해하는 데 도움이 된다.
- 개입초기에 가족을 사정하는 도구로 활용할 뿐 아니라 변화를 확인하는 도구로 반복해서 사용할 수 있는데 이를 연속생태지도라고 한다.

(4) 가족조각[31]

- 공간 속에서 가족구성원들의 몸을 이용해 가족의 상호작용 양상을 표현함으로써 가족에 대한 이해를 돕는 기법이다.
- 이 기법을 통해 역기능적 가족연합을 보여줌으로써 가족관계 재조정의 필요성을 인식시켜주는 효과를 기대할 수 있다. 사회복지사의 도움으로 가족들은 자신의 가족구조에 대해 논의하게 되는데, 이러한 논의로써 가족은 기존의 가족연합을 바꾸고자 한다.
- 하위체계 내에 누가 포함되고 배제되는가, 누가 서로 융합되고 얽힌 관계인가, 누구와 누구 사이가 가장 소원한가, 누가 지배하고 누가 복종하는가, 가족 내에 존재하는 가족규칙을 포함한 상호작용 양상 등을 알 수 있다.

(5) 생활력(도)표

- 클라이언트의 생애 동안 발생한 사건이나 문제를 시기별로 전개해 표로 나타낸 사정도구이다.
- 클라이언트나 개인이 겪고 있는 문제의 발생시점과 촉발사건 등을 파악할 수 있으며, 사건 간에 보이는 양상이나 관계를 파악할 수 있다.

(6) 생활주기표

- 클라이언트의 생활주기 및 각 발달단계의 과업 및 가족구성원의 발달단계와 주요 과업을 하나의 표로 나타낸 것이다.
- 가족 내 각 성원은 각각 다른 발달단계에 있기 때문에 서로 다른 발달과업 및 위기를 경험하게 되는데 생활주기표를 이용하면 가족 내 개별 성원의 현재 발달단계와 과업, 위기 등을 한눈에 볼 수 있다.

3. 집단차원의 사정도구[32)]

중요도 ★

소시오그램을 비롯한 집단사정 도구의 특징을 살펴보자. 집단사정도구는 실천기술론에서 더 자주 출제되고 있다. <사회복지실천기술론> 11장에서 다시 학습한다.

(1) 집단차원의 사정의 특징

- 집단사회복지실천 상황에서, 혹은 클라이언트가 집단체계인 경우, 사회복지사는 집단 자체에 대한 사정과 집단에 속한 개별성원, 그리고 집단 환경에 대한 사정을 실시한다.
- 사정은 어떤 특별한 단계에서만 수행되는 것이 아니라 개입과정 전반에 걸쳐 이루어지기 때문에 집단을 사정하는 경우에도 집단을 준비하는 준비단계에서부터 집단이 종료될 때까지 사정은 지속된다.
- 집단의 발달단계마다 사정의 초점이 조금씩 달라진다.

집단발달단계별 사정의 특징

초기단계	집단 및 성원의 기능 수행에 대한 체계적 사정
중기단계	초기의 사정 내용에 대한 타당성을 검토하여 그 성공 여부에 기반하여 개입계획 수정
말기단계	집단 및 성원의 기능 달성 정도를 사정, 추가적인 개입이 필요한 영역에 주목

(2) 집단성원을 사정하는 데 활용되는 방법

① 성원의 자기관찰

자기모니터, 도표, 기록지나 일지

② 사회복지사의 관찰

- 자연스럽고 일상적인 상황 관찰
- 역할극, 소시오드라마, 사이코드라마
- 모의검증(simulation test)

③ 외부전문가의 보고

집단 외부의 사람들에 의한 보고서나 정보

④ 사정도구

우울증 진단 척도, 자존감 척도, 부모-자녀관계 측정 척도, 스트레스 척도 등 표준화된 척도, 소시오그램, 의의차별척도 등

(3) 집단 전체의 기능에 대한 사정

① 의사소통과 상호작용 유형

- 성원들이 의사소통과 상호작용을 어떻게 하는지 사정한다.
- 집단 초기단계에 형성되는 이러한 유형을 사정함으로써 사회복지사는 잠재적인 문제를 예측하고, 성원 간 의사소통을 촉진시키며, 집단의 목표나 개별성원의 목표성취를 도와주는 중요한 정보를 알게 된다.

② 응집력

- 집단 초기단계에서 성원들은 다양한 이유로 집단이나 성원 상호 간에 매력이나 끌리는 감정을 느낀다.
- 응집력이나 집단 매력을 측정하는 도구로는 소시오그램이 있는데 소시오그램을 활용하면 하위집단이 형성되어 있는지도 알 수 있다.

③ 사회적 통제와 집단문화

- 사회적 통제는 일반적으로 규범이나 역할, 지위, 위계 등과 관련되는데, 이는 집단에 영향을 미칠 수 있으므로 사정이 필요하다.
- 집단의 규범이나 문화 등은 사회복지사가 성원 개인이나 상호작용 등을 관찰해서도 파악할 수 있다.

(4) 소시오그램(사회도, sociogram)

① 개념과 특징

- 모레노와 제닝스(Moreno & Jennings, 1950)가 개발한 것으로 상징을 사용해서 집단 내 성원 간 상호작용을 표현한 그림이다.
- 집단성원 간의 개인적 수용과 거부, 집단 내의 대인관계를 평가하기 위한 사정도구이다.
- 집단 내 대인관계에서 끌리는 정도, 집단성원들 간의 사회적 유대관계를 측정한다.
- 집단성원 간 선호도와 무관심, 배척하는 정도와 유형을 파악할 수 있으며 하위집단 형성 여부를 알 수 있다.
- 집단 내에서 성원들 간의 질적인 관계를 파악하기 위한 도구로 집단성원들의 수용–거부 과정을 평가하는 방법으로 사용된다.
- 다양한 시점에서 작성된 집단의 소시오그램을 비교해보면 집단성원들 간의 안정성과 변화를 살펴볼 수 있다.

② **소시오그램을 통해서 알 수 있는 정보**

- 집단성원의 성별, 성원 간의 친화력과 반감의 유형과 방향(일방적인지 쌍방향인지)
- 하위집단 형성 여부, 소외된 성원 여부, 삼각관계 형성 여부 등
- 결속의 강도(친밀한 성원끼리는 가깝게, 소원한 성원은 멀게 그림)

(5) 의의차별척도

- 의의차별척도(semantic differential scale)는 의미분화척도라고도 한다.
- 두 개의 상반된 입장 중에서 하나를 선택하도록 요청하는 척도인데 5개 혹은 7개의 응답범주를 가지고 있다.
- 동료성원에 대한 평가, 동료성원의 잠재력에 대한 인식, 성원의 활동력에 대한 인식 등 집단성원이 동료 집단성원을 사정하는 데 활용될 수 있다.

11장 계획수립과정

한눈에 쏙!		중요도
❶ 계획수립의 과정	1. 계획수립단계의 특징	
	2. 계획수립의 과정	22회 기출
❷ 표적문제 선정 및 개입목표 설정	1. 표적문제 선정	★
	2. 개입목표 설정	★
❸ 계약	1. 계약단계의 중요성	
	2. 계약의 내용과 형식	
	3. 계약단계에서 사회복지사와 클라이언트의 역할	

기출경향 살펴보기

이 장의 기출 포인트

출제빈도는 낮지만 다른 과정의 과업들과 헷갈리지 않도록 정리해두어야 하며, 간혹 표적문제 선정에서 주의할 사항이나 개입목표 설정에서 고려할 사항 등이 출제되기도 한다. 계약은 계획이 확정되고 난 이후에 진행된다는 점에 유의하자.

최근 5개년 출제 분포도

연도별 그래프

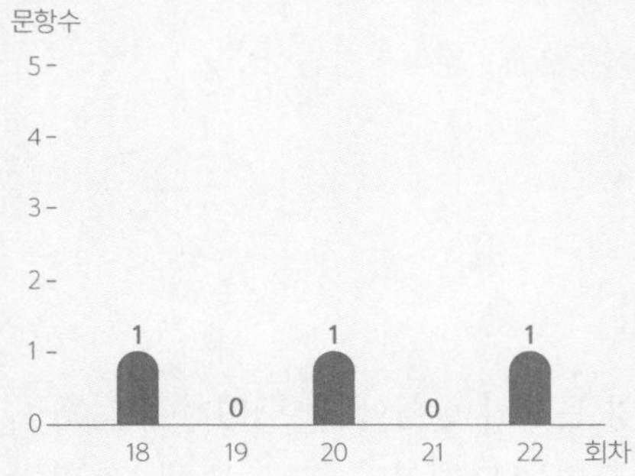

평균출제문항수

0.6 문항

2단계 학습전략

데이터의 힘을 믿으세요!
강의로 복습하는 **기출회독 시리즈**

3회독 복습과정을 통해
최신 기출경향 파악

최근 10개년 핵심 키워드

기출회독 **090**	표적문제 선정 및 개입목표 설정	3문항
기출회독 **091**	계획수립의 과정 및 과업	5문항

기본개념 완성을 위한 **학습자료 제공**

기본개념 강의, 기본쌓기 문제, O X 퀴즈, 기출문제, 정오표, 묻고답하기, 지식창고, 보충자료 등을 **아임패스**를 통해 만나실 수 있습니다.

1 계획수립의 과정

기출회차				
1	**2**	3	4	5
6	7	8	9	10
11	**12**	**13**	**14**	15
16	17	**18**	19	**20**
21	**22**			

강의로 복습하는 기출회독 시리즈

Keyword 091

사회복지실천과정 3: 계획수립

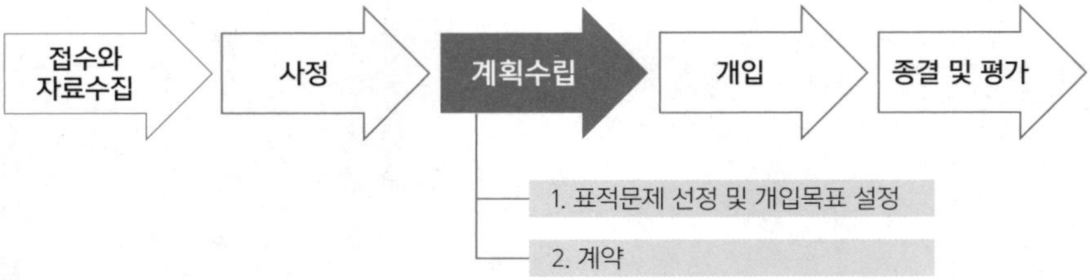

1. 계획수립단계의 특징

- 계획수립단계는 자료수집과 클라이언트의 문제와 상황에 대한 일차적 사정이 끝난 후 실질적인 문제해결 과정이 시작되는 단계이다. 다시 말해, 계획은 사정에 기초하여 이루어지는 과정으로서 사정에 따라 산출된 결과물이라고 말할 수 있다.
- 사회복지사와 클라이언트는 표적문제를 선정하고 개입목표를 설정하며, 계약을 공식화한다.

2. 계획수립의 과정 22회 기출

(1) 1단계: 클라이언트와 함께하기

- 클라이언트의 욕구와 기대를 명료화하기 위하여 클라이언트와 대화를 나눈다.
- 클라이언트를 모든 과정에 참여시킴으로써 동기화시킨다. 이 과정에서 클라이언트의 자기결정권을 존중해야 한다.

(2) 2단계: 문제의 우선순위 정하기(=표적문제 선정)

- 클라이언트는 자신에게 문제가 존재한다는 것을 인정해야 한다.
- 문제에 대한 대처는 현실적으로 가능한 것이어야 한다.
- 사회복지사와 클라이언트는 문제의 우선순위를 정하고 우선적으로 해결할 문제(=표적문제)를 선정하고 합의한다.

(3) 3단계: 목적 설정하기

목적은 개입의 필요성, 즉 왜 개입을 해야 하는지를 분명하게 해주며, 명료하게 진술된 목적은 개입의 성공 여부를 평가하기 수월하게 한다.

(4) 4단계: 목적을 목표로 구체화하기

- 목적이 설정되면 목표로 구체화한다.
- 목표는 누가, 언제, 무엇을 수행할 것인지 달성 정도를 어떻게 측정할 것인지를 구체화하여 표현해야 한다.

한걸음 더

목적과 목표

1. 목적

- 개입의 노력을 통해 얻고자 하는 장기적이고 궁극적인 결과
- 해결책을 제시하는 방향
- 목표보다 광범위하고 추상적인 개념
- 단기적인 개입목표들이 달성됨으로써 이루어질 수 있는 것

예 자녀의 요구에 좀 더 잘 대처하기, 부모와 자녀 관계를 향상시키기 등

2. 목표

- 사회복지사와 클라이언트의 노력이 궁극적으로 향하고 있는 바람직한 결말
- 문제가 해결된 상태, 개입을 통해 일어나기 바라는 변화
- 자료수집과 평가의 논리적 귀결
- 목적을 세분화한 것으로 단기적이며 구체적

예 일주일에 2번 이상 자녀를 칭찬한다, 2개월 이내에 구직을 위한 이력서를 5번 이상 제출한다.

(5) 5단계: 계약의 공식화

- 사회복지사와 클라이언트 간에 개입과정에 관해서 합의를 이루는 것을 계약이라고 한다.
- 계약을 통해 개입의 목적, 목표, 활동사항을 함께 정리해나가는 과정에서 클라이언트의 참여동기를 강화하고, 변화에 대한 자신감을 독려한다.

잠깐!

계약의 내용에는 대체로 목적 및 목표, 개입기간 및 시간, 역할, 비용, 활동의 변경 및 취소 등에 관한 사항 등이 포함된다. 보통 기관마다 계약양식을 마련해두고 있다.

2 표적문제 선정 및 개입목표 설정

기출회차

1	2	3	4	5
6	7	8	9	10
11	12	13	14	15
16	17	18	19	20
21	22			

강의로 복습하는 기출회독 시리즈

Keyword 090

- 사회복지실천과정은 계획된 변화를 유도하는 과정이다. 계획되었다는 것은 우연에 의해서 발생한 것이 아니라 예측 가능한 변화를 일으키기 위해 계획을 세우고 그것을 위해 의도적인 행동을 했다는 것을 의미한다.
- 사회복지실천과정에서 개입단계 동안 변화를 일으키기 위해서는 목표가 설정되어야 하는데, 개입목표를 설정하기 전에 표적문제 선정이 이루어져야 한다.

표적문제 선정과 개입목표 설정 간의 순서

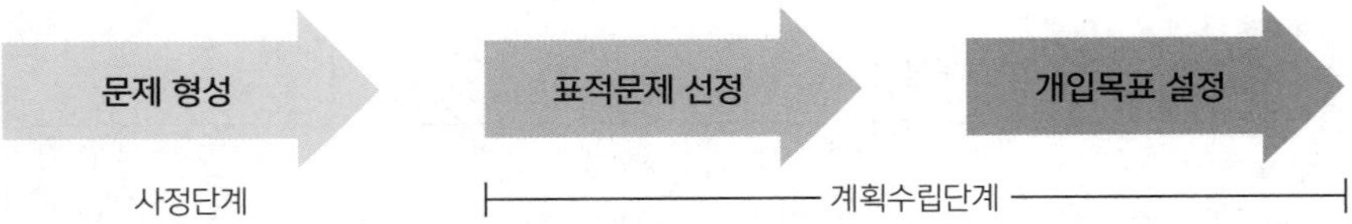

1. 표적문제 선정

중요도 ★

표적문제는 클라이언트와 사회복지사의 합의로 2~3개만 한정해서 정한다는 점 정도는 기억해 둘 필요가 있다.

(1) 표적문제의 정의

사정과정에서 드러난 복잡한 여러 가지 문제 중에서 가장 중요하고 시급히 해결해야 할 문제를 표적문제라고 한다.

(2) 표적문제 선정 지침 ★꼭!

- 클라이언트가 중요하게 생각하고, 시급히 해결되기를 원하며 문제상황을 대표하며, 해결가능성이 비교적 뚜렷한 문제로 선정한다.
- 표적문제가 너무 많으면 계획된 시간 안에 해결하기 어렵다. 주어진 시간 안에 모든 문제를 다 다루기가 어려우므로 2~3가지 정도만 선정하는 것이 좋다.
- 사회복지사가 자신의 능력, 전문성으로 대응가능한 문제인지 생각해봐야 한다.

합격자의 한마디

모든 문제를 해결하기가 현실적으로 어려울 수 있고, 또 주요 문제의 해결을 통해 연쇄작용으로 다른 문제들도 해결될 수 있기 때문에 두어 가지의 표적문제를 선정합니다.

- 문제는 쉽게 파악할 수 있도록 분명하게 규정해야 한다.
- 사회복지사와 클라이언트 양자가 모두 '문제'라고 여기는 합의된 문제를 표적문제로 선정해야 한다. 어느 한쪽만의 의견에 따라 정하면 안 된다.

2. 개입목표 설정

중요도 ★

목표 설정의 우선순위 기준은 계획수립에서 고려해야 할 사항을 확인하는 문제에서 함께 출제되곤 했다. SMART 형식의 요소는 실천론이나 행정론 등에서 가끔씩 출제된 바 있다.

(1) 개입목표 설정의 의미

- 사정단계에서 무엇이 문제인지 문제형성이 끝나면, 그 문제를 해결하기 위해 개입의 목표를 설정한다.
- 문제가 무엇인지에 대한 이해가 사회복지사와 클라이언트 사이에서 공유되고 나면 개입활동의 목표를 설정한다.
- 개입의 목표란 클라이언트가 현 상황에서 벗어나기 위한 바람직한 변화의 방향이다. 즉, 문제가 해결된 상태, 개입을 통해 일어나기를 바라는 변화를 의미한다.

(2) 목표 설정의 중요성

- 변화가 필요한 부분과 변화를 일으키기 위한 방향을 명확히 제시함으로써 개입단계 동안 방황하지 않고 진행할 수 있도록 해준다.
- 설정된 목표는 개입이 종결된 후 그 결과를 효과적으로 평가할 수 있는 근거가 된다.
- 목표설정에 클라이언트가 참여함으로써 변화의 의지가 커지며, 원조과정에 효과적으로 참여하게 된다.
- 클라이언트의 변화 정도를 모니터할 수 있다.

(3) 목표 설정의 지침 ★꼭!

- 클라이언트가 원하는 결과와 관련이 있어야 한다.
- 명시적이며 측정 가능한 형태여야 한다.
- 현실적으로 달성 가능한 것이어야 한다.
- 사회복지사의 지식과 기술에 상응하는 것이어야 한다.
- 성장을 강조하는 긍정적인 표현으로 기술한다.
- 사회복지사는 자신의 가치나 권리에 맞지 않는 목표에는 동의하지 말아야 한다.
- 기관 기능과 일치해야 한다.

잠깐!

목표수정의 융통성

개입과정에서 클라이언트의 상황이 변화하여 초기에 설정한 목표가 더 이상 의미가 없을 경우에는 목표를 수정하는 융통성이 필요하다.

※ SMART 형식에 따른 개입목표 설정

- 구체성(Specific)
- 측정가능성(Measurable)
- 성취가능성(Achievable)
- 현실성(Realistic)
- 시기적절성/시간제한성(Time frame)

(4) 여러 가지 개입목표 중 목표 설정의 우선순위 기준 꼭!

- 클라이언트에게 가장 시급한 문제
- 단기간에 달성할 수 있어 성취감을 느낄 수 있는 것
- 클라이언트에게 다른 목표에 도전할 수 있는 동기를 부여하는 것
- 사회복지사의 능력과 기관의 기능상 무리 없이 달성할 수 있는 것

비교: 부정적인 목표와 긍정적인 목표의 예

부정적인 목표	긍정적인 목표
가족구성원들 사이에서 비난의 빈도를 줄인다.	가족구성원들이 서로의 장점에 대해 많이 알아가고, 긍정적인 메시지의 빈도를 늘인다.
부부간에 서로 못마땅해 하는 것을 없앤다.	의견불일치를 개방적으로 신속히 그리고 건설적으로 의논한다.
하위집단을 형성하거나 참여적이지 않은 행위를 없앤다.	집단구성원들의 노력을 결합하여 공동작업을 하고 각 구성원들의 참여를 이끌어낸다.
흥청망청한 술자리의 빈도를 줄이거나 없앤다.	금주기간을 끊임없이 증대시킨다. 기간 중 한 번만 술자리를 연다.
자녀에게 소리를 지르고 육체적 처벌에 의존하는 것을 없앤다.	일관적으로 자녀에게 영향을 미치고 규율을 적용하는 새로운 방법들을 도입한다('횟수 제한' 방법의 사용, 긍정적인 피드백의 증가, 자녀들과 함께 하는 문제해결적 접근의 사용).

※ 참고: 허남순 외 역, 2007: 261.

3 계약

기출회차				
1	2	3	4	5
6	7	8	9	10
11	12	13	14	15
16	17	18	19	20
21	22			

강의로 복습하는 기출회독 시리즈

1. 계약단계의 중요성[33]

(1) 계약의 개념

- 목표 설정과 그것을 달성하기 위한 전략, 클라이언트와 사회복지사의 역할, 시간, 장소, 비용, 개입기법, 평가방법 등에 대해 사회복지사와 클라이언트가 동의하는 것이다.
- 계약은 법적 효력을 갖는 것은 아니다.

(2) 계약의 중요성

- 계약은 계획을 달성하는 데 있어서 서비스의 소비자인 클라이언트의 권리를 보장해주고, 클라이언트의 마음을 편안하게 한다.
- 계획의 수립 · 수행에 있어 클라이언트의 통제능력을 증대시킨다. 사회복지사에 의해 일방적으로 좌지우지되지 않고, 클라이언트의 의견이 충분히 반영될 수 있게 한다.
- 계약은 클라이언트에게 개입의 구조와 구체성, 그리고 참여감을 주기 때문에 문제와 과업을 수행하려는 동기를 촉진시킨다.
- 클라이언트 자신의 활동을 통해서 합의된 목적과 목표에 도달하는 것은 클라이언트의 자아존중감을 향상시키고 상황에 영향을 줄 수 있다는 자신감을 갖게 한다.

2. 계약의 내용과 형식[34]

(1) 계약에 포함될 내용

계약에 포함될 내용은 정해진 것은 없지만, 일반적으로 다음의 사항들을 포함하며 필요에 따라 다른 사항들을 추가하기도 한다.

- 시간적 조건: 개입기간, 세션의 빈도와 시간, 시작일 등
- 사회복지사의 역할, 클라이언트의 역할 및 서명

- 클라이언트와 사회복지사가 합의한 목표
- 클라이언트의 기대
- 계약변경 조건: 최초의 계약은 단지 예비단계일 뿐이고, 사례의 변화하는 환경에 따라 변경해야 함
- 사용되는 개입형태 및 기법
- 평가기법
- 약속취소와 변경의 조건
- 비용 등

(2) 계약형식

① 서면계약

가장 공식적인 계약형태이다. 개입목표와 누가, 무엇을, 언제 할 것인지를 클라이언트와의 합의에 따라 작성하고 서명한다. 클라이언트의 참여의지 및 책임성을 부여하는 자극제가 될 수 있다. 언제라도 계약 내용을 검토할 수 있어 오해의 여지를 줄일 수 있다. 다만 시간이 많이 소요될 수 있다.

② 구두계약

서면계약과 유사하지만 별도의 서면으로 된 계약서가 마련되지 않는다. 계약을 위한 시간을 따로 들이지 않아도 되며 클라이언트의 저항감이 큰 경우 유용하다. 합의한 내용을 상세히 기억하기 어렵다.

③ 암묵적 계약

별도의 절차 없이 암묵적으로 합의한 계약을 말한다. 오해의 소지가 많다.

(3) 계약단계의 세부규정

기타 계약을 공식화하는 요소들에는 시작날짜의 확정, 면접취소나 변경사항에 관한 규정, 요금조절의 규정 등이 있다. 약속을 변경할 때는 최소 24시간 전에는 알리도록 한다. 서비스 요금을 받는 경우라면 기관의 방침에 따른 서비스 요금을 알리고 명확히 한다. 끝으로 계약 요약하기가 있다. 이는 계약의 내용에 대하여 합의한 후 개입행동을 위한 문제, 최종 목표, 접근방법, 과제 혹은 세부단계, 평가방법 등 클라이언트와 사회복지사가 상호 이해한 내용을 간결하게 재검토하는 과정을 거쳐야 한다.

3. 계약단계에서 사회복지사와 클라이언트의 역할

(1) 사회복지사의 역할

- 클라이언트가 문제를 충분히 이해할 수 있도록 돕는다.
- 전문가로서 새로운 관점에서 문제를 볼 수 있도록 원조한다.
- 클라이언트가 미처 생각해보지 못한 해결책을 제시하고 이를 고려해 볼 수 있는 기회를 갖게 한다. 그러나 최종 결정은 클라이언트에게 있음을 명심해야 한다.
- 목표성취에 장애가 되는 요인들을 예측하고 장애요인들을 극복하거나 최소화할 수 있는 전략을 수립할 수 있도록 원조한다.

(2) 클라이언트의 역할

- 클라이언트는 계약단계에 적극적으로 참여하여 자신의 감정이나 욕구, 원하는 바 등을 분명히 표현하고 계약에 반영될 수 있게 한다.
- 문제를 해결하는 주체는 사회복지사가 아니라 클라이언트 자신임을 인식하고 문제해결에 사회복지사는 협력적 동반자로 참여하고 도울 수 있도록 한다.

12장 개입과정

한눈에 쏙!

		중요도
❶ 개입단계	1. 개입단계의 특징	
	2. 개입단계에서의 과제 및 역할	★
❷ 직접적 개입과 간접적 개입	1. 직접적 개입	★★ 22회기출
	2. 간접적 개입	

기출경향 살펴보기

이 장의 기출 포인트

개입과정에서의 사회복지사의 과업은 기본적으로 정리해두어야 한다. 많이 출제되는 내용은 개입기법으로 다양한 기법을 잘 파악해두어야 한다. 직접적 개입기술과 간접적 개입기술을 구분하는 간단한 문제도 출제되곤 하지만, 인지적 차원, 정서적 차원, 행동적 차원의 기술을 구분하는 문제에서는 정답률이 현저히 떨어지기도 했다.

최근 5개년 출제 분포도

연도별 그래프

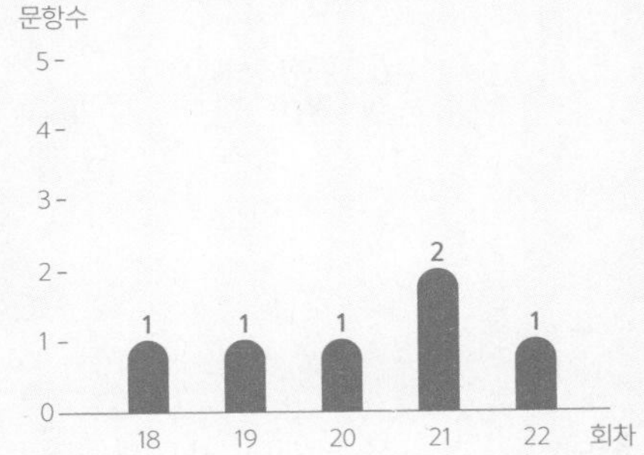

평균출제문항수

1.2 문항

2단계 학습전략

데이터의 힘을 믿으세요!
강의로 복습하는 **기출회독 시리즈**

3회독 복습과정을 통해
최신 기출경향 파악

최근 10개년 핵심 키워드

기출회독 **092**	다양한 개입기법	10문항
기출회독 **093**	개입단계에서 사회복지사의 과업	2문항

기본개념 완성을 위한 **학습자료 제공**

기본개념 강의, 기본쌓기 문제, O X 퀴즈, 기출문제, 정오표, 묻고답하기, 지식창고, 보충자료 등을 **아임패스**를 통해 만나실 수 있습니다.

1 개입단계

기출회차				
1	2	3	4	5
6	7	8	9	10
11	12	13	14	15
16	17	18	19	20
21	22			

강의로 복습하는 기출회독 시리즈

Keyword 093

사회복지실천과정 4: 개입

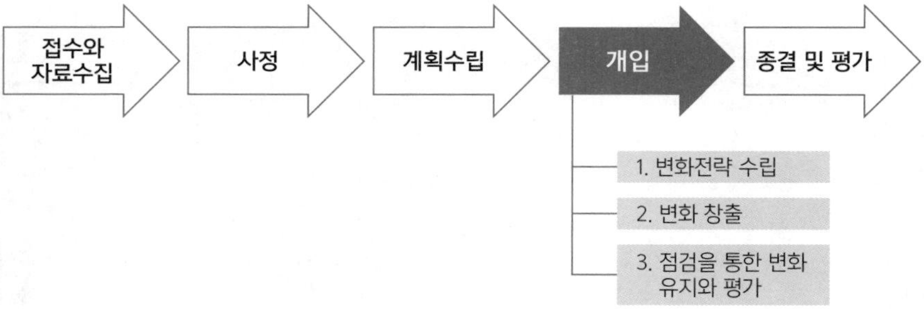

1. 개입단계의 특징

- 개입단계는 사회복지사와 클라이언트가 합의하여 결정한 문제(표적문제)를 해결하기 위한 계획(목표와 계약)을 실천하는 단계이다.
- 구체적인 행동을 통해 의도적인 변화가 일어날 수 있도록 지원하는 단계로서 사회복지실천과정에서 가장 핵심적인 부분이다.
- 개입단계에서 중요한 것은 사회복지사가 클라이언트의 변화과정을 관찰하고, 이전단계에서 설정된 목표가 제대로 달성되고 있는지 점검하는 것이다.
- 일반적으로 직접적인 개입은 개인이나 집단, 가족 등 미시체계 수준의 클라이언트에게 직접적으로 개입하며, 간접적 개입은 클라이언트를 돕기 위해 클라이언트 외의 개인, 소집단, 조직 또는 지역사회에 개입하여 변화시킨다.

2. 개입단계에서의 과제 및 역할

중요도 ★

개입상황에서 사회복지사가 어떤 활동을 해야 하는지를 확인하는 문제, 사례에서 나타난 역할을 찾는 문제들이 간헐적으로 출제되고 있다.

(1) 개입단계에서 사회복지사의 과제

① 문제해결을 위한 구체적 변화전략 수립

- 문제를 해결하려는 클라이언트의 변화노력을 지원하기 위해 문제해결을 위한 구체적인 변화전략을 수립한다.
- 직접적 개입, 지역사회와의 자원 연계 및 새로운 자원의 개발, 사회적 지지집단의 활용, 교육, 정보제공 등 다양한 전략을 수립한다.

② 교육, 동기유발, 자원연결, 행동변화 등을 통해 클라이언트의 변화 창출

직접적 개입이나 간접적 개입 등 다양한 개입방법과 기술을 적용하여 클라이언트와 클라이언트를 둘러싼 환경체계에서 변화가 일어날 수 있도록 원조한다.

③ 지속적인 점검을 통해 변화를 유지하고 평가

- 개입과정에서 일어나고 있는 변화가 지속될 수 있도록 점검한다.
- 사회복지사는 개입과 동시에 클라이언트가 개입과정에 계속 참여할 수 있도록 점검한다. 즉, 변화노력을 방해하는 장애물이 있는지 점검한다.
- 문제해결과정이 잘 진행되고 있는지에 대해 클라이언트에게 정기적으로 환류와 지지를 제공한다.
- 개입활동에 대한 효과 여부를 설정된 목표에 비추어 계속적으로 평가한다.
- 설정했던 목표가 적절하지 못한 경우에는 목표를 수정할 수도 있다.
- 개입방법이 적절치 못하거나 효과성이 없다고 판단되는 경우에는 개입방법을 바꾼다.

(2) 개입단계에서 사회복지사의 역할

① 중개자 역할

- 중개자는 클라이언트 차원에서의 직접적 개입이나 의뢰를 통해서 클라이언트가 필요로 하는 자원과 서비스를 연결하는 역할을 한다.
- 사회복지사는 지역사회에 산재되어 있는 자원체계에 대한 정보를 갖추어 적절히 연결하고, 클라이언트가 필요로 하는 자원을 찾아 활용할 수 있도록 원조한다.
- 다양한 서비스의 내용과 기술에 대한 지식을 갖추어 클라이언트의 문제와 욕구에 따라 제공될 수 있도록 하며 개입과정을 점검한다.

예 장애인거주시설에서 퇴소하게 된 입소자를 공동생활가정에 입주할 수 있도록 연계

예 중증장애아동 부모의 양육스트레스를 경감시키고자 장애인 주간보호서비스에 대한 정보 제공

예 거동이 불편한 노인에게 병원에 동행할 자원봉사자를 연결

② 조력자 역할

- 클라이언트가 스스로 문제해결 능력이나 대처능력을 키우고 자원을 찾을 수 있도록 원조하는 역할이다.
- 클라이언트의 욕구를 확인하고 문제를 규정하며 문제를 효과적으로 다룰 수 있는 능력을 개발시킨다.

예 부모, 자녀관계에 갈등을 겪는 중학생 자녀를 둔 클라이언트에게 자녀와의 관계를 분명히 인식하고 관계를 개선할 수 있는 대안을 모색하도록 원조하기

예 클라이언트로 하여금 개인의 강점을 발견할 수 있도록 지지하기

③ 교사 역할

- 클라이언트의 사회적 기능이나 문제해결 능력이 향상될 수 있도록 교육적인 프로그램이나 정보를 제공하는 역할이다.
- 단순히 정보를 제공하는 것뿐만 아니라 적응기술을 익히도록 클라이언트를 가르치기도 한다.
- 전문적 지식과 정확한 정보를 알아야 하며 클라이언트에게 정보를 명확히 전달하고 이해시키기 위해 의사소통 기술을 갖추어야 한다.

예 청소년을 위한 성교육집단에서 교육적 내용을 제공하기

예 또래들로부터 괴롭힘을 당하는 아동을 대상으로 효과적으로 자신의 주장을 전달할 수 있는 자기주장훈련을 실시하기

④ 중재자 역할

- 사회복지사는 중재자로서 체계 사이의 갈등이나 의견을 조정하는 역할을 한다.
- 견해가 다른 개인이나 집단 사이의 의사소통을 향상하고 타협하도록 돕는 중재자는 중립을 유지하며 논쟁에서 어느 한쪽 편도 들지 않으며, 양측이 서로의 입장을 이해하고 있는지 확인해야 한다.
- 중재자는 자신의 위치를 분명히 하고, 의사를 잘못 전달하는지 인식하며, 관련 당사자가 입장을 명확히 밝히도록 도와준다.

예 회사에서 해고를 당한 외국인 노동자의 경우 회사와 노동자의 의견 차이를 타협하고 해결하기

예 학교폭력 피해아동의 부모와 학교 또는 가해아동의 부모처럼 이해관계가 다르거나 갈등을 빚는 체계가 타협할 수 있도록 중간에서 중재

⑤ 옹호자의 역할

- 옹호란 사회정의를 지키고 유지하려는 목적으로 개인, 집단, 지역사회의 입장에서 직접적으로 대변 · 보호 · 개입 · 지지하는 행동을 포함한다.
- 옹호자의 역할은 클라이언트를 위하여 일을 진행하고 대변하는 것에 초점을 둔다. 특히 클라이언트가 필요한 것을 얻을 힘이 거의 없을 때에 클라이언트가 자원과 서비스를 받을 권리를 유지 또는 확보할 수 있도록 돕는 활동이다. 이주노동자의 임금체불문제를 제기하고 해결하는 역할도 옹호자로서의 사회복지사의 역할에 해당된다.

예 차별받는 장애인의 권리를 확보하기 위한 법적 대응 활동, 도심 재개발사업으로 철거를 당하게 된 철거민 세입자들의 권리 확보를 위한 활동

잠깐!

옹호자와 중재자의 차이

옹호자는 클라이언트의 입장에서 클라이언트의 이해와 권리를 대변하지만, 중재자는 제3자의 입장에서 쌍방의 이해를 절충하고 타협하는 등 체계 사이의 갈등 및 의견 차이를 조정하는 역할을 수행한다.

2 직접적 개입과 간접적 개입

기출회차				
1	2	3	4	5
6	7	8	9	10
11	12	13	14	15
16	17	18	19	20
21	22			

강의로 복습하는 기출회독 시리즈

Keyword 092

- 개입방법은 직접적 개입과 간접적 개입으로 나뉘며, 클라이언트의 문제 상황에 따라 개입방법은 달라진다.
- 직접적 개입이 사회복지사와 클라이언트가 직접 관계를 맺고 클라이언트를 직접 변화시킴으로써 클라이언트의 문제해결을 꾀한다면, 간접적 개입은 클라이언트와 관련된 환경을 변화시키거나 또 다른 사회적 지지체계를 개발하는 등의 활동을 통해 클라이언트의 문제해결을 모색하는 활동이다.

직접적 개입과 간접적 개입

직접적 개입	간접적 개입
• 클라이언트와 직접 관계하면서 변화를 추구 • 클라이언트를 직접 변화시켜서 클라이언트의 문제를 해결 • 정서, 인지에 개입하는 기술 • 행동변화기술 • 정보제공, 가족치료, 교육, 상담 등	• 클라이언트를 둘러싼 환경을 변화시킴으로써 클라이언트의 문제를 해결 • 사회적 지지체계 개발 • 서비스 조정에 관련된 활동 • 프로그램 계획과 개발 • 환경조정(조작), 옹호, 자원개발, 의뢰 등

중요도 ★★

여기서 공부하는 개입기술들은 보통 개인체계에 대한 개입기술로 소개되지만, 가족체계나 집단체계에 대한 개입에 있어서도 필요한 기술들이다. 특히 격려, 재보증, 환기, 재명명, 직면, 초점화 등의 의사소통기술들은 클라이언트를 대함에 있어 기본적으로 갖춰야 할 사회복지사의 기술로 매우 중요하다.

1. 직접적 개입 (22회 기출)

(1) 의사소통기술 ★꼭!

① 격려(encouragement)

- 클라이언트의 문제해결 능력을 향상시키려는 기법으로서 클라이언트의 행동이나 태도를 인정하고 칭찬해주는 것이다.
- 클라이언트가 자신감이 거의 없거나 자존감이 낮을 경우 또는 경험이 별로 없어서 두려워할 때 유용하다.
- 주로 어떤 일이 발생하기 전에 클라이언트를 동기화시킴으로써 행동을 취하도록 하는 데 초점이 있다.

② 재보증(안심, reassurance)

- 클라이언트의 능력이나 자질에 대해 사회복지사가 신뢰를 표현함으로써 클라이언트에게 불안과 불확실성을 제거하고 위안을 주는 것이다.
- 합리적이고 현실적인 생각 또는 결정에 대해 클라이언트가 의구심을 갖고 있을 때 사용된다.

  예 사회복지학과를 졸업한 클라이언트 ○○이 자신이 일하고 싶어 하는 사회복지기관에 지원했지만 실패에 대한 두려움과 불안을 표현하고 있다. 사회복지사는 "○○씨가 4년 동안 대학을 다니면서 많은 어려움이 있었지만 그때마다 포기하지 않고 적극적으로 준비하고 노력했기에 무사히 졸업도 하고 1급 자격증도 취득할 수 있었다고 했지요? ○○씨가 취업에 대해서도 성실하게 준비하고 있으니 좋은 결과가 생길 것이라고 생각합니다"라고 말하는 것이 이에 해당된다.

③ 일반화

클라이언트의 생각, 느낌, 행동 등이 그와 비슷한 상황에 있는 다른 사람과 같다고 말해줌으로써 이질감이나 소외감, 일탈감을 해소하고 자신에 대한 신뢰감과 자신감을 회복시키는 기법이다.

예 소진현상을 겪으면서 클라이언트에 대한 사명감이나 애정이 감소하고 있어서 사직을 고민하고 있다고 말하는 사회복지사에게 슈퍼바이저가 의외로 많은 사람들이 그런 고비를 겪게 되니 죄책감을 덜고 대처방법을 찾아 극복할 수 있다고 이야기를 해주는 것

④ 환기법

클라이언트의 문제 또는 상황과 관련된 감정(분노, 증오, 슬픔, 죄의식, 불안 등)을 표출하도록 하여 감정의 강도를 약화시키거나 해소할 수 있도록 돕는 기법이다.

⑤ 재명명(reframing)

- 어떤 문제에 대해 클라이언트가 부여하는 의미를 수정해줌으로써 클라이언트의 시각을 긍정적으로 변화시키는 방법이다.

  예 청소년기에 접어든 딸이 갑자기 말대꾸와 반항적인 행동을 보여서 걱정하는 부모에게 그러한 행동이 청소년기 발달단계에서 일어나는 전환기적 현상이며 자연스러운 것이라고 인식할 수 있게 해주는 것
- 구체적인 사실을 가지고 재명명하되, 사회복지사가 제시한 새로운 시각의 해석은 신뢰할 만한 것이어야 하고 클라이언트가 납득할 만한 것이어야 한다.

⑥ 초점화

- 클라이언트가 자기 문제를 언어로 표현할 때 산만한 것을 점검해주고 말속에 숨겨진 선입견, 가정, 혼란을 드러내어 자신의 사고과정을 명확히 볼 수 있도록 해준다.
- 제한된 시간 내에 최대의 효과를 추구해야 하는 전문적 관계에서 불필요한

방황과 시간낭비를 막아주는 효과가 있다.

잠깐!
직면은 '도전하기'와 같은 기술로 사용되기도 하고 구분되기도 한다.

⑦ 직면

- 직면은 클라이언트가 진술 과정에서 보이는 모순점에 대해 조금 강도 있게 지적하는 피드백이다.
- 직면은 평가나 판단이 아니기 때문에 클라이언트의 진술과 사실을 있는 그대로 표현하여 사용해야 한다. 클라이언트의 변화를 강요하거나 압박해서는 안 되며, 직면을 사용하기에 적절한 상황인지를 잘 판단해야 한다.
- 직면을 실시할 수 있는 상황
  - 클라이언트가 이전에 했던 말과 지금 하는 말이 불일치할 때
  - 클라이언트의 말과 행동이 일치하지 않을 때
  - 클라이언트의 말과 정서적 반응이 불일치할 때
  - 스스로에 대한 인식과 그에 대한 타인의 인식이 불일치할 때
  - 클라이언트의 말의 내용에 있어 사회복지사가 느끼는 느낌이 다를 때

⑧ 도전

- 클라이언트가 문제를 부정하거나 회피하고 합리화할 때 이를 해결할 수 있도록 돕기 위해 사용하는 기술이다.
- 도전기술을 필요로 하는 클라이언트의 행동이나 상황
  - 문제를 문제로 인식하지 않는 것(회피)
  - 문제를 해결할 수 있는 형태로 정의하지 않는 것
  - 중대한 경험이나 행동, 감정을 잘못 해석하는 것(왜곡)
  - 행동의 결과를 예측하거나 이해하지 못하는 것
  - 새로운 관점을 실행하기 주저하거나 의지가 없는 것

⑨ 정보 제공

사회복지사가 클라이언트에게 의사결정이나 과업 수행에 필요한 정보를 제공하는 것이다.

예 청소년기 자녀의 반항적 행동 때문에 자녀양육에 대해 고민하는 부모에게 부모들의 자조모임집단을 소개

⑩ 조언

클라이언트가 해야 할 것을 추천하거나 제안하는 것이다.

예 "너무 화가 나겠지만 우선 몸이 괜찮은지 확인하고 빨리 잠을 잘 수 있도록 재우는 것이 어떨까요?"

(2) 행동변화기술

① 모델링

관찰학습과정을 통해 클라이언트가 시행착오를 거치지 않고 원하는 행동을 학습할 수 있도록 하는 기법이다.

- 즉석모델링: 사회복지사 혹은 치료자가 바로 그 자리에서 모델링을 해서 제시하는 것
- 상징적 모델링: 영화, 드라마, 소설 등의 등장인물을 보고 모델로 설정하여 주요 특징을 모델링하는 것
- 복합(다중) 모델링: 집단상담과 같이 여러 사람을 한꺼번에 모델링하는 것

② 타임아웃

- 클라이언트가 어떤 행동을 했을 때 강화물이 많은 상태에서 강화물이 적거나 없는 상태로 옮겨놓음으로써 바람직하지 못한 행동을 하지 못하게 하는 방법이다.

  예 아이를 자기 방에서 나오지 못하게 격리해서 아이의 흥분이나 화를 가라앉게 한다.
- 이 방법을 아이에게 적용할 때는 미리 경고를 주어야 한다. 시간은 짧아야 하는데, 왜냐하면 아이를 너무 오랫동안 격리시키면 아이들은 그 의미를 잊기 때문이다.(약 5분 정도가 적당함)

③ 토큰강화

- 토큰경제라고도 한다.
- 여러 가지 바람직한 행동과 습관을 구체적으로 미리 정해 둔다. 클라이언트가 그 행동을 했을 때 그에 상응하는 토큰(징표)을 줌으로써 체계적으로 강화하는 것이다.

잠깐!

토큰강화는 스키너의 조작적 조건화 원리를 활용한 기법이다.

④ 행동조성(행동형성, shaping)

- 강화의 원리를 가장 원칙적으로 따르는 것으로서 행동수정의 가장 대표적인 방법이다.
- 특정 행동 수준까지 끌어올리기 위해 작은 단위의 행동으로 나누어 과제를 주는 것이다.
- 처음에는 아주 간단한 반응을 요구하지만 점점 강화물을 주는 기준을 까다롭게 하여 좀 더 복잡하고 정교한 반응을 습득하게 한다.

⑤ 행동계약

- 두 사람 이상이 서로 약속된 기간 동안 무엇을 할 것인가를 구체화해서 동의하는 것을 말한다.
  - 예 "만약 당신이 정해진 A를 하면 나도 정해진 B를 하겠다."
- 계약의 목적: 바람직하지 못한 행동을 하는 사람들에게 특권을 누리려면 책임이 따른다는 것을 가르쳐 주고, 자기 자신을 스스로 통제할 수 있는 능력을 활용하도록 해주는 것이다.

⑥ 역할교환(반전)

- 클라이언트가 다른 사람의 입장에서 바라보고 의견을 말하게 하는 기법이다.
- 역할반전은 개인뿐만 아니라 가족에 대한 개입기술로도 사용되는데, 두 성원이 서로의 역할을 바꾸어 실시한다.
  - 예 아버지는 딸의 역할을, 딸은 아버지의 역할로 바꾸어서 연기함으로써 서로에 대해 공감하고 이해할 수 있는 경험을 갖게 된다.

⑦ 시연(혹은 행동시연, rehearsal)

- 클라이언트가 습득한 행동기술을 현실세계에서 직접 실행하기 전에 사회복지사 앞에서 기술을 반복적으로 연습하는 것이다.
- 숨겨진 시연은 클라이언트가 원하는 반응에 대해 속으로 상상해보고 반영해보는 것이며, 명백한 시연은 클라이언트가 원하는 행동을 역할극에서 실제로 말로 표현하고 행동으로 나타내는 것이다.

의사소통기술과 행동변화기술

의사소통기술 (정서, 인지에 개입하는 기술)	정서적 안정을 돕는 방법	격려, 재보증, 일반화, 환기법 등
	인지구조를 변화시키는 방법	재명명, 초점화, 직면 등
	상황인식 능력을 향상시키는 방법	정보제공, 조언 등
행동변화기술 (행동에 개입하는 기술)	새로운 행동을 배우거나 잘못된 행동을 수정하는 방법	모델링, 타임아웃, 토큰경제, 행동조성, 행동계약, 행동시연, 역할교환 등

(3) 문제해결기술(problem-solving skills)

- 문제해결기술은 클라이언트가 미래에 직면하게 될 많은 어려움에 효과적으로 대처하고, 하나의 원칙을 여러 상황에 적용할 수 있도록 돕는다.
- 문제해결 원리의 핵심은 예방기능이다. 클라이언트가 실제 생활로 전환할 수 있는 기술을 점차 습득해 감에 따라 사회복지사에 대한 의존도는 점차 줄고 자기신뢰가 증가한다.

• 문제해결단계
  - 1단계: 문제인식
  - 2단계: 문제분석과 참여자들의 욕구 발견
  - 3단계: 가능한 대안 및 해결책을 위한 브레인스토밍
  - 4단계: 참여자들의 욕구를 고려한 대안 평가
  - 5단계: 선택된 대안 실행
  - 6단계: 문제해결노력 결과 평가

잠깐!

브레인스토밍(Brainstorming)

문제에 대한 가능한 많은 해법들을 도출하는 방법으로서 몇몇의 사람들이 특정 과제에 대해서 자유롭게 아이디어를 내놓고 토의를 진행한다.

(4) 사회기술훈련(Social Skills Training, SST)

• 예방과 교정을 위한 폭넓고 다양한 기술을 가르치는 것으로서 클라이언트에게 현재 환경과 삶의 주기, 또는 역할관계에서 효과적으로 기능하는 데 필요한 기술을 습득할 기회를 제공한다.
• 예방 프로그램은 미래의 부적응, 불행, 잠재능력 개발 실패, 생산성 상실 등에 관한 가능성을 줄이는 대처기술을 배워 사회적 역기능을 예방하려는 노력이다. 예방 프로그램은 치료 프로그램보다 사회적 비용 절감 효과가 있는 것으로 인정되고 있다.

(5) 자기주장훈련(Assertiveness Training, AT)

• 자기주장이란 자신과 타인의 권리를 동등하게 존중하면서 자신의 사고, 감정, 원하는 것, 의견 등을 단호하게 요구하거나 표현하는 것을 의미한다.
• 클라이언트가 자신의 사고나 감정을 미성숙하게 표현하거나 공격적인 방법으로 표현하기 때문에 대인관계에서 갈등이 발생할 수 있는데 자기주장훈련을 통해 이를 개선할 수 있다.

(6) 스트레스 관리(이완훈련)

• 클라이언트가 겪을 수 있는 스트레스 상황에 적절히 대처할 수 있도록 돕는 기술이다.
• 클라이언트에게 특정 근육을 수축, 이완하는 기술을 가르치고 규칙적이고 깊은 호흡을 할 수 있는 방법, 즐거운 생각이나 이미지를 떠올리는 법 등을 훈련함으로써 스트레스에 대처할 수 있도록 돕는다.

2. 간접적 개입

(1) 사회적 지지체계 개발

① 자연적 지지체계의 활성화

사회복지사가 기존의 체계들이 클라이언트의 욕구에 맞게 적절히 기능하도록 원조하는 것이다.

② 공식적 지지체계 활용

클라이언트의 욕구에 환경이 반응할 수 있도록 기존의 공식적 지지체계인 다른 기관 및 프로그램을 활용하는 것이다. 이를 위해 사회복지사는 지역사회 내 다양한 기관 및 프로그램에 대한 정보를 충분히 가지고 있어야 한다.

(2) 서비스 조정에 관련된 활동

- 조정(coordination)이란 두 가지 이상의 서비스 제공자들과 함께 일하는 것을 말한다.
- 다양한 문제를 가진 클라이언트에게 복합적인 서비스가 주어질 때 서비스의 중복과 누락을 방지하면서 서비스의 공동 목적을 달성하기 위하여 적절한 시기와 방법으로 클라이언트를 원조할 수 있도록 조정하는 것으로 서비스 연결, 의뢰, 사례관리 등의 형태가 있다.

① 서비스 연결

복합적인 서비스를 제공하는 한 기관의 여러 전문가들이 특정한 클라이언트에게 관심을 가지고 서로 연결되는 것이다.

② 의뢰

서로 다른 기관의 전문가들이 연결되어 서비스를 제공하는 형태의 조정으로 의뢰한 서비스가 제대로 전달되고 있는지, 그 결과가 어떤지 평가하는 과정까지 포함된다.

③ 사례관리

클라이언트의 문제와 욕구를 평가하여 클라이언트가 필요로 하는 서비스나 자원을 찾고 이를 연결해주고 조정, 점검 및 평가하는 것이다.

합격자의 한마디

사례관리자가 직접 서비스를 제공하기도 하지만 이는 사회복지사로서 서비스를 제공하는 것일 뿐 서비스 제공이 사례관리자의 주된 역할은 아닙니다. 사례관리자는 서비스들을 연결하고 진행상황을 점검하는 관리 차원의 역할을 수행하는 것이 주된 역할이기 때문에 사례관리 자체는 간접 개입의 성격이 더 강합니다.

(3) 프로그램 계획과 개발

클라이언트의 문제를 해결할 수 있는 서비스나 프로그램이 지역사회 내에 존재하지 않을 때 사회복지사는 클라이언트의 욕구와 문제를 해결할 수 있는 프로그램이나 서비스를 개발한다.

(4) 클라이언트 옹호 꼭!

- 옹호란 클라이언트에게 제공되지 못한 자원과 서비스가 제공될 수 있도록 하고, 클라이언트에게 불리한 영향을 미치는 실천이나 절차, 정책들을 수정하며, 필요한 서비스나 자원을 제공받을 수 있는 정책이나 절차를 만들기 위해 클라이언트의 입장을 대변하는 것이다.
- 사회복지사는 클라이언트에게 관련 정보와 필요한 자원을 제공할 수 있도록 하며, 클라이언트의 주장이 정당한지를 객관적으로 파악해야 한다. 또한 옹호의 과정이나 결과에서 발생할 수 있는 부정적 측면들도 설명하고 논의해야 한다.

잠깐!

옹호 활동은 크게 개인과 집단으로 구분하기도 하지만, 개인옹호, 가족옹호, 집단옹호, 지역사회옹호 등도 진행된다. 옹호의 유형은 <지역사회복지론> 9장에서 자세히 다룬다.

한걸음 더

사회복지사와 옹호활동

옹호활동은 다음 내용을 포함하여 여러 상황에 적절하게 적용할 수 있다.

- 기관이나 직원이 자격요건이 있는 클라이언트에게 서비스와 급여주기를 거절할 때
- 비인간적인 방법으로 서비스를 전달할 때
  예 성폭력 피해자에게 굴욕감을 줄 때
- 클라이언트가 인종, 종교, 신앙이나 그 밖의 다른 요소 때문에 차별을 받을 때
- 서비스와 급여의 차이가 곤란과 역기능의 원인이 될 때
- 정부나 기관 정책이 자원과 급여가 필요한 사람들에게 부정적인 영향을 미칠 때
- 클라이언트가 자신을 위해서 효과적으로 행동할 수 없을 때
- 위기상황에서 클라이언트가 즉시 서비스와 급여를 받아야 하는 특별한 욕구가 있을 때
  예 심한 병을 앓고 있거나 급박한 재정적 욕구가 있는 이민자들
- 클라이언트가 시민권이나 법적 권리를 거부당했을 때
- 조직의 시설이나 절차가 클라이언트에게 부정적으로 영향을 미칠 때

※ 참고: 허남순 외 역, 2007: 359.

(5) 지역사회 내 기관 간의 협력

- 클라이언트의 욕구를 효과적으로 충족시켜주기 위해서 지역사회 내 존재하는 다양한 조직이나 기관 간 협조가 필요하다.
- 클라이언트의 문제가 복잡하고 다양하기 때문에 한 기관이 클라이언트의 문제를 모두 해결할 수는 없다. 따라서 기관에 정보를 교환하거나 협조체계를 구축하여 클라이언트의 욕구에 유연하게 대응해야 한다.

(6) 환경조작(환경조정, environmental manipulation)

- 클라이언트의 사회적 기능을 강화하기 위해서 클라이언트의 환경에 변화를 가져오는 것이다.
- 클라이언트의 대인관계를 포함한 생활환경의 개선을 위하여 사회자원을 사용하기도 하고, 심리적 원조를 제공하여 사회환경에 있어 좋지 못한 요인들을 감소시키거나 제거하여 생활기능을 강화하기도 한다.

예 아동학대에 시달리는 아동을 치료하여 쉼터 등 보호시설이나 위탁가정에서 보호하도록 하는 것, 좋지 않은 가정환경에 있거나 비행을 저지르는 클라이언트를 일시교정시설에 수용 · 보호하고, 가족관계와 생활조건의 개선을 계획하는 것

MEMO

13장 종결 및 평가

한눈에 쏙!		중요도
❶ 종결단계	1. 종결단계의 과업	★★
	2. 종결의 유형	
	3. 종결에 따른 반응	★
	4. 사후관리	★
❷ 평가단계	1. 사회복지실천평가	
	2. 평가의 유형	

기출경향 살펴보기

이 장의 기출 포인트

출제율이 높은 장은 아니지만 종결 및 평가 과정에서의 사회복지사의 과업을 파악해두자. 전반적으로 어려운 내용은 아니지만, 종결시점을 결정하는 것부터 종결단계가 진행된다는 점 기억해두자. 간혹 사후관리가 단독으로 출제되기도 하므로 이 내용까지 놓치지 말고 학습해두기 바란다.

최근 5개년 출제 분포도

연도별 그래프

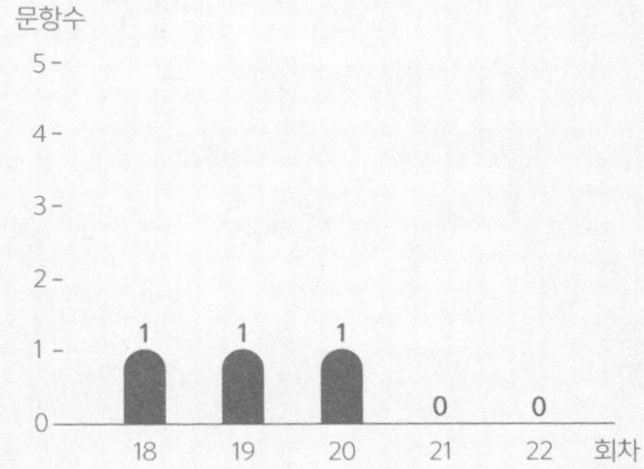

평균출제문항수

0.6 문항

2단계 학습전략

데이터의 힘을 믿으세요!
강의로 복습하는 **기출회독 시리즈**

3회독 복습과정을 통해
최신 기출경향 파악

최근 10개년 핵심 키워드

기출회독 **094**	종결단계에서 사회복지사의 과업	8문항

기본개념 완성을 위한 학습자료 제공

기본개념 강의, 기본쌓기 문제, O X 퀴즈, 기출문제, 정오표, 묻고답하기, 지식창고, 보충자료 등을 **아임패스**를 통해 만나실 수 있습니다.

기출회차

1 2 3 4 5 6 7 8 9 10 11 12 13 14 15 16 17 18 19 20 21 22

강의로 복습하는 기출회독 시리즈

Keyword 094

1 종결단계

사회복지실천과정 5: 종결 및 평가

접수와 자료수집 → 사정 → 계획수립 → 개입 → **종결 및 평가**

1. 종결시기 정하기
2. 정서적 반응 다루기
3. 효과의 유지와 강화
4. 의뢰
5. 평가

중요도 ★★

종결단계에서의 과업을 묻는 유형이 주로 출제되고 있다. 앞서 학습했던 이전 단계들의 과업과 헷갈리지 않도록 구분해가며 마지막 단계를 정리해보자.

1. 종결단계의 과업

종결단계에는 클라이언트가 상실과 이별에 직면하면서 다양하고 복잡한 감정과 태도를 보이기 때문에 사회복지사는 이에 민감하게 반응하고 기술적으로 접근하는 것이 필요하다. 평가단계는 실천의 목적과 목표가 달성되었는지 점검하고 실행에 효과적이었던 방법과 전략들을 밝혀내는 과정이다. 평가는 클라이언트와 일반 대중에게 사회복지실천의 효과성과 효율성을 담보한다는 점에서, 즉 책임성을 명확히 한다는 점에서 매우 중요하다.

합격자의 한마디

종결시점을 정함으로써 종결단계가 시작된다고 보기 때문에 종결시점의 확정은 종결단계의 과업입니다.

(1) 적절한 종결시기 결정하기 ★꼭!

종결시기를 결정하기 위해서 종결할 때가 되었는지 판단할 때 고려해야 하는 사항은 다음과 같다.

- 개입목표의 달성 정도
- 서비스 시간 내 제공완료 여부
- 클라이언트의 문제상황의 해결 정도
- 사회복지사와 기관의 투자노력
- 이득체감(더 이상의 만남이 큰 도움이 되지 않으리라는 것)에 대한 합의

- 클라이언트의 의존성
- 클라이언트에 대한 새로운 서비스의 필요성 · 적합성 여부: 의뢰

(2) 정서적 반응다루기 꼭!

종결은 항상 좋은 결과가 있을 때만 진행되는 것은 아니기 때문에 클라이언트가 긍정적 감정 외에 부정적 감정을 보이기도 한다. 또한 결과가 좋더라도 불안감 같은 부정적 감정을 호소할 수 있다. 사회복지사는 클라이언트가 보이는 긍정적 감정뿐만 아니라 부정적 감정들에 대해서도 수용하면서 그러한 감정들을 표현하고 갈무리하는 시간을 가져야 하며, 종결 이후에도 변화를 위한 노력이 지속될 수 있도록 지지하고 격려해야 한다. 종결의 유형에 따라서도 감정의 정도가 다를 수 있음을 염두에 두고 클라이언트의 반응을 살피고 적절히 다루어야 한다.

(3) 효과의 유지와 강화

- 획득된 성과를 유지하고 일반화하며, 계속 발전할 수 있도록 계획한다.
- 클라이언트로 하여금 문제해결의 기본원칙을 파악하도록 원조한다.
- 표적문제에 대해 문제해결의 원칙이 어떻게 적용되었는지 검토하고 일반화 방법 등에 대해 예측 · 연습을 한다.
- 사후관리(follow-up)에 대해 계획한다.

(4) 의뢰

- 사례가 종결되었지만 클라이언트에게 새로운 서비스가 더 필요하거나 해결되지 않은 문제가 있는 경우 의뢰를 고려해볼 수 있다.
- 의뢰과정은 신중히 이루어져야 하는데 클라이언트는 의뢰를 '거부'로 받아들여 필요한 도움을 더 이상 받지 않으려고 할 수 있기 때문이다.

한걸음 더

의뢰과정 지침

- 새로운 서비스에 대해서 클라이언트가 불안감을 보일 수 있다. 사회복지사는 클라이언트가 보이는 불신이나 걱정 등을 다루어주고 의뢰과정이 필요한 이유에 대해 설명함으로써 클라이언트의 불안을 감소시킨다.
- 클라이언트에게 최선의 서비스는 무엇인지 클라이언트와 함께 결정한다.
- 가능한 대안을 제시하고 클라이언트가 스스로 결정할 수 있도록 원조한다.
- 서비스에 대한 자세한 설명은 해주어야 하지만 비현실적으로 보증하지는 말아야 한다.
- 의뢰하는 기관의 서비스에 대해 명확하게 설명한다.

(5) 평가

- 평가란 사회복지개입의 결과나 과정을 조사기법을 활용하여 사정하는 것이다.
- 사회복지실천에서 개입활동이 효율적이고 효과적으로 결과에 작용하였는지 평가한다.

2. 종결의 유형

(1) 시간제한적인 개입모델에 따른 종결: 계획된 종결

① 특징

- 처음부터 사회복지사와 클라이언트가 기간을 정하고 시작한다.
- 정서적 애착과 의존이 줄어들고 종결에 따른 상실감도 감소한다.

② 사회복지사의 과제

- 클라이언트가 얻은 것을 분명히 한다.
- 지속적인 개입이 필요한 경우 또 다른 계획을 세운다.
- 개입기간 동안 배운 바를 클라이언트가 일상생활에 어떻게 적용할 것인지 확인한다.
- 사후관리를 계획한다.
- 과업중심적 접근에서 사회복지사는 마지막 직전의 면접에서 다음이 마지막임을 명확히 언급하여 공식적으로 종결을 시작하는 것이 좋다.

(2) 클라이언트의 일방적인 조기종결: 계획되지 않은 종결

클라이언트가 갑자기 약속을 어기거나 이런 저런 핑계를 대면서 올 수 없다고 알리거나 자기문제를 노출시키지 않으면서 종결을 원하는 경우이다.

- 클라이언트가 불만이 있을 때 저항의 방법으로 사용하기도 한다. 이런 경우 종결 전에 클라이언트의 부정적인 감정을 해소하는 것이 필요하다. 사회복지사는 클라이언트의 부정적인 감정에 관하여 논의하기를 원한다고 말하고 함께 다룰 수 있도록 해야 한다.
- 사회복지사는 종결의 중요함을 알리고 신중히 생각할 것을 권한다. 그러나 결정은 클라이언트에게 맡기며, 언제든지 다시 오면 서비스가 제공될 수 있음을 알려준다. 이를 통해 사회복지사는 클라이언트의 자기결정권을 존중하는 한편, 전문가로서 의견을 제시해야 할 의무를 다해야 한다.

(3) 기관의 기능과 관련된 시간의 제약에 의해 결정된 종결

실습생이 실습을 종결하는 경우 실습생이 맡았던 프로그램이나 면접은 종결된다. 입원기간 내에 제공되는 서비스, 학기 중에만 제공되는 서비스 등도 계획된 종결에 해당된다.

한걸음 더

실습에 따른 종결은 계획된 종결인가요?
실습 중임을 꼭 밝혀야 하나요?

실습생의 실습 종료에 따라 프로그램도 종료됨을 전제로 한다면 계획된 종결이 된다. 하지만, 실습의 종료와 상관없이 프로그램이 계속됨을 전제로 하는 경우에는 실습이 종료되더라도 프로그램이 종료되지는 않기 때문에 종결이라는 상황이 일어나지 않는다. 다만 실습이 종료되었을 때 프로그램을 이어갈 다음 사회복지사가 없게 되거나 참여자들의 상황이 바뀌어 종결될 수 있기 때문에 계획되지 않은 종결이 되기도 한다.

실습 중임을 밝히고 밝히지 않고는 보통 기관 차원에서 정해둔다. 진실성의 측면에서는 실습 중임을 밝혀야 한다고 보기도 하지만, 실습생이라는 신분에 대해 전문성에 의구심을 갖는 클라이언트도 있기 때문에 밝히지 않는 경우도 있다.

계획된 종결이든 아니든, 실습생임을 밝혔든 그렇지 않든 실습이 종료될 때에는 클라이언트에게 상황 설명을 하고 클라이언트의 감정을 다루는 시간이 필요한 것은 동일하다.

(4) 시간제한이 없는 개방형 모델에 따른 종결: 계획을 세워나가는 종결

- 종결은 사회복지사의 욕구가 아니라 클라이언트의 욕구에 근거해서 이루어져야 한다.
- 종결시기를 정하는 것이 중요한 과업이다. 클라이언트에게 서비스가 더 이상 필요하지 않거나 서비스를 제공하는 것이 현 시점에서 더 이상 이득이 되지 않는다고 판단될 때 종결을 하는 것이 원칙이다.

(5) 사회복지사의 사정으로 인한 종결

- 사회복지사의 개인적 사정으로 인해 중단하는 경우, 사회복지사가 갑자기 이직하거나 퇴직하는 경우, 클라이언트의 비협조와 동기 부족 등으로 개입이 도움이 되지 못한다는 판단으로 종결하는 경우 등이 있다.
- 클라이언트는 계속적인 원조를 원하므로 클라이언트와 사회복지사 모두에게 어려움이 있을 수 있다.
- 클라이언트는 배신감, 거부당한 느낌 등으로 자존심에 상처를 입을 수 있다.
- 사회복지사는 클라이언트의 부정적 감정을 표현할 기회를 주고 극복할 수 있도록 도와준 후 다른 사회복지사에게 의뢰한다.

중요도 ★

서비스 제공이 항상 성공적일 수는 없고, 클라이언트의 의존도가 높아지는 결과가 나타나기도 한다. 서비스의 결과나 클라이언트의 반응을 예측할 수 없기 때문에 사회복지사는 상황에 맞게 적절한 대처를 할 수 있어야 한다는 점에서 이 내용을 학습해두기 바란다. 앞서 공부한 종결의 유형과 연결하여 어떤 상황의 종결에서 어떻게 대응해야 할지를 생각해보자.

3. 종결에 따른 반응

(1) 긍정적인 종결

- 성취한 이득으로 인해 종결로 인한 상실감의 충격이 감소하게 된다.
- 사회복지사가 강점 중심과 문제해결 접근법을 사용하는 경우 클라이언트와 사회복지사 모두는 성취감을 느끼게 된다.

(2) 부정적인 종결반응(Levinson, 1977)

① 치료 및 사회복지사에게 집착

- 원조관계를 통해 외부관계 및 활동에서 더 좋은 결과를 성취할 방법을 배우기보다 원조관계 자체를 관계와 활동의 대체물로 생각하는 경우이다.
- 사회복지사가 클라이언트에게 집착하지 않았는지, 클라이언트의 강점과 성장의 기회보다는 약점, 결함, 병에만 초점을 둔 결과 그러한 어려움이 발생한 것이 아닌지 살펴봐야 한다.

② 문제의 재발

- 종결시점에 가까워지면서 상당 기간 발생하지 않았던 과거 문제가 다시 발생하는 경우이다.
- 종결 이후의 삶과 관련한 두려움과 불확실성에 초점을 두는 것이 중요하다.
- 클라이언트의 감정을 탐색하고 공감한 후, 클라이언트의 성과를 검토하면서 클라이언트가 사용할 수 있게 된 강점과 사적 자원에 대해 믿음을 주는 것이 도움이 된다.

③ 새로운 문제 호소

- 원조관계를 계속하기 위한 방편으로 새로운 스트레스나 문제를 호소하는 경우이다.
- 사회복지사는 새로운 문제나 정보의 중요성을 최소화해서는 안 되지만, 종결에 대한 감정을 일단 탐색한 후 그 문제와 정보에 관심을 갖는 것이 중요하다.

④ 사회복지사의 대리인 발견

- 클라이언트가 의존할 다른 대상을 찾아 사회복지사를 상실한 것에 대해 보상받고자 하는 경우이다.

- 집단성원 역시 지속적인 사회지지체계를 개발하기보다 단순히 다른 집단에 소속되어 집단에 대한 상실을 보상받으려 할 수 있다.
- 사회복지사는 클라이언트가 이러한 역동을 인식하고 자신이 선택한 것이 어떤 결과를 가져올지 숙고할 수 있도록 도와주어야 한다.

(3) 사회복지사가 떠날 때의 정서적 반응 다루기

- 클라이언트와 사회복지사에게 모두 힘든 경우이다. 특히 이전에 거부당한 경험이 있는 클라이언트는 상처받기 쉽고 자존심이 약해진다.
- 클라이언트는 상실감을 거부하기 위해 평소와 같은 행동을 보일 수 있는데 이것은 종결을 극복한 것이 아니라 고통스러운 현실과 관련된 감정을 피하기 위한 시도일 수 있으므로, 이 감정에 직면하게 한다.
- 사회복지사는 시간이 허락하는 한 클라이언트의 부정적 · 긍정적인 모든 감정 표현을 허용하고 다른 사회복지사에게 의뢰하는 것을 수용하도록 돕는다.

(4) 실패로 인한 종결

- 개방형 종결 서비스에서, 문제를 극복하기 위해 아무리 노력해도 클라이언트가 절망 속에 갇혀 있을 때 종결하자고 해야 한다.
- 집단도 성원들이 혼란스럽고, 실망하고, 지도자나 다른 성원에게 화가 난 채 성공적이지 못한 결과로 끝날 수도 있다.
- 사회복지사와 클라이언트가 협조적인 관계로 원조과정에 참여하려 노력했지만 개입의 결과가 기대했던 만큼 나오지 않거나 실패할 수도 있다. 이런 경우 바람직한 성과를 성취하지 못한 요인과 추가 도움을 구하는 것에 대한 클라이언트의 감정을 다루어야 한다.
- 부정적 감정을 성공적으로 극복하기 위해서 사회복지사는 클라이언트가 그 감정을 이겨낼 수 있을 때까지 감정에 초점을 두어야 하며 공감적 의사소통, 수용, 따뜻함 등의 기술과 태도들이 필요하다.
- 반복하여 거절을 경험한 클라이언트는 종결을 사회복지사가 거절한 것으로 잘못 해석한다. 이런 경우, 분리에 대한 반응을 알고 클라이언트를 이해한다.

4. 사후관리

중요도 ★

사후관리에 대한 구체적인 계획은 종결과정에서 이루어진다.

- 종결 후 1~6개월이 지났을 때 클라이언트의 변화를 평가하고 유지하기 위한 목적으로 사후관리를 실시할 수 있다.

- 클라이언트는 종결 후 계속 진보하며, 사회복지사는 그런 이득에 대한 확신을 갖고 클라이언트에게 계속 노력하도록 독려한다.
- 사후관리는 사회복지사가 지속적으로 관심을 갖고 있다는 것을 보여줌으로써 클라이언트가 종결의 충격을 최소화할 수 있다는 이점이 있다.
- 사후관리를 통해 변화의 지속성을 파악할 수 있다. 개입과정에서 획득한 클라이언트의 변화가 일시적인 것이었는지, 종결 후에도 유지되고 있는지를 살펴볼 수 있다.
- 원조과정 초기에 사후관리에 대해 설명하고 과정을 진행하면서 때때로 상기시킴으로써, 그것이 계획의 일부임을 명확하게 하여 클라이언트가 사후관리를 사생활 침해나 사회복지사의 개인적인 호기심을 만족하기 위한 것으로 인식하는 위험을 방지하도록 한다.
- 사후관리는 사회복지사의 노력에 대해 더 많이 평가할 수 있는 기회이다. 가장 도움이 된 것 혹은 그렇지 않은 것은 무엇인지를 돌아볼 수 있다.
- 사후관리는 사회복지사에게 클라이언트가 기능적으로 퇴보하는 것을 막도록 적절한 원조를 계획하거나 종결 이후 발생한 문제나 잔여문제를 다룰 수 있는 기회를 제공한다.

2 평가단계

기출회차				
1	2	3	4	5
6	7	8	9	10
11	12	13	14	15
16	17	18	19	20
21	22			

강의로 복습하는 기출회독 시리즈

1. 사회복지실천평가

(1) 평가의 개념

• 넓은 의미에서 사회복지실천평가란 사회복지실천활동이 효과적이었는지, 효율적이었는지를 판단하는 것이다.
• 좁은 의미에서 사회복지실천평가란 사회복지사의 개입 노력을 사정하는 것으로 개인이나 가족, 집단, 지역사회를 대상으로 실시한 개입이 변화를 일으켰는지, 어느 정도의 변화가 생겼는지를 사정하는 것이다.

(2) 사회복지실천평가의 의의

① 사회복지실천의 효과성 측정

• 평가의 일차적인 목적은 목표를 달성했는지를 측정하는 것이다.
• 원래 계획했던 대로 서비스를 제공해서 결과에 도달했는지, 즉 목표의 달성 여부를 사회복지실천이 얼마나 효과적이었는지를 측정한다.

② 사회복지실천의 효율성 측정

• 효율성은 목표달성에 투여한 자원에 따라 성과를 비교하는 것이다.
• 동일한 비용으로 높은 효과를 내었을 때 효율성은 증가한다.

③ 자원의 사용에 대한 책임성 입증

사회복지기관은 지원금, 후원금품에 대한 의존도가 높으며, 이로 인해 자원을 필요한 곳에 사용용도에 맞게 사용되었음을 입증할 책임을 갖는다.

④ 클라이언트에 대한 책임성 이행

사례의 진행 정도에 대해 사회복지사 자신뿐만 아니라 지역사회와 클라이언트에게 알려줄 책임을 이행할 수 있다.

⑤ **실천과정에 대한 모니터**

클라이언트는 어떻게 반응하고 있는지, 계획했던 변화가 일어나고 있는지 등 변화과정에 대한 모니터를 할 수 있다.

⑥ **사회복지사의 능력 향상**

- 사회복지사가 실천 내용에 대해 점검하고 평가함으로써 반성할 기회를 갖고 새로운 활동에 반영한다.
- 평가결과를 근거로, 유사한 상황에 더 효과적인 개입방법을 선택할 수 있으며 부족한 지식과 기술을 습득할 수 있다.

2. 평가의 유형

(1) 결과평가(=성과평가, outcome evaluation)

① **개념**

- 설정했던 목표들이 얼마나 달성되었는가를 평가하는 것이다.
- 양적 차원과 질적 차원을 모두 포함한다.
- 원하는 변화가 사회복지실천활동, 즉 개입을 통해 일어났다는 것을 검증해야 한다.
- 개입 효과 검증을 위해 사전-사후 비교방법, 통제집단과 실험집단 비교방법 등을 사용한다.

② **단일집단 사전-사후 비교방법**

- 사회복지실천평가에서 많이 사용된다.
- 개입하기 전 문제 수준을 측정하고 개입 후 다시 같은 방법으로 문제의 정도를 측정하여 개입 전후 문제의 수준이 변화하였는지 측정하여 변화를 개입의 결과로 보는 것이다.
- 개입 후 문제 수준이 감소하였다면 개입이 문제를 감소시키는 데 영향을 미쳤다고 판단한다. 즉, 개입의 효과성이 증명된다.
- 청소년을 위한 10주간의 진로집단 프로그램 시작 전과 종료 후에 진로효능감 검사를 하여 결과를 비교하였다.

③ **통제집단과 실험집단 비교**

- 개입을 한 집단(=실험집단)과 개입을 하지 않은 집단(=통제집단)을 비교하

여 그 차이를 개입의 결과로 추정하는 것이다.

- 사전–사후 비교방법에 비해 별로 활용되지 않는데, 개입이 필요한 집단에 의도적으로 개입을 하지 않는 것은 사회복지윤리에 맞지 않기 때문이다. 또한 두 집단 간의 차이를 개입의 결과라고 판단하기 위해서는 개입 이외 다른 것은 영향을 미치지 않아야 되는데 실제로 개입 이외에 다른 요인이 영향을 미치지 않는 경우는 거의 없기 때문이다.

(2) 과정평가(process evaluation)

- 과정평가는 사회복지실천과정을 분석하기 위한 것으로 성과평가에서 간과하기 쉬운 프로그램의 준비, 진행, 종결과정에서 환경적인 요인과의 관련성을 프로그램의 과정에 따라 분석하는 기법이다.
- 사회복지실천개입이 클라이언트에게 도움이 되었는지, 클라이언트가 원조과정을 어떻게 인지했는지를 평가하는 것이다. 원조과정에서 도움이 되었거나 방해되었던 기술과 사건에 대한 클라이언트의 피드백을 통해 개선할 점을 파악한다.
- 과정평가의 핵심은 긍정적인 변화를 유발할 수 있는 일반적인 요소를 잘 알아 실천에 통합하고 치료적 효과를 향상시키는 것이다.
- 평가 내용에는 사회복지사가 목표달성을 위해 사용한 방법이나 기법에 대해 피드백하는 것도 포함한다.

(3) 총괄평가(summative evaluation)

- 활동이 종결되었을 때, 그 활동의 결과로서 산출된 성과와 효율성에 대하여 종합적인 가치판단을 하는 평가이다.
- 사회복지실천에서 개입(프로그램)이 종결되었을 때 그것의 효과성, 즉 목적달성 여부와 관련하여 그 요인을 분석하는 것을 말한다. 이러한 면에서 형성평가와 대조된다.
- 개입이 목표로 하는 바를 얼마나 잘 성취했는지를 평가하는 것으로 개입방법의 성과나 효과, 즉 효율성과 효과성을 평가한다.

(4) 형성평가(formative evaluation)

- 활동의 진행과정에서 개입을 부분적으로 수정 · 개선 · 보완하는 데 필요한 정보를 얻기 위하여 주기적으로 진전 상황을 평가하는 활동이다.
- 사회복지사가 과정을 검토하도록 하고 필요한 경우에 개입계획을 수정할 수 있도록 한다. 이러한 의미에서 형성평가는 실천과정의 점검이라고 할 수 있다.

합격자의 한마디

형성평가가 과정 중에 실시된다는 점에서 과정평가라고 부르기도 하기 때문에 헷갈릴 수 있습니다. '결과평가와 과정평가', '총괄평가와 형성평가' 이렇게 짝지어서 구분해둡시다.

(5) 사회복지사 평가(=실무자 평가)

- 개입과정 동안 사회복지사의 행동이나 태도 등이 개입에 어떠한 영향을 주었는지 알아보기 위해 클라이언트로부터 피드백을 받는 것이다.
- 클라이언트의 긍정적 피드백은 사회복지사로 하여금 자기 강점을 더 잘 알게 하고 그것을 미래에 자주 활용하게 한다.
- 부정적인 피드백은 때로 고통스럽지만 사회복지사의 주의산만, 반치료적 행위나 태도, 매너리즘을 알려준다는 점에서 역시 매우 도움이 된다.

(6) 클라이언트 만족도 평가

- 개입기간 동안 클라이언트가 받은 서비스 혹은 프로그램에 대해 클라이언트의 의견을 구하는 평가방법이다.
- 단일사례나 또는 비슷한 서비스를 받은 모든 클라이언트 또는 특정 사회복지사의 서비스를 받은 모든 클라이언트에게 행할 수 있다.
- 개입의 결과에 대한 클라이언트의 주관적 인식을 알 수 있을 뿐, 개입의 효과성을 측정하는 것은 아니다.
- 프로그램이나 서비스 등 개입에 적극적으로 참여했거나 좋은 인상을 받은 클라이언트는 높게 점수를 주는 경향이 있고 서비스에 만족하지 못했거나 소극적으로 참여한 클라이언트는 조사에 응하지 않았을 가능성이 크기 때문에 만족도 결과가 긍정적인 방향으로 치우칠 가능성이 있다는 점을 유의해야 한다.

(7) 동료검토

① 특징

- 사회복지사의 사회복지실천활동에 대해 동료 사회복지사가 평가하는 것이다.
- 동료검토를 통한 평가의 목적은 사회복지사 개인의 개입과정에서 나타나는 문제점을 수정하고 개선하며 기관의 정책이나 절차에 대한 수정이 필요하면 요구하려는 것이다.
- 동료검토는 개입의 결과보다는 개입의 과정에 초점을 두게 된다.
- 동료검토를 진행하면서 사회복지사 자신들이 좋은 실천활동이란 어떤 것인지에 대한 기준과 원칙을 논의하게 되는데, 이러한 논의의 결과가 평가에 반영되기도 하고 이후 자신들의 실천활동 수준을 발달시키는 밑거름으로 작용할 수 있다.

② **동료평가에서 검토되는 내용**

- 클라이언트의 문제가 명확히 제시되었는가?
- 클라이언트와 그의 가족은 개입계획에 참여하였는가?
- 개입계획은 기록으로 정리되었는가?
- 개입방법은 클라이언트의 문제에 적합한 것이었나?
- 클라이언트와의 접촉빈도와 기간은 클라이언트의 문제와 관련해서 적절했나?
- 개입계획, 사회복지사의 행동, 사용된 접근방법은 장기적인 계획을 염두에 두고 있는가?
- 지역사회에 존재하는 자원을 적절하고 효과적으로 사용했는가?
- 목표달성을 위한 과정들이 진척되었는가?
- 사례에 대한 기록이 명확하고 분명하며 간결한가?
- 필요한 기관양식이 기록되었나?

미주목록

1) 김혜영 외, 2021: 19-21; 양정남 외, 2007: 14-16.
2) 양정남 · 최선령, 2007: 3장; 김혜영 외, 2016: 4장.
3) 고명석, 2016: 8장, 9장.
4) 이팔환 외 역, 2001: 396-420.
5) 허남순 외 역, 2007: 64; 김기덕, 2002: 258-265.
6) 장인협, 1999: 허남순 외 역, 2007.
7) 최무열, 2004: 93-168.
8) 장인협(上), 1989: 69-72.
9) Meyer, 1983.
10) 이팔환 외 역, 2001: 43; 허남순 외 역, 2004: 30-34.
11) Greene, 1991b: 271.
12) 장인협(下), 1989: 81-88.
13) 이문국 외 역, 1999: 854-855.
14) 김혜영 외, 2016: 157-165.
15) 장인협(上), 1989: 100-103.
16) 장인협(上), 1989: 103-129; 최해경, 2019: 228-230.
18) 이문국 외 역, 1999: 1690-1691; 이상균 외 역, 2000: 51-62; 장인협(上), 1989: 146-147.
19) 김혜영 외, 2016: 190-191.
20) 황철수, 2009: 183-185; 김혜영 외, 2016: 192-194.
21) 이문국 외 역, 1999: 1691; 이상균 외 역, 2000: 167-168.
22) 이상균 외 역, 2000: 51-62.
23) 이문국 외 역, 1999: 1691-1698; 엄명용 외, 2011: 4장.
24) 허남순 외 역, 2007: 75-132.
25) 장인협(上), 1989: 152.
26) 장인협(上), 1989: 191-193.
27) 허남순 외 역, 2007: 188-189; Tracy & Whittaker, 1990; 허남순, 2004: 188.
28) 허남순 외 역, 2007: 205-206.
29) 김규수 외 역, 2002: 469; 이팔환 외 역, 2001: 202; 허남순 외 역, 2004: 204-205.
30) 이팔환 외 역, 2001: 26.
31) 허남순 외 역, 2007: 405.
32) 허남순 외 역, 2007: 248.
33) Johnson, 1995: 289-290; 허남순 외 역, 2004: 255.
34) 허남순 외 역, 2007: 270-271.
35) 우국희, 2016: 17-19.
36) 김성경, 2002: 55-60; 우국희, 2016: 123-147.
37) 이문국 외 역, 1999: 285.

참고문헌

고명석, 2016, 『인권과 사회복지실천』, 대왕사.
김규수 외 역, 2002, 『인간행동과 사회환경』, 도서출판 나눔의집.
김기덕, 2002, 『사회복지윤리학』, 도서출판 나눔의집.
김기태 · 김수환 · 김영호 · 박지영, 2008, 『사회복지실천론』, 공동체.
김성경, 2020, 『사회복지 사례관리론』, 공동체.
김혜영 · 석말숙 · 최정숙 · 김성경, 2016, 『사회복지실천론』(제2판), 공동체.
____________________, 2021, 『사회복지실천론』(제3판), 공동체.
문현주 · 김기영 · 김윤화 · 백종욱 · 정주석 · 황미영, 2019, 『사회복지실천론』, 창지사.
서초구립 반포종합사회복지관 · 서울대학교 실천사회복지연구회 - Praxis, 2006, 『사회복지척도집』, 도서출판 나눔의집.
양정남 · 최선령, 2007, 『사회복지실천론』, 양서원.
양옥경 외, 2004, 『사회복지 윤리와 철학』, 도서출판 나눔의집.
엄명용 · 김성천 · 오혜경 · 윤혜미, 2016, 『사회복지실천의 이해』, 학지사.
엄명용 · 노충래 · 김용석, 2011, 『사회복지 실천기술의 이해』, 학지사.
우국희, 2016, 『사례관리론』, 공동체.
이문국 외 역, 1999, 『사회복지대백과사전』, 도서출판 나눔의집.
이상균 외 역, 2000, 『사회복지 면접의 길잡이』, 도서출판 나눔의집.
이원숙, 2008, 2014, 『사회복지실천론』, 학지사.
이팔환 외 역, 2001, 『사회복지실천이론의 토대』, 도서출판 나눔의집.
이화여자대학교 사회복지연구회 역, 2001, 『가족복지실천론』, 도서출판 나눔의집.
장인협, 1989, 『사회복지실천론』(上), 서울대학교출판부.
장인협, 1999, 『사회복지실천론』(中), 서울대학교출판부.
장인협, 1989, 『사회사업실천방법론』(下), 서울대학교출판부.
장인협 · 우국희, 2001, 『지역사회기반 사회복지실천 케어 · 케이스 메니지먼트』, 서울대학교 출판부.
조미숙 · 유용식 · 윤춘모 · 현영렬, 2021, 『사회복지실천론』, 동문사.
최무열, 2004, 『한국교회와 사회복지』, 도서출판 나눔의집.
최해경, 2019, 『사회복지실천론』(2판), 학지사.
허남순 외 역, 2007, 『사회복지실천이론과 기술』, 도서출판 나눔의집.
황철수, 2009, 『사회복지실천론』, 양서원.

Bronfenbrenner, U.(1979), *The Ecology of Human Development: Experiments by Nature and Design*, Harvard University Press.
Goldenberg, I. & Goldenberg, H.(1991), *Family therapy: An Overview, 3rd.*, California: Brooks/Cole pub. co.
Louise C. Johnson(1995), *Social work practice: a generalist approach, 5th ed.*, Allyn and Bacon.
Meyer, C. H.(Ed.)(1983), *Clinical social work in the ecosystems perspective*, New York: Columbia university Press.
Nichols, M. P. & Schwartz, R. C.(1991), *Family therapy: concepts and methods*, Boston: Allyn and Bacon.
Toseland R. W. & Rivas, R. F.(1995), *An Introduction to group work practice*, 2nd ed., Boston. MA: Allyn & Bacon.
Woods, M. E. & Hollis, F.(1990), *Casework: A psychosocial therapy*, New York: McGraw-Hill.